本书为国家社会科学基金青年项目"马克思主义的价值观与社会民主主义的'普世价值'评析"（09CKS019）的最终成果

本书的出版受到湖北大学马克思主义学院学术著作出版资金的资助

湖北大学马克思主义理论研究丛书

社会民主主义的"普世价值"评析

涂用凯 著

中国社会科学出版社

图书在版编目(CIP)数据

社会民主主义的"普世价值"评析／涂用凯著 . —北京：中国社会科学出版社，2017.11

（湖北大学马克思主义理论研究丛书）

ISBN 978-7-5161-9846-9

Ⅰ.①社…　Ⅱ.①涂…　Ⅲ.①社会民主主义—世界观—研究　Ⅳ.①D091.6

中国版本图书馆 CIP 数据核字（2017）第 031357 号

出 版 人	赵剑英
责任编辑	孔继萍
责任校对	王佳玉
责任印制	李寡寡

出　　版	中国社会科学出版社
社　　址	北京鼓楼西大街甲 158 号
邮　　编	100720
网　　址	http://www.csspw.cn
发 行 部	010-84083685
门 市 部	010-84029450
经　　销	新华书店及其他书店
印刷装订	北京君升印刷有限公司
版　　次	2017 年 11 月第 1 版
印　　次	2017 年 11 月第 1 次印刷
开　　本	710×1000　1/16
印　　张	15.75
插　　页	2
字　　数	224 千字
定　　价	59.00 元

凡购买中国社会科学出版社图书，如有质量问题请与本社营销中心联系调换
电话：010-84083683

版权所有　侵权必究

总　序

马克思主义是揭示客观世界本质和发展一般规律的科学，是工人阶级和劳动人民改造世界的锐利思想武器，是指导人类解放和实现共产主义宏伟目标的世界观和方法论。它是由一系列基本原理和基本观点构成的科学体系，其中既包括马克思主义创始人的思想，也包括以马克思主义为指导，其继承者在解决不同时代课题过程中形成的正确理论。中国化的马克思主义理论即是其中的重要方面。马克思主义自诞生一个半多世纪以来，在指导工人运动迅猛发展和指导社会主义革命和建设的风雨历程中，取得了举世瞩目的辉煌成就，深刻影响了20世纪世界历史的走向，并且在继续影响21世纪世界历史的发展。

自2005年马克思主义理论升级为一级学科以来，已经取得了较好、较快的发展。这种发展既是由马克思主义理论自身的科学性和开放性所决定，也是由马克思主义作为中国共产党的指导思想，作为我们国家主流意识形态建设的需要所决定，更是由当代马克思主义与时俱进的发展任务所决定的。

在马克思主义理论学科建设过程中，湖北大学几代人作出了力所能及的贡献。在2013年1月，教育部公布的全国第三轮学科评估中，湖北大学马克思主义理论学科取得了前1/3的好成绩。湖北大学马克思主义学院作为马克思主义理论学科建设和发展的主要承担者，学院的广大教师为此付出了辛勤的劳动，取得了显著的成果。其中，近三年有两部学术著作入选国家哲学社会科学成果文库。现在编辑出版的《湖北大学马克思主义理论研究丛书》，就是其中部分的研究成果。

2013年8月19日，中共中央总书记习近平在全国宣传思想工作会议讲话中强调指出："经济建设是党的中心工作，意识形态工作是党的一项极端重要的工作。"回顾20世纪社会主义理论和实践的辉煌与坎坷,正视21世纪马克思主义理论学科面临的机遇与挑战,我们深感习总书记的重要讲话发人深省,牢固树立中国特色社会主义道路自信、中国特色社会主义理论自信和中国特色社会主义制度自信,十分必要;深感马克思主义理论学科建设和发展,责无旁贷,任重道远;深感坚持学科发展的普遍规律与特殊规律的有机统一,坚持学科发展的政治性与学术性的有机统一,应该成为我们不懈努力的方向。这里仅就政治性与学术性的辩证关系略作分析。

政治性与学术性的关系,一直是困扰我国哲学社会科学发展的重要问题,应当辩证地处理两者的关系。长期以来,我们总是摇摆于两者之间,而没有很好地将它们有机地统一起来,在科研实践中处理好两者的关系。

政治与学术既有联系,又有区别。在阶级存在的条件下,完全与政治无关的纯学术是不存在的。哲学社会科学总括着各种意识形态,与自然科学不同,它研究的对象是人们的社会关系、经济关系、政治、法律形式,以及道德、宗教、艺术等思想观念现象。既然它是一定的社会经济、政治的反映,那么,在阶级存在的情况下,它必然直接或间接地涉及某个阶级或集团的利益。因此,哲学社会科学就其总体和本质而言,它不能不是一定阶级的意识形态。比如,当今世界还存在着资本主义经济、政治制度与社会主义经济、政治制度的对立,自然也就存在着资本主义与社会主义两种对立的思想体系。现实存在的利益矛盾,必然会产生思想的、政治的分野。这是客观的存在。所以,不能把哲学社会科学的学术理论问题完全同政治割裂开来,但也不能将两者完全混同起来。

政治与学术的关系是十分复杂的,因为哲学社会科学有不同的层次性,有的同政治的联系比较直接,有的则比较间接。更为重要的是,哲学社会科学作为一种思想文化现象,它一经产生便获得自己的相对独立性,具有自己的表现形式和特殊活动规律。它的存在和发展受着经济和政治的影响与制约,但绝不能将它们之间的关系简单化,更不能用一种去代替另一种。20世纪五六十年代,我国思想界的主要偏差在于混淆了政治与学术的关系。在当时"左"的错误思想和阶级斗争扩大化的影响下，夸大政治而贬低学术，用政治冲击学术，模糊政治与学术的界限，有时把一些学术思想问题当作政治问题来处理，甚至把学术是非当作了敌我问题，用政治大批判代替了学术批评。思想界存在的这种"左"的思潮，影响了当时哲学社会科学的健康发展。党的十一届三中全会后，扭转了这种局面，总结了过去的教训，迎来了哲学社会科学的发展春天。我们应该珍惜这种变化。但是，也要防止出现忽视政治、使学术研究完全脱离政治的倾向。绝不能从一个极端走向另一个极端。尤其是在国外敌对势力把意识形态作为对我国进行"和平演变"的主要武器的情况下，淡化政治、淡化意识形态，只能使我们自己解除精神武装。"苏东剧变"的一个重要原因，就在于意识形态方面的坚守失败，教训十分深刻！

当前，我国意识形态的斗争是十分激烈的，一些带有明显政治色彩的理论观点，如"告别革命"、"政治多元化"和宣传"私有化"等理论观点，都披着学术的外衣在极力扩散。当前对我国影响最大的几种社会思潮，如民主社会主义、新自由主义、历史虚无主义和"普世价值论"，哪一种不带有明确的政治诉求呢？如果任其泛滥，不仅会危害我国的哲学社会科学，而且会对建设有中国特色社会主义的事业产生不良影响。哲学社会科学必须为现实政治服务，但又要遵循自身发展的规律。要用马克思主义的态度来对待政治与学术问题，吸取60多年来我们在处理两者关系上的经验和教训，防止"左"的或右的偏向，使中国哲学社会科学在21世纪能够更加健康地向前发展。

我衷心地希望湖北大学马克思主义学院的教师们能够辩证地处理好政治与学术的关系，资政育人，努力提升学术影响力，能够在马克思主义理论学科建设和发展方面，百尺竿头，更进一步。希望《湖北大学马克思主义理论研究丛书》的出版，能够对马克思主义理论研究和教育产生积极的影响！

靳辉明

2013年11月18日

内容摘要

"普世价值"是西方文化的产物及西方价值的普世化,其不仅影响着西方社会的发展,同时也深深影响着世界的发展。如何正确地认识"普世价值",这就需要我们拥有科学的分析框架和充分的论证依据,本书以马克思主义价值观为基本原理和分析方法,通过社会民主主义这一资本主义重要力量为案例来直观、深入地分析"普世价值"。

社会民主主义是"普世价值"的提倡者之一。其"普世价值"是在吸收启蒙思想、自由主义、基督教精神、马克思主义的人道主义等基础上,逐渐形成的对于自由、公正、团结、民主、人权等价值的理解和追求。这些价值追求不仅是社会民主主义的理想和目标,同时也是社会民主主义认为应该在全球提倡和推广的价值观念。

社会民主主义的"普世价值"在理论内涵上是错误的。从价值观的出发点来看,社会民主主义的"普世价值"建立的基础是抽象的人性,这种人性论把人看作是非现实和非历史的;从价值观的内容来看,社会民主主义的"普世价值"有先验的逻辑前提——天赋的人权或者与生俱来的人性,由此其价值观超越了历史基础与社会现实,认为价值观的内容是永恒的、普遍的;从价值的实现与价值观的评判标准来看,社会民主主义的"普世价值"希望借助抽象的人的心灵的觉醒和道德的责任来达到人道主义的目的。可见,社会民主主义的"普世价值"是从抽象的人性出发,追求超越社会现实、超越阶级、普遍的自由、公正、团结、民主、人权。而事实上,作为价值主体的人是现实的,价值的实现是建立在人的实践基础之上的,正是通过人的实践才能把客体的属性和主体的需要联系在一起,沟通主客体之间的价值关系,把价值目标转化为现实的价值成果,即价值的实现是现实的。同时,价值观的评判标准也需要现实实践来检验,只有通过实践才能形成正确的认识，也只有在实践中才能检验认识的正确与否。

　　社会民主主义的"普世价值"在现实体现中也存在种种问题。在社会民主主义基本价值观的指引下，社会民主主义形成了一系列经济、政治、社会和国际方面的思想并进行了实践：在经济方面，其提倡混合经济和工人参与经济；在政治方面，其认同并融入资本主义的政治体系之中，加入政党政治、构建公民社会和完善民主机制；在社会方面，其主要是实施福利政策；在国际方面，作为整体社会民主主义的社会党国际提出了全球治理的思想，其提倡国际公平、建立共同负责的全球经济体系、建立正义与和平的世界新秩序和普遍人权新秩序。这些思想和实践既是社会民主主义基本价值观的现实体现，同时也支撑着社会民主主义的"普世价值"：社会民主主义希望通过上述思想政策及其实践来实现经济、政治和社会的自由、公正、民主、人权。但由于社会民主主义一个方面要谋求自身的利益与发展，另一个方面其在发展中逐渐地融入资本主义体系之中，而资本主义本身存在的种种弊端，由此导致社会民主主义的上述思想政策及其实践只能是维护和实现资产阶级的利益和社会民主主义的自身利益，其所追求的所谓的普遍适用的永恒的"普世价值"也只能是一种抽象的存在，而无法在现实中得以实现。

　　所以，通过社会民主主义的"普世价值"分析可以看出："普世价值"主要是西方发达资本主义价值观的表达及其推广，其以抽象性的价值追求掩饰了西方发达资本主义国家维护本国利益的实质，我们应该树立正确的价值观，充分认识"普世价值"的本质及其危害。

　　关键词：社会民主主义　普世价值　马克思主义　资本主义

目 录

绪论 …………………………………………………………（1）

第一章 "普世价值"的相关概念介绍与分析的理论基础 ………（12）
 第一节 "普世价值"的相关概念介绍：价值、价值观、
    普世价值 ……………………………………………（12）
 第二节 "普世价值"分析的理论基础：马克思主义价值观 ……（15）

第二章 "普世价值"的主要提倡者：社会民主主义 ……………（63）
 第一节 社会民主主义 …………………………………………（64）
 第二节 社会党国际 ……………………………………………（74）
 第三节 第三条道路 ……………………………………………（79）

第三章 社会民主主义的基本价值观及其"普世追求" …………（83）
 第一节 社会民主主义基本价值观的历史发展 ………………（83）
 第二节 社会民主主义基本价值观的思想渊源 ………………（88）
 第三节 社会民主主义基本价值观的普世追求 ………………（96）

第四章 社会民主主义"普世价值"的理论内涵及其分析 ………（100）
 第一节 社会民主主义"普世价值"的理论内涵 ………………（100）
 第二节 社会民主主义"普世价值"理论内涵的分析 …………（114）

第五章 社会民主主义"普世价值"的现实体现及其分析 ………（136）
 第一节 社会民主主义"普世价值"的现实体现 ………………（136）
 第二节 社会民主主义"普世价值"现实体现的分析 …………（178）

第六章　社会民主主义"普世价值"的特性与实质分析……（201）
　　第一节　社会民主主义"普世价值"的特性……（201）
　　第二节　社会民主主义"普世价值"的实质……（204）

结论　"普世价值"并不普世……（214）

余论　中国社会主义的发展需要马克思主义价值观的引导……（223）

参考文献……（230）

后记……（241）

绪　论

一　研究缘起及研究现状

2008年是中国不平静的一年，汶川地震深深地震撼着中国，其对于中国的影响不仅仅是自然灾害的巨大创伤，同时还有在抗震救灾过程中由中国精神的热议所带来的关于"普世价值"的讨论与争议。时至今天，这场争议似乎已经平息，但相关思考与研究却还在继续，全球伦理、全球共同追求的价值等一直是学术界、民间热议的话题，而这些话题经常与"普世价值"交杂在一起。况且源于西方文化特别是启蒙思想的"普世价值"依然是当前西方发达国家进行文化扩张的重要内容和主要形式，所以我们有必要对"普世价值"继续研究。当然，当前的研究成果已经很丰硕，这为我们的进一步研究奠定了坚实的基础，但这些研究成果还不是很系统和全面，缺乏较为完整的马克思主义价值观的分析体系和现实分析，所以有必要在学习马克思主义价值观体系的基础上进一步深入地研究"普世价值"。

在西方，提倡"普世价值"的现实力量主要是社会民主主义和新自由主义，而社会民主主义与马克思主义、资本主义颇有渊源，它既是世界社会主义的重要力量，曾经接受过马克思主义的指导，同时又在发展过程中认同和融入资本主义之中，成为资本主义的重要支柱，因此，社会民主主义"普世价值"包含的基本价值内容一个方面继承和变异了马克思主义价值观，另一个方面又突出地反映了资本主义的价值观，并且社会民主主义不仅提倡"普世价值"，还进行了具体的实践，所以通过对社会民主主义基本价值观及其普世化追求的研究有助于我们更加清晰全面地理解"普世价值"。

当前关于社会民主主义的研究著作很多，但却没有专门研究社会民主主义"普世价值"的，只是在研究社会民主主义的著作中直接或间接地涉及其价值观及普世追求,如侯衍社的《超越的困境:"第三条道路"价值观述评》主要是针对"第三条道路"的价值观进行较为详细的分析;殷叙彝的《社会民主主义概论》、郭欣根的《民主社会主义研究》、徐崇温的《民主社会主义评析》、李宏的《另一种选择:欧洲民主社会主义研究》、龚加成的《全球化背景下的新探索——冷战结束后社会党国际纲领与政策的演变》、张传鹤的《全球视野下的民主社会主义研究》、邵鹏的《后冷战时代的民主社会主义研究》、刘成的《欧洲社会民主主义的缘起与演进》、焦风梅的《挑战与应对:西欧社会民主主义变革论析》、林建华的《冷战后欧盟诸国社会民主党政坛沉浮研究》等著作间接涉及社会民主主义的基本价值观及相关分析。

而在论文方面,专题研究社会民主主义"普世价值"的论文目前也没有,但有一些关于社会民主主义基本价值观介绍和分析的文章,这些论文主要研究了社会民主主义价值观的思想来源、历史发展、特点、内涵等内容。

1. 从整体上介绍和分析社会民主主义的价值观

赵守运(1991,《理论探讨》)认为社会民主主义的价值观是抽象的主体、虚拟的价值客体、歪曲的价值关系、臆造的价值目标、错误的价值导向,因而背叛了马克思主义,是资产阶级的价值观;郑忆石(1992,《湖南师范大学学报》)较为详细地介绍了民主社会主义从产生到第二次世界大战后不同时期基本价值观发展的脉络,分析了其产生和发展的思想来源、现实背景,并分析了其改良资本主义的本质;吴忠(1992,《安徽大学学报》)分析了社会民主主义的基本价值观内容,并比较了社会民主主义、自由主义、马克思主义的价值观,指出社会民主主义价值观的哲学实质是抽象人性论,其方法与科学方法相悖,其理想与现实背反;张惟英(2002,《团结》)介绍了第二次世界大战后社会民主主义价值观,分析了第二次世界大战后社会民主主义价值观人道主义的定位;梁志豪(2005,《中共云南省委党校学报》)、薛新国(2010,《天津师范大学学报》)分析了社会民主主义的自由观、公正观、互助观三大基本价值观,并对这些基本价值观的内容进行了大致分析；林怀艺（2006，《南京航天航空大学学报》）分析了第二次世界大战后社会党基本价值的确立及其发展；曹长盛（2007，《中国特色社会主义研究》）、张东辉（2011，《国外理论动态》）分析了社会民主主义价值观的思想来源；贾中海（2011，《政治学研究》）系统地分析了社会民主主义的思想体系、性质，并将其与中国特色社会主义进行比较分析；张有军（2013，《聊城大学学报》）从整体上研究了西欧社会民主党的基本价值观，这些价值观在民主社会主义理论体系中处于核心地位，是社会民主党人团结一致的基础，但社会民主党基本价值观的哲学基础是唯心主义的；周余云（2014，《当代世界》）介绍了社会民主主义的基本价值观内涵，分析了其价值观的地位和作用。

2. 从具体方面介绍和分析社会民主主义的某些价值观

龙佳解（1991，《湖南大学学报》）、王新堂（1991，《清华大学学报》）分析了社会民主主义的民主观，揭示了其民主的非现实性和虚伪性；徐崇温（1991，《哲学研究》）、郑忆石（1998，《中国人民大学学报》）对民主社会主义的人权观从历史、理论的角度进行了分析；贾少鑫（2004，《北京工业大学学报》）对冷战后社会党国际人权观的新变化进行了专题研究，认为其人权观有进步的一面，也有消极甚至是反动的一面；李华峰（2006，《社会主义研究》）对冷战后社会党国际的和平观进行了分析，指出了其合理性与局限性；禄德安（2007，《学术论坛》）研究了欧洲社会党社会公正思想与政策实践；范广军（2008，《马克思主义研究》）具体地分析了社会党国际的经济公正观的实质、局限及其启示；邹升平（2012，《社会主义研究》）研究了瑞典社会民主党的民主观；林德山（2013，《科学社会主义》）研究了欧洲社会党平等观发展的三个阶段；邹升平（2014，《学术论坛》）着重研究了瑞典社会民主党的平等观；薛新国（2014，《科学社会主义》）研究了欧洲社会党的公正理论。

3. 介绍和分析后冷战时期社会民主主义的价值观

文成（2001，《国外理论动态》）介绍了欧洲社会民主主义面临新现实新挑战的基本价值观；刘中伟（2006，《中北大学学报》）介绍了在全球化与苏东剧变背景下社会民主主义价值观的革新；刘文祥（2004，《河南社会科学》）、孙君健（2005，《北京工业大学学报》）、龚加成（2005，《北京工业大学学报》）详细地介绍了冷战后社会党国际基本纲领、政策、价值观的演变，并分析社会民主主义的基本价值观更新的必要性和对社会民主主义的影响；侯衍社（2009，《烟台大学学报》）介绍了全球化背景下第三条道路对于传统社会民主主义价值观的更新。

上述研究成果认为社会民主主义价值观的思想来源是启蒙思想、自由主义、基督教精神、马克思主义，其内容具有强烈的抽象性和伦理色彩，而为了实现这些价值观念，社会民主主义不断地调整政策纲领并付诸实践，而且在全球极力推广。这些内容都与社会民主主义的"普世价值"研究相关，为本书的研究奠定了坚实的基础。但如果要全面深入地分析社会民主主义的"普世价值"，则有些方面的内容比较缺乏，需要进一步研究：一是关于社会民主主义基本价值观中的某些内容目前没有相关成果，如社会民主主义的自由观、团结互助观；二是对社会民主主义价值观进行分析的马克思主义价值观的某些内容比较单薄，如马克思主义的团结观、公正观成果较少；三是关于社会民主主义价值观和资本主义关系的研究较少，特别是社会民主主义价值观与资本主义主要力量（如新自由主义）价值观进行比较的成果目前没有。

二　研究意义

1. 理论意义

（1）本书研究的首要前提是学习和研究马克思主义价值观，以此为理论基础和分析框架来全面深入地认识和分析"普世价值"的历史、现实、内涵、特性、实质和影响，所以本书的研究有助于我们学习和理解马克思主义的价值观，并在此基础上构建较为完整的马克思主义价值观体系。

（2）本书主要内容是对社会民主主义基本价值观及其"普世价值"的分析，如社会民主主义的自由、公正、团结、民主、人权等价值观念，分析包括了这些价值观念的思想渊源、历史沿革、内涵、特点、理论体系及现实实践，所以本书的研究有助于我们更加全面系统地分析社会民主主义尤其是其价值观体系。

（3）本书力图通过对社会民主主义的价值观及其"普世价值"的研究扩展到对于资本主义及其思想体系特别是其价值观的研究，通过马克思主义及其对资本主义的批判、社会民主主义与资本主义的关系、社会民主主义与资本主义其他力量价值观的比较分析等方面的学习和研究，有助于我们全面深刻地认识资本主义特别是其思想体系。

2. 现实意义

（1）社会民主主义是世界社会主义的一支，又是当前资本主义的支柱之一，所以以社会民主主义价值观为案例的研究，一方面可以认识马克思主义价值观在社会民主主义中的嬗变，包括其历程、内容、原因等；另一方面可以认识到资本主义对于社会主义的影响，并从价值观的比较和演变中更加清醒地认识社会民主主义和资本主义、社会民主主义和社会主义、社会主义和资本主义的关系，从而树立正确的价值观，为当前中国特色社会主义核心价值观的研究与实践提供新的分析角度。

（2）关于"普世价值"的论争导致了民众认识上的模糊乃至错误，所以本书的研究能够通过学术上的研究成果为民众对于价值观的认识和树立正确的价值观提供思想指导和理论基础，以廓清民众对于"普世价值"的模糊认识，纠正其错误认识，在认清所谓"普世价值"实质的基础上巩固马克思主义的指导地位，做好意识形态工作。

三 研究的主要内容、基本思路

1. 主要内容

本书以马克思主义的价值观为理论基础和基本的研究方法，以社会民主主义"普世价值"的追求和现实实施为案例，采用理论与实际相结合的方式来分析"普世价值"。其主要内容有以下几个方面。

（1）研究马克思主义的价值观，形成较为系统的马克思主义价值观体系。马克思曾讲道"'价值'这个普遍的概念是从人们对待满足他们需要的外界物的关系中产生的"①，而作为价值观表明的是主体对于客体的关系，表明人们对于某种事物之于人的作用意义的看法和态度。一定的价值观是处于一定的经济关系、社会关系中人的利益和需要的反映，只有通过剖析人的社会性才能够认识个人，只有把握人的社会性才能理解和实现人的价值。本书以此为出发点，系统学习和研究马克思、恩格斯的原著精神，构建较为清晰的马克思主义价值观体系，全面介绍和分析马克思主义的自由观、公正观、团结观、民主观、人权观等价值观。

（2）比较马克思主义的价值观和西方"普世价值"的不同。西方"普世价值"从人性出发，以人道主义为立论基础，追求抽象的普遍性的人权、民主、自由等价值，这种价值观忽视了价值的实现途径、价值的现实基础、价值主体的社会性，把价值观抽象化、绝对化，用抽象的价值来代替只有在一定历史条件、社会基础上才能实现的价值。而马克思主义的价值观以唯物主义为理论基础，从社会现实出发，在实践的基础上构建和实现人的价值，其具有历史性、社会性和阶级性、具体性的特点。由此可见，马克思主义的价值观与西方"普世价值"观在理论基础、内涵、特点上完全不同。

（3）全面介绍和分析社会民主主义的"普世价值"。社会民主主义是"普世价值"的主要提倡者，其"以抽象的人为中心，以自由、公正、团结为基本价值观，追求一种伦理道德的完善"②。冷战结束后社会民主主义的价值在传统的基础上又增加了民主、人权等内容，并在这些价值的指导下，提出了"人权高于主权""民主和平论"等观点。由于社会民主主义是世界社会主义流派和运动的一种，同时也是当前资本主义社会的重要思潮和政治力量，所以本书特将社会民主主义作为案例，全面介绍和分析其自由观、公正观、团结观、民主观、人权观的内涵和现实体现，通过其理想和现实的悖论来反映价值观的历史性、社会性、阶级性、具体性和"普世价值"的抽象性、矛盾性、错误性。

---

① 《马克思恩格斯全集》第19卷，人民出版社1974年版，第406页。
② 余文烈主编：《当代国外社会主义流派》，安徽人民出版社2000年版，第131页。

2. 基本思路

本书在介绍社会民主主义基本价值观及其"普世价值"内容的基础上，运用马克思主义价值观进行分析，并将社会民主主义置于资本主义的体系之中进行分析，从而全面深刻地分析了社会民主主义的基本价值观及其"普世价值"。

绪论主要是介绍研究的缘起、社会民主主义价值观及其"普世价值"的研究现状、研究的意义、研究的主要内容、基本思路、研究的方法、本书的重点和难点、本书的特点和不足以及关于本书的几点说明。

第一章主要介绍"普世价值"的相关概念与分析基础。"普世价值"的研究涉及价值、价值观等概念，厘清这些概念能够让我们更加深刻地分析价值观和"普世价值"。而如何正确地分析"普世价值"，则需要科学的价值观作为分析的理论基础，本书以马克思主义的价值观作为分析的理论基础，通过历史分析、阶级分析、具体分析等方法来分析"普世价值"。

第二章主要介绍当前西方"普世价值"的主要提倡者社会民主主义。社会民主主义曾接受过马克思主义的指导，是世界社会主义的重要力量，但在其后的发展过程中，逐渐融入资本主义体系中，成为资本主义的支柱之一。因此，通过社会民主主义这一与马克思主义和资本主义相关联的现实力量的分析能够更透彻地分析"普世价值"。

第三章主要是介绍社会民主主义的基本价值观及其"普世"追求。社会民主主义在发展过程中逐渐形成了自由、公正（平等）、团结（博爱）、民主、人权等基本价值。这些基本价值的思想来源较为多元，但主要是资本主义的启蒙思想与自由主义思想和伦理社会主义。这些带有抽象性的思想渊源影响着社会民主主义的价值追求，也促成了社会民主主义的"普世价值"。

第四章主要是对社会民主主义"普世价值"的理论内涵进行分析。本章介绍了社会民主主义"普世价值"中的自由、公正、团结、民主、人权等内涵，并且运用马克思主义的自由观、公正观、团结观、民主观、人权观逐一地进行分析。

第五章主要是对社会民主主义"普世价值"的实践外化进行分析。本部分介绍了社会民主主义"普世价值"的国内与国际体现,并通过马克思主义的价值观及其方法分析了这些"普世价值"的实践外化。

第六章主要是对社会民主主义"普世价值"的特性与实质进行分析。本部分将社会民主主义置于资本主义体系中,通过社会民主主义与资本主义的关系来分析社会民主主义"普世价值"的资本主义特性与实质。

结论部分在总结提炼上述各章内容的基础上,提出"普世价值"是资本主义抽象的价值论,其在资本主义内部就存在分歧,并且"普世价值"不能等同于人类共同追求的价值,因此"普世价值"并不普世。

余论部分分析了价值观的作用,并通过分析马克思主义价值观在当前中国受到的冲击、中国社会主义的性质和发展程度、马克思主义价值观之于中国特色社会主义建设的作用等得出中国社会主义的发展需要马克思主义价值观的观点。

四 研究方法

1. 辩证唯物主义与历史唯物主义的分析方法

这是马克思主义最基本和最主要的分析方法,此方法能够帮助我们树立正确的历史观和社会观。本书将"普世价值"放在历史的长河中,通过东西方不同的现实背景来全面地分析价值的历史性、现实性、具体性、阶级性和"普世价值"的抽象性、矛盾性。

2. 系统分析的方法

本方法将个体置于整体,通过各种要素的联系进行分析。本书将社会民主主义与马克思主义、资本主义、新自由主义的价值观联系起来,并通过社会民主主义的理论与实践、历史与现实进行分析,以便全面、深入地分析"普世价值"。

3. 案例分析法

通过本方法能够更全面、更生动、更直观地认识研究对象。本书以社会民主主义和资本主义现实为案例,通过社会民主主义的价值追求与现实来分析由西方倡导的"普世价值"的局限性与错误以及资本主义的弊端。

4. 文献研究法

本书主要涉及马克思主义基本理论和社会民主主义基本思想及其实践，所以一方面要认真学习马克思主义著作和西方哲学、政治学思想，另一方面广泛收集社会民主主义价值观的资料和其现实行为的资料，这都需要查阅大量的文献资料。

5. 本质揭示法

本方法主要是对客观事物本质属性进行反映的一种方法，即去粗取精、去伪存真、由表及里、由此及彼的认识事物的本来面目。本书以马克思主义的价值观为理论基础和分析框架来充分认识"普世价值"其实是西方价值观的推广。

6. 比较分析的方法

本书进行了大量比较分析，如比较分析了马克思主义与社会民主主义的价值观；社会民主主义与新自由主义的价值观；社会民主主义价值观的理论与实践。

五　重点和难点

重点：本书的立论基础是马克思主义价值观，对"普世价值"分析的正确与否就在于对于马克思主义价值观研究得是否正确和全面，所以对马克思主义的价值观的研究及其与西方"普世价值"观的区别成为本书研究的重点内容。

难点："普世价值"的论争不仅存在于学术界，而且广泛存在于普通民众。因此对于"普世价值"不仅要在理论上予以全面、清晰地研究，更主要的是将学术上的论证通过通俗的有说服力的方式普及到民众。所以，如何找到马克思主义价值观大众化的路径，让其在学理上有说服力，在形式上易于接受就成为本书的难点。

六　特点与不足

1. 特点

（1）构建了较为系统完整的马克思主义价值观分析体系。当前学术界对于"普世价值"进行分析的理论主要是马克思主义的价值观理论，但所运用的理论缺乏完整性，为此本书补充和完善了上述内容；构建了较为系统完整的马克思主义价值观分析体系，为"普世价值"的分析奠定了理论基础。

（2）通过现实案例更加直观和深入地分析了"普世价值"。本书以社会民主主义的理论和实践为案例，并引用现实数据和例证来分析"普世价值"，以此将比较抽象或思辨的"普世价值"分析置于现实实践之中，既从理论层面进行了论述，又从现实方面更加直观、生动地进行了分析。

（3）通过比较分析来认识"普世价值"。本书不仅比较分析了马克思主义与社会民主主义的价值观，而且还比较分析了社会民主主义与新自由主义的"普世价值"；不仅从微观上比较分析了社会民主主义内部不同力量如社会党国际和第三条道路的价值追求及其实践，而且还从宏观上比较分析了整个社会民主主义价值观的理论与实践。通过这些比较分析，更加科学、全面、深入地认识了"普世价值"。

2. 不足

（1）本书主要是在收集和整理马克思主义价值观、社会民主主义价值观及其相关资料的基础上来进行研究，但纸上得来终觉浅，实地调查与分析的缺乏难免带来本书研究的主观性。

（2）本书的研究需要查阅和研读大量外文资料，但笔者只学习过英语，而社会民主主义的研究资料包括很多其他外文文献，特别是德语资料，因为德国社会民主党是社会民主主义思想体系的奠基者和发展者。由于外语水平的局限，导致外文资料比较缺乏，这在一定程度上影响本书的研究深度和广度。

（3）笔者的学科背景是思想政治教育专业和政治学专业，而价值观研究的学科基础涉及哲学，这是笔者和本书所缺乏的学科支撑，所以本书在价值观哲学内涵的研究方面比较粗浅。

七 几点说明

（1）本书主要是关于社会民主主义的研究，但社会民主主义是一个庞杂的体系，所以社会民主主义的各个现实力量对于价值观内容的理解不会完全相同，但为了行文的需要，本书主要是反映作为整体意义上的社会民主主义价值观，所涉及的社会民主主义力量主要为社会民主主义的国际性组织社会党国际和西方发达资本主义国家的社会民主主义政党。

（2）价值观的内容包括经济价值观、政治价值观、社会价值观、文化价值观等方面，本书主要侧重于政治价值观。

（3）社会民主主义的基本价值包括自由、公正、团结、民主、人权、和平、可持续发展等，由于本书是针对"普世价值"的分析，所以本书主要分析社会民主主义的自由、公正、团结、民主、人权等内容。

（4）笔者之前进行过一些社会民主主义的学习和研究，博士学位论文是关于社会民主主义全球治理的内容，在学习和工作中也写过和发表过一些社会民主主义有关的论文并出版了专著《社会民主主义的全球治理研究》，所以本书的有些基本内容如社会民主主义的介绍、社会党国际的全球治理、第三条道路的全球治理等借鉴了之前的研究成果，但本书的主要内容如马克思主义价值观的内容、社会民主主义价值观的宏观介绍和具体内容及现实体现、社会民主主义与资本主义其他力量价值观的比较分析等均为课题研究期间所写。

第一章
"普世价值"的相关概念介绍与分析的理论基础

"普世价值"是西方文化的产物,其追求超越阶级、超越社会历史条件的、永恒的、普遍适用的自由、平等、博爱、民主、人权等价值。而要分析"普世价值",首先就要了解与之相关联的概念及其内涵,如价值、价值观,并要建立科学分析的理论体系。

第一节 "普世价值"的相关概念介绍:价值、价值观、普世价值

一 价值

价值,从词源学的角度讲是源于古代梵文 wer(护栏、掩盖、保护)、wal(围墙、掩盖、加固)和拉丁文 vallum(堤)、vallo(加固、保护),后来价值(value)按照"对人有维护、保护作用"的含义演化而来。价值概念在宗教学、政治学、经济学、伦理学、美学等各个领域都有使用,因此很难对其进行一个较为统一的分类、定义和把握。而其中使用最多的主要从两个方面:一个是经济学范畴,另一个是哲学范畴。在经济学范畴中,价值表示商品交换的社会尺度,马克思在《资本论》中认为"价值"是"凝聚在商品中的一般的无差别的人类劳动";而哲学范畴中"价值"的内涵与经济学范畴中"价值"的内涵不同,其主要表明物品对于满足人类需要的效用——这与经济学中"使用价值"的内涵趋近,表明"价值"离不开人的需要和物的有用性两个方面,所以哲学范畴中的"价值"表明的是主客体之间的一种

关系。由于主体需要是多元的、不断变化的，客体属性也具有多样性，所以价值的内容应该具有多样性和历史性、社会性、客观性的特点。可见，在一定程度上，经济学的"价值"主要突出物的效用，而哲学的"价值"则主要突出人的需要。

二 价值观

价值观是"人们对价值问题的根本看法，是人们在处理价值关系时所持的立场、观点和态度的总和"[①]。价值观既表现为价值取向、追求从而凝结成的价值目标，还表现为价值尺度、准则等评价标准。价值观作为现实的人的社会意识，必然受到社会存在的制约，所以其归根结底是对社会存在的反映，具有社会历史性。价值观具体表现为信念、信仰、理想，其对于社会和个体都有非常大的作用。对于社会来讲，价值观具有批判功能、设计功能、导向功能、整合功能、凝聚功能；对于个体来讲，具有批判功能、规范功能、选择功能、定向功能、激励功能。

三 "普世价值"

"普世价值"即是"第一，这种价值观念适用于所有的人，不管哪个阶级、哪个个人都赞成并实践这种价值，即它具有普遍适用性；第二，这种价值观念适用于任何社会，不管哪种社会经济形态都存在并适用这种价值，即它具有永恒性"[②]。

"普世价值"来源于西方国家，亨廷顿曾讲到普世文明的概念是西方文明的独特产物。从思想渊源上来看，"普世价值"源于西方的普遍伦理，从古希腊的柏拉图学派时期西方就有了伦理主义的表达，及至文艺复兴时期，英法等国思想家对于人的价值尊严的追求从而形成的人文主义、人道主义的价值。如格劳秀斯、霍布斯、洛克、卢梭等以自然法理论或契约论为理论基础，从人的天性出发，追求自然状

[①] 陈章龙、周莉：《价值观研究》，南京师范大学出版社2004年版，第3页。
[②] 教育部邓小平理论和"三个代表"重要思想研究中心：《关于"普世价值"的若干问题》，《求是》2008年第22期。

态下的人的自由平等，主张人生而自由、平等，每个人按其人性就该拥有各种自然权利，并以此形成了天赋人权、个人主义、利己主义的资本主义价值。到了18世纪末19世纪初，德国资产阶级思想家赋予了这些价值以新的内容，如赫尔达认为"人道是人类天性的目的"；费尔巴哈从人是自然的产物出发把人的"理性""爱""意志力"这些绝对本质归结为人的自然属性，将人道主义变成博爱主义。19世纪以来，尽管叔本华、尼采等现代人本主义者、唯意志主义者，萨特等存在主义者、马克思等唯物主义者或从意志的角度、或从社会存在的角度对早期的资产阶级思想家所提出的以人的理性为基础的以追求普遍的自由、平等、博爱为目的的价值进行了批判，但以人道主义为基础的价值追求依然是当前资本主义哲学、政治学、社会学中最为重要的主张——这种价值追求不仅存在于自由主义者之中，同时也存在于西方马克思主义、社会主义流派中，如法兰克福学派、空想社会主义、"真正的社会主义"、民主社会主义等，这些思想流派否认马克思主义的阶级观、历史观，追求一种伦理社会主义，即普世性的自由、民主、人权等价值。

20世纪，人类面临一系列共同的生存危机，如民族国家的冲突、宗教冲突、经济发展的非均衡性、生态危机等，基于此，在1948年，联合国通过了《世界人权宣言》，提出了"自由、平等、博爱"和"世界人权"的普世原则。在20世纪90年代，国际上掀起了由一些宗教组织发起的"走向全球伦理"的运动，德国的神学家孔汉斯从基督教的普世主义出发提出了普世伦理的概念。1993年世界宗教会议通过了《世界宗教议会——走向全球伦理宣言》，该宣言界定了全球伦理，"我们所说的全球伦理，并不是指一种全球的意识形态，也不是指超越一切现存宗教的一种单一的统一的宗教，更不是指用一种宗教来支配所有别的宗教。我们所说的全球伦理，指的是对一些有约束性的价值观，一些不可取消的标准和人格态度的一种基本共识。没有这样一种在伦理上的基本共识，社会或迟或早都会受到混乱或独裁的威胁，而个人也会或迟或早感到绝望"。① 1997 年联合国教科文组织召开了一系列关于全球伦理的会议，1998 年北京召开了"普遍伦理：中国伦理传统的视角"为主题的研讨会，1999 年在汉城召开了主题为"普遍伦理与亚洲价值"的研讨会，由此，普遍伦理成为中国学者研讨的热点。

在这期间，西方一些学者将普遍伦理扩充为"普世价值"，并注入了意识形态的特性，如福山的"历史终结论"、贝尔的"意识形态终结论"、亨廷顿的"文明冲突论"等。在现实实践中，西方发达资本主义国家在后冷战时期更是充分地赋予了"普世价值"以政治性，将其作为对外政策的重要组成部分。

第二节 "普世价值"分析的理论基础：马克思主义价值观

价值是主客体之间的一种需要关系，价值观的主体是现实的人，而在人类社会发展过程中，由于历史条件、阶级差别、民族差异的存在，处于不同时期、不同国家、不同民族的人对于价值内涵的理解是不同的，所以对于价值和价值观的分析一定要放到人类历史的实践之中进行思考。马克思主义价值观以历史唯物主义为基础，从现实的人出发，提出价值和价值观具有多样性和历史性、社会性、客观性的特点，所以马克思主义价值观是分析价值观和"普世价值"的理论基础。

一 马克思主义价值观的形成

马克思主义价值观是具有历史唯物主义特性的价值观，所以其形成与马克思、恩格斯的历史唯物主义的形成紧密相关。早在马克思读博士期间就已经有其价值观的最初表达。一方面他在批判普鲁塔克的神本主义价值观的基础上表达了对自由的渴求。普鲁塔克把神看作幸

---

① 孔汉斯：《全球伦理——世界宗教议会宣言》，四川人民出版社 1997 年版，第 12 页。

福的源泉,"只要它(即灵魂)想象到和思考到神的降临时,它就会轻而易举地驱散各种悲伤、恐惧和忧虑并沉醉于快感之中,直到狂喜、戏谑和欢笑",① 而马克思反对天上和地上的神,他借用普罗米修斯宁可缚在石上也不愿受奴役来表达对自由的追求,"我绝不会用自己的痛苦去换取奴隶的服役;我宁肯被缚在崖石上,也不愿做宙斯的忠顺奴仆"。② 另一方面,马克思初步阐述了其对自由的理解。他指出伊壁鸠鲁哲学的原理是"自我意识的绝对性和自由","如果抽象的、个别的自我意识被设定为绝对的原则,那么一切真正的和现实的科学,由于个别性在事物本性中不居统治地位,当然就被取消了。可是一切对于人的意识来说是超验的东西,因而也就是属于想象的理智的东西,也就全部破灭了,反之,如果把那只在抽象的普遍性的形式下表现其自身的自我意识提升为绝对原理,那么就会为迷信的和不自由的神秘主义大开方便之门"。③

柏林大学毕业之后,马克思在开始接触现实的过程中很快地放弃了其对价值观纯粹哲学的探讨,写了针对现实问题的一些文章,如在《关于出版自由和公布等级会议记录的辩论》中认为出版自由是资产阶级争取政治自由的重要内容,"没有出版自由,其他一切自由都是泡影"。④ 尽管这时期马克思开始从哲学批判走向政治批判,但其批判的理论基础依然没有摆脱唯心主义思想的影响。

其后在《莱茵报》期间,马克思对现实问题的了解日益增多,认识也日益加深,其逐渐在现实实践过程中尤其是政治实践中提出了他对于价值的认识,而不断的实践赋予了马克思主义价值观充实的现实支撑,其价值观逐渐向唯物主义基础转变。在《莱茵报》的第一篇文章《关于出版自由和公布等级会议记录的辩论》中,虽然主题还是关于出版自由,但这篇文章分析了不同等级对出版自由的态度,在此基础上,马克思还深入分析了德国的社会结构及其等级利益,通过对不

---

① 《马克思恩格斯全集》第40卷,人民出版社1982年版,第282—283页。
② 同上书,第190页。
③ 同上书,第242页。
④ 《马克思恩格斯全集》第1卷,人民出版社1956年版,第94页。

同等级关于出版自由的态度的分析较为深入地接触到辩论背后的实质。"在这里论战的不是个别的人,而是等级"①,"在形形色色反对出版自由的辩论人进行论战时,实际上进行论战的是他们的特殊等级"②。在这篇文章中,马克思对于自由的理解开始建立在现实的基础之上,已经孕育了历史唯物主义的因素,但其理论基础还是没有超脱唯心主义的囚笼,因为其从精神自由出发来认识出版自由,提出了自由是全部精神存在的类的本质的观点,认为书报检查违背了人的自由本性,"出版自由本身就是思想的体现,自由的体现"③。所以马克思提出精神"无所不及,无处不在,无所不知。它是从真正的现实中不断涌出而又以累增的精神财富汹涌澎湃地流回现实去的思想世界",④并认为法律是实现自由的形式,其根植于人的本性之中。"法律是肯定的、明确的、普遍的规范,在这些规范中自由的存在具有普遍的、理论的、不取决于个别人的任性的性质。法典就是人民自由的圣经"。⑤ 由此马克思要求辩论的代表应该关注和重视自由,"自由的出版物是变物质斗争为精神斗争,而且是把斗争的粗糙物质形式理想化的获得体现的文化。"⑥

在《关于林木盗窃法的辩论》和关于摩塞尔地区农民贫困的原因的辩论中,马克思逐渐超出精神领域探讨物质利益,这使得马克思进一步转向唯物主义,其价值观也进一步具有历史唯物主义的特性。马克思在《关于林木盗窃法的辩论》中明确区分了价值和事实这两个概念的不同,提出价值是客体相对于主体而存在的,只有联系主体与客体之间的利害关系,才能进行价值评价,这是马克思开始运用历史唯物主义的观点分析价值。

在《黑格尔法哲学批判》中,马克思在批判黑格尔国家观的基础上提出了市民社会决定国家的观念,并通过对黑格尔国家观的批判初

---

① 《马克思恩格斯全集》第 1 卷,人民出版社 1956 年版,第 42 页。
② 同上书,第 51 页。
③ 同上书,第 62 页。
④ 同上书,第 75 页。
⑤ 同上书,第 71 页。
⑥ 同上书,第 74 页。

步阐释了其民主观，认为君主制是不好的制度，而民主制是对君主制的进步。

在《论犹太人问题》中，马克思初步提出了人权观。马克思肯定了资产阶级革命过程中政治解放的进步性，认为资产阶级的政治解放打倒了封建专制制度，破除了封建社会的神权，提倡了人权。但尽管如此，这种解放不彻底，因为其人权只是形式上的平等，实质上仍然不平等，因此尽管资产阶级的政治解放宣称是代表全人类的利益，但其实质上代表的是资产阶级自身的个体利益，所以这种解放并不是全人类的解放。在《黑格尔法哲学批判导言》中，马克思主张推翻导致人遭受侮辱、奴役、遗弃和蔑视的一切关系，[①] 提出了"人类解放"的口号，这是马克思对于资本主义人权观的首次认识，也是对共产主义核心价值"人类解放"的初次提出。

同一时期，恩格斯目睹了资本主义高度发展的严重后果，并在亲身接触无产阶级及工人运动的过程中深入到经济事实之中，通过经济利益、阶级分析逐渐在唯物主义基础上提出了其对于共产主义的看法，并指出只有在共产主义社会才能实现真正的自由、民主、平等等价值。"依我看来，民主制（资产阶级民主制）[②] 和其他任何一种政体一样，归根到底也是自相矛盾的，骗人的，也无非是一种伪善……要么是真正的自由和平等，即共产主义。"[③]

其后，马克思、恩格斯在唯物主义基础上逐渐阐释了其价值观。马克思在《1844年经济学哲学书稿》中从劳动异化这一现实出发，深刻揭示了资本主义社会由劳动异化产生的人的异化，并进一步提出了"人的解放"的观点。"社会从私有财产等等的解放、从奴役制的解放，是通过工人解放这种政治形式表现出来的，而且这里不仅涉及工人的解放，因为工人的解放包含全人类的解放；其所以如此，是因为整个人类奴役制就包含在工人同生产的关系中，而一切奴役关系只不

---

① 《马克思恩格斯选集》第1卷，人民出版社1995年版，第10页。
② 作者注明。
③ 《马克思恩格斯全集》第1卷，人民出版社1956年版，第576页。

过是这种关系的变形和后果罢了。"① 所以，只有消灭了这种私有制，人的异化现象才能解决，人将"以一种全面的方式，也就是说，作为一个完整的人，占有自己的全面的本质"。② 这一时期马克思不再用空洞的"人性""人"来论证人的解放，而是主张在客观的物质生产、经济关系、生产关系中去探求人类奴役制的根源和人的解放。

在这篇文稿中，马克思还阐述了关于价值观的一些基本问题③：人是对象性的存在物，人以感觉、激情来表现自己的需要和欲望，而对象则是能够实现人的需要的对象，对象之所以能够成为人的对象，关键在于对象的性质，价值本质上是人自己的对象性活动及其产物对于人自身生存与发展的意义。这些观点既阐述了价值产生的前提，同时反映了价值的内涵和意义。并且马克思还认为人及其活动和享受的内容或存在方式都是社会的，这反映了价值也应该在社会历史的范畴中去认识。

在《关于费尔巴哈的提纲》中，马克思指出："从前的一切唯物主义（包括费尔巴哈的唯物主义）的主要缺点是：对对象、现实、感性，只是从客体的或者直观的形式去理解，而不是把它们当作感性的人的活动，当作实践去理解，不是从主体方面去理解"④，即应该从实践出发来理解和认识事物，不应该从与人的活动相分离的事物或物质去理解和认识事物。马克思正是通过实践的观点来批判费尔巴哈等旧的唯物主义者及其思想的不足，认为"全部社会生活在本质上是实践的。凡是把理论引向神秘主义的神秘东西，都能在人的实践中以及对这个实践的理解中得到合理的解决"⑤。即作为现实的人的意识的根源都存在于社会实践中，价值观作为思想意识也不例外。马克思还在实践的基础上分析了人的本质，提出"人是社会关系的总和"的观点，这样将对于人的本质的理解建立在历史唯物主义基础之上，同时通过

---

① 《马克思恩格斯全集》第42卷，人民出版社1985年版，第101页。
② 同上书，第123页。
③ 张曙光：《马克思的哲学价值观与劳动价值论探略》，《哲学研究》1993年第1期。
④ 《马克思恩格斯选集》第1卷，人民出版社1995年版，第54页。
⑤ 同上书，第56页。

人的本质的分析表明价值观应该是历史的、社会的、实践的、具体的。

在《德意志意识形态》《哲学的贫困》这两篇文章中，马克思和恩格斯分析了社会存在和社会意识的关系、经济基础和上层建筑的关系，进一步巩固了其唯物主义价值观。在《德意志意识形态》中，马克思和恩格斯指出了价值主体——人的本质："这里所说的个人不是他们自己或别人想象中的那种个人，而是现实中的个人，也就是说，这些个人是从事活动的，进行物质生产的，因而是在一定的物质的、不受他们任意支配的界限、前提和条件下能动地表现自己的"，"他们受自己的生产力的一定发展以及与这种发展相适应的交往（直到它的最遥远的形式）的制约"[①]。在这里马克思将抽象的人变为具体的人，确定了价值主体的现实性。

同时，马克思、恩格斯进一步论述了包括价值观的社会意识是根源于社会实践的。"从市民社会出发来阐明各种不同的理论产物和意识形态，如宗教、哲学、道德等等，并在这个基础上追溯它们产生的过程。这样做当然就能够完整地描述全部过程……了。这种历史观和唯心主义历史观不同，它不是在每个时代中寻找某种范畴，而是始终站在现实历史的基础上，不是从观念出发来解释实践，而是从物质实践出发来解释观念的东西。"[②] 马克思主义认为现实实践产生了各种各样意识形态，应该从现实实践来认识这些意识形态，而不是抽象地从意识形态来分析意识形态，更不能通过意识形态来解释现实。所以，价值观作为意识形态的一种，也应该将其置于现实实践的基础之上来进行认识，即要赋予价值观的现实内涵与特征。

《共产党宣言》标志着科学社会主义原理的成熟，也标志着马克思主义价值观的成熟。在《共产党宣言》中，马克思、恩格斯运用唯物主义的观点考察了人类社会，提出至今所有一切社会的历史都是阶级斗争的历史，那么按照此逻辑推论，作为社会意识观念的价值观是社会存在的产物，其同样也应该具有阶级性。当然在消灭阶级之后的共产主义社会是实现马克思主义价值观所追求的理想社会，"代替那

---

① 《马克思恩格斯全集》第3卷，人民出版社1960年版，第29页。
② 同上书，第42—43页。

存在着阶级和阶级对立的资产阶级旧社会的,将是这样一个联合体,在那里,每个人的自由发展是一切人的自由发展的条件"①,马克思主义认为共产主义社会是真正地实现人的自由、平等、公正、民主的社会,马克思主义也按照这些价值追求来设计共产主义社会的具体内容。

二 马克思主义价值观的主要观点

马克思、恩格斯以历史唯物主义为基础,从现实、具体的"人"出发,提出价值观是在历史中形成的,受到历史现实的制约,不同时期、不同国家、不同群体的价值观不同,因而价值观具有历史性、社会性、客观性、阶级性、具体性等特征,并且价值的实现是现实的,价值观的评判标准是社会实践。

1. 价值观的出发点应该是现实的"人"

价值观的主体是人,马克思主义所理解的人"不是某种处在幻想的与世隔绝、离群索居状态的人,而是处在一定条件下进行的、现实的、可以通过经验观察到的发展过程中的人"②,即马克思主义所定义的人是现实的具体的人,"这是一些现实的个人,是他们的活动和他们的物质生活条件,包括他们得到的现成的和由他们自己的活动所创造出来的物质生活条件"。③从现实的人这一重要前提出发,马克思主义运用历史唯物主义的观点分析了人性、人的本质等内容——这与资本主义从抽象人性论的基础出发来理解人是根本不同的。在人性的分析中,马克思认为人性是与历史紧密联系的,"不管是人们的'内在本性',或者是人们的对这种本性的'意识','即'他们的'理性',向来都是历史的产物"④;在人的本质分析中,马克思认为"人不仅仅是自然存在物,而且是人的自然存在物,也就是说,是为自身而存在的存在物,因而是类存在物",⑤人之所以区别于动物就在于人具有主

---

① 《马克思恩格斯选集》第1卷,人民出版社1995年版,第294页。
② 《马克思恩格斯全集》第3卷,人民出版社1960年版,第30页。
③ 同上书,第23页。
④ 同上书,第567页。
⑤ 《马克思恩格斯全集》第42卷,人民出版社1979年版,第169页。

观能动性，人能主动的改造世界，而人改造世界的活动又是在一定的社会关系中进行的，所以"人的本质不是单个人所固有的抽象物。在其现实性上，它是一切社会关系的总和"①——马克思主义强调了人的本质的现实性，科学地界定了人的本质。

2. 价值观是历史形成的，其建立在社会实践的基础之上

马克思、恩格斯在《共产党宣言》中指出："人们的观念、观点和概念，一句话，人们的意识，随着人们的生活条件，人们的社会关系，人们的社会存在的改变而改变。"② 价值观作为观念形态也应该随着人们的生活条件、生活关系、生活存在的改变而改变。也就是说价值观的内涵、评判标准要随着不断变化的社会关系、社会存在而变化，所以在不同的历史时期和社会领域，价值观是不同的，即使是作为同样表达的价值术语在不同历史时期和社会领域，其内涵和评判标准会有所不同。比如说民主，其主体——人民的内涵及其界定在不同的历史时期和社会领域会不同，因此对于民主内涵的理解及其追求会有所区别。

按照马克思的界定，"'价值'这个普遍的概念是从人们对待满足他们需要的外界物的关系中产生的"③。其表现为主体（人）与客体（物）之间的需要和满足的关系，所以价值的内容应该具有社会现实性。马克思还指出"人们决不是首先'处在这种对外界物的理论关系中'。正如任何动物一样，他们首先要吃、喝等等……通过活动来取得一定的外界物，从而满足自己的需要"。④ 所以实践关系是主体与客体之间的首要关系，主体和客体的认识关系和价值关系是在实践关系中产生的。从价值构成的客体来看，作为客体的物所具有的满足人的需要的功能属性是客观存在的，其不以人的主观意识而转变；从价值构成的主体来看，人的需要也是客观存在的，是人在历史活动中产生和发展的，而需要的产生在于人类生产了需要的对象，作为需要对象

---

① 《马克思恩格斯选集》第1卷，人民出版社1995年版，第60页。
② 同上书，第291页。
③ 《马克思恩格斯全集》第19卷，人民出版社1974年版，第406页。
④ 同上书，第405页。

的客体所具有的功能属性只有同作为主体的人的相关需要发生了实际的关系，价值才能形成。所以价值的实质并不在于自然属性，而是在于社会属性；人的价值是社会关系的产物，存在于人与人、人与社会的关系中。如果离开人的社会关系，只是从"人本身"或人的天性来理解和分析人的价值，就否认了人的社会性，从而会错误地认识人的价值。

价值的内容具有实践性，同时作为对于价值的认识或价值观也应该通过现实来理解。马克思曾指出要从市民社会出发来阐明各种理论产物，即在现实的物质实践中去解释观念的东西。马克思更为明确地指出，"人们按照自己的物质生产率建立相应的社会关系，正是这些人又按照自己的社会关系创造了相应的原理、观念和范畴"①，所以作为观念的价值观是对特定历史条件下物质生活关系的反映，是与人所处的生产力水平、生产关系状况、社会条件紧密相关，我们应该从现实的物质实践来理解，而不是简单地从抽象的人性、思辨的逻辑推演来导出。

3. 价值的实现是现实的，价值观的评判标准是社会实践

人的需要和满足这种需要的物的功能属性都是客观的，而将这种需要与满足之间建立联系的是人的实践。只有通过人的实践，才能把主体的需要和客体的属性联系在一起，建立主体和客体之间的价值关系，实现价值目标向价值成果的转化。"世界上一切有益于人们生存和发展的价值成果，实际上都是人的实践活动的产物。价值在本质上即是客体属性和主体需要在一定社会实践中具体的历史的统一。"②

另外，价值观的评判标准也需要通过现实的实践来进行检验。列宁曾讲道："必须把人的全部实践——作为真理的标准，也作为事物同人所需要它的那一点的联系的实际确定者——包括到事物的完满的'定义'中去。"③ 所以只有在实践中才能形成正确的价值认知，也只有在实践中才能检验价值认识的对与错。恩格斯也讲道："'正义'、

---

① 《马克思恩格斯选集》第1卷，人民出版社1995年版，第142页。
② 丁文：《关于价值观的马克思主义探讨》，《社会科学战线》1984年第2期。
③ 《列宁选集》第4卷，人民出版社1972年版，第453页。

'人道'、'自由'等等可以一千次地提出这种或那种要求，但是如果某种事情无法实现，那它实际上就不会发生，因此无论如何它只能是一种'虚无缥缈的幻想'。"①

三 马克思主义价值观的具体内容及其历史唯物主义特性

马克思主义的价值观包含很多内容，如经济价值观、政治价值观、社会价值观等，而为了与本书将要分析的社会民主主义的基本价值观相对应和比较，本部分只是重点介绍马克思主义的自由、平等、博爱（团结）、民主、人权等五个方面的价值观。

1. 马克思主义的自由观

马克思主义的自由观建立在实践的唯物主义基础之上，其以现实的、社会的人的实践活动为基础来理解人的自由，从而赋予了自由观以历史性、社会性、具体性、阶级性和相对性的特征。

（1）马克思主义自由观的内容

马克思主义的自由观是马克思、恩格斯在对旧哲学家自由观进行继承、批判的基础上逐渐形成的。② 在古希腊和古罗马时期，哲学家就有了对自由的相关认识，如亚里士多德最早提出了"人本自由"的思想，并在分析城邦群体时得出"自由人最少自由"的观点；德谟克里特、柏拉图专题论述了个人自由与社会自由之间的关系。当然，由于这一时期政治与社会交融，这些哲学家关于自由的认识及其分析多侧重于政治自由。及至近代资本主义的萌芽和发展过程中，政治自由愈发的受到重视。当然除了政治自由外，近代思想家还特别强调理性自由与意志自由。但丁就将意志的自由作为自由的第一原则；洛克提出自由就是主体按照自己心理或思想来决定；斯宾诺莎首次提出了"自由是对必然的认识"，并指出"凡是仅仅由自身本性的必然性而存在、其行为仅仅由它自身决定的东西叫做自由"③；康德的思想将人看成是目的，极力推崇人的主体性和能动性，强调人的自由；费希特指

---

① 《马克思恩格斯全集》第6卷，人民出版社1961年版，第325页。
② 袁贵仁：《价值观的理论与实践》，北京师范大学出版社2006年版，第218—220页。
③ ［荷］斯宾诺莎：《伦理学》，贺麟译，商务印书馆1983年版，第4页。

出人的自由以必然为前提；黑格尔从人与禽兽区分的角度理解自由，认为禽兽没有思想，只有人类才有思想，所以自由是人独有的本质，只有人类才具有自由；费尔巴哈认为实现人的自由的基础是人的感性活动。

旧哲学家的自由观具有一定的合理性，比如他们提出了政治自由，并肯定了人的自由中的主体性和能动性等，尽管如此，他们对于自由的理解还存在着很多的局限，如旧唯物主义者的自由观尽管提出自由是对必然的认识，但他们理解的角度或者说理论基础是机械的因果决定论，从而把必然理解为排除了偶然性的纯粹必然，所以在他们的世界里一切都是必然的，人面对这种必然时是无能为力的，人只能被动消极地接受和顺从必然；唯心论者则把意志作为解决必然和自由之间关系的基础，他们片面地夸大了人的意志自由，把自由看作是不必受到必然性制约的绝对自由，因此他们的问题在于颠倒了自由与必然之间的关系。①

对此，马克思在《关于费尔巴哈的提纲》中明确地指出，"从前的一切唯物主义（包括费尔巴哈的唯物主义）的主要缺点是：对对象、现实、感性，只是从客体的或者直观的形式去理解，而不是把它们当做感性的人的活动，当做实践去理解……因此，和唯物主义相反，能动的方面却被唯心主义抽象地发展了，当然，唯心主义是不知道现实的、感性的活动本身的"。② 这反映了旧唯物主义忽视了实践活动之于人的重要意义，不了解现实世界与人类物质生产实践之间的关系，他们总是直观纯粹地来认知现实的物质世界，所以旧唯物主义者将必然性看作是人的自由活动的绝对界限，人的自由必须服从必然性，由此他们的自由观中人的自由是一种理性的自由；而唯心主义者尽管看到了人的主观能动性之于现实世界的意义，但他们不能了解人的主观能动性与人的实践活动的关系，不理解人的实践其实是能动与受动统一的过程，他们往往只是看到了人的能动方面而否定了人的受动方面，因此他们的自由观要么认为自由是人的自觉的选择，要么认为自由是

---

① 李淑梅：《马克思主义以实践为基础的自由观》，《江汉论坛》1993年第5期。
② 《马克思恩格斯选集》第1卷，人民出版社1995年版，第54页。

"绝对观念之类神秘存在的必然性运动的认识"。①

马克思、恩格斯借鉴了旧唯物主义和唯心主义思想的合理因素并批判其不足,在历史唯物主义形成过程中逐渐建立了自己的自由观。《莱茵报》时期,马克思接受了大量的政治生活,使得其自由观主要是关于政治自由的理解,而又由于这一时期马克思依然受到黑格尔的唯心主义的影响,所以他主要是从理性、精神自由等角度来理解政治自由的。马克思认为自由是人所固有的天性,因为"没有一种动物,尤其是具有理性的生物是带着镣铐出世的"②,所以他将自由理解为"全部精神存在的类的本质"③。《德法年鉴》时期是马克思生产实践观日益形成的时期。在此期间,马克思开始从资本主义的生产实践的角度来分析自由,提出了"劳动自由"这一观点,并在《1844年经济学哲学手稿》中提到"人的类特性恰恰就是自由的自觉的活动"④。马克思"劳动自由"的观点说明了他已经突破了唯心主义的思想影响及其束缚,不再是从理性或精神的角度理解自由,而是将思维的触角植根于现实的生产实践,从人的现实生产劳动及其改造世界的角度来认识自由。在其后《关于费尔巴哈的提纲》和《德意志意识形态》这两篇文章中,马克思、恩格斯建立在生产实践观基础上的科学实践观形成,他们对于自由的认识也走向了成熟。马克思在《关于费尔巴哈的提纲》中鲜明地指出了人的本质是"一切社会关系的总和",并提出了"社会生活本质是实践"的观点,这说明马克思"已经从人与动物相区别的一般劳动自由进入到人与人相区别的现实的社会实践自由"⑤。

关于自由的内容,马克思、恩格斯的自由观认为自由包括认识自由与实践自由。在《反杜林论》中,恩格斯一方面肯定了斯宾诺莎、黑格尔等自由观中认为自由是对必然的认识的观点,"自由不在于幻想中摆脱自然规律而独立,而在于认识这些规律,从而能够有计划地

---

① 于晓风:《马克思主义哲学的自由观浅析》,《教学与研究》2004年第12期。
② 《马克思恩格斯全集》第1卷,人民出版社1956年版,第67页。
③ 同上书,第67页。
④ 《马克思恩格斯全集》第42卷,人民出版社1956年版,第96页。
⑤ 袁贵仁:《价值观的理论与实践》,北京师范大学出版社2006年版,第221页。

使自然规律为一定的目的服务……自由就在于根据对自然界的必然性的认识来支配我们自己和外部自然"①。"认识的自由"已经存在于之前旧的哲学家关于自由的认识中，但旧的哲学家没有认识到"实践的自由"，这也正是马克思主义与旧哲学关于自由认识的根本不同。"欧洲的旧哲学家，已经懂得'自由是必然的认识'这个真理。马克思的贡献，不是否认这个真理，而是在承认这个真理之后补充了它的不足，加上了根据对必然的认识而'改造世界'这个真理。'自由是必然的认识'——这是旧哲学家的命题。'自由是必然的认识和世界的改造'——这是马克思主义的命题"②。

关于自由的基础，马克思主义认为社会生活在本质上是实践的——正因如此，马克思主义才"以其实践观点的思维方式超越了以往自由观的片面和局限性"③。马克思主义的自由观从现实的具体的人出发，在人的实践活动的基础上来实现主客体的统一。"马克思主义自由观的根本点却在于从现实的、社会的人出发，以人的实践活动为基础，在人与自然、人与社会、人与自身的三重关系及其对立统一中把握人类的生存状况，从而明确了人类的历史走向是人类愈来愈自觉地实现着的主体与客体、合规律性与合目的性的统一。"④

关于自由的主体，马克思主义的自由观以现实的社会化的人为出发点，其理解的自由是人的自由，是对于人而言的，"自由的问题是人的问题，是人的'类生命'实现和发展的问题"⑤，所以对于自由的理解首先应该对自由的主体——"人"进行正确理解。马克思界定人的本质是一种社会存在，认为"人的本质不是单个人所固有的抽象物，在其现实性上，它是一切社会关系的总和"⑥。因而在《德意志意

---

① 《马克思恩格斯选集》第3卷，人民出版社1995年版，第455—456页。
② 《毛泽东著作选读》下，人民出版社1986年版，第485页。
③ 高清海：《人的"类生命"与"类哲学"——走向未来的当代哲学精神》，吉林人民出版社1998年版，第441页。
④ 于晓凤：《马克思主义哲学的自由观浅析》，《教学与研究》2004年第12期。
⑤ 高清海：《人的"类生命"与"类哲学"——走向未来的当代哲学精神》，吉林人民出版社1998年版，第434页。
⑥ 《马克思恩格斯选集》第1卷，人民出版社1995年版，第60页。

识形态》中,马克思、恩格斯尤其强调他们对于人的理解和资产阶级思想家对于人的理解的根本不同,这种不同就在于,"我们不是从人们所说的、所想象的、所设想的东西出发,也不是从只存在于口头上所说的、思考出来的、想象出来的、设想出来的人出发,去理解真正的人。我们的出发点是从事实际活动的人"。① 可见,马克思主义对于人的本质的理解是建立在实践基础之上,是历史唯物主义的界定。"实践创造着'具有丰富的、全面而深刻的感觉的人',塑造着人的文化生命和价值生命,使人的生命内涵日益走向丰盈和充实,实践也是人的本质力量的自我确证……在最根本的意义上,我们可以说,人是在实践活动中成其为人的。"②

关于如何实现自由,马克思主义认为自由的实现应该是一个长期的过程,在这个过程中,需要生产力的发展和人主观能动性的发挥。一方面,自由的实现建立在生产力发展的基础之上。"蒸汽机永远不能在人类的发展中引起如此巨大的飞跃,尽管在我们看来,蒸汽机确实是所有那些以它为依靠的巨大生产力的代表,唯有借助于这些生产力,才有可能实现这样一种社会状态,在这里不再有任何阶级差别,不再有任何对个人生活资料的忧虑,并且第一次能够谈到真正的人的自由。"③ 所以,自由的实现是以生产力的发展为基础的。

另一方面,自由的实现需要人的主观能动性的发挥。人是自然的存在物,但同时,人又不同于其他的自然存在物,因为人具有能动性和创造性。"人直接地是自然存在物。人作为自然存在物,而且作为有生命的自然存在物,一方面具有自然力、生命力,是能动的自然存在物;这些力量作为天赋和才能、作为欲望存在于人身上;另一方面,人作为自然的、肉体的、感性的对象性的存在物,和动植物一样,是受动的、受制约的和受限制的存在物,也就是说,他的欲望的对象是作为不依赖于他的对象而存在于他之外的;但这些对象是他的需要的

---

① 《马克思恩格斯全集》第3卷,人民出版社1960年版,第30页。
② 高海清:《高海清哲学文存》第2卷,吉林人民出版社1997年版,第97页。
③ 《马克思恩格斯选集》第3卷,人民出版社1995年版,第456页。

对象；是表现和确证他的本质力量所不可缺少的、重要的对象。"① 可见人的本质——社会关系的总和是建立在现实基础之上，其要受到现实物质条件的制约和限制，但同时人不是被动的，而是具有主观能动性，人能够通过实践获得自由。"人不是由于有逃避某种事物的消极力量，而是由于有表现本身的真正个性的积极力量才得到自由"，②"自由不在于幻想中摆脱自然规律而独立，而在于认识这些规律，从而能够有计划地使自然规律为一定的目的服务"。③

由此可以发现，马克思主义的自由观认为人的自由的实现形式只能是人的实践。人通过实践既能认识到必然性，又能改造世界，从而实现人的主体性，表现人的主观能动性。"通过实践创造对象世界，即改造无机界，证明了人是有意识的类存在物。"④ 人在能动的认识和改造世界的实践过程中达到主客体的统一，从而实现人的自由。尽管实践有多种表现形式，但劳动是其最基本的形式，"劳动尺度本身在这里是由外面提供的，是由必须达到的目的和为达到这个目的而必须由劳动来克服的那些障碍所提供的。但是克服这些障碍本身，就是自由的实现，而且进一步说，外在目的失掉了单纯外在必然性的外观，被看作个人自己自我提出的目的，因而被看作自我实现，主体的物化，也就是实在的自由，——而这种自由见之于活动恰恰就是劳动"⑤。劳动等人类的实践是实现人的自由的必要途径。

（2）马克思主义自由观的历史唯物主义特性

马克思主义自由观建立的基础是实践，正是从实践的基础出发，马克思主义的自由观阐明了自由是现实的社会的人的自由，自由是人通过实践达到的主体与客体的统一。不仅如此，实践的基础也赋予了马克思主义自由观历史唯物主义的特性。

自由具有历史性、社会性。自由是"历史发展的产物。最初的，

---

① 《马克思恩格斯全集》第42卷，人民出版社1997年版，第167—168页。
② 《马克思恩格斯全集》第2卷，人民出版社1957年版，第167页。
③ 《马克思恩格斯选集》第3卷，人民出版社1995年版，第455页。
④ 《马克思恩格斯全集》第42卷，人民出版社1997年版，第96页。
⑤ 《马克思恩格斯全集》第46卷（下），人民出版社1980年版，第112页。

从动物界分离出来的人，在一切本质方面是和动物本身一样不自由的；但是文化上的每一个进步，都是迈向自由的一步"。① 自由的最终状态就是马克思主义所认识和追求的自由王国。同时，马克思主义所讲到的自由王国"只是在由必需和外在目的的规定要做的劳动终止的地方才开始；因而按照事物的本性来说，它存在于真正物质生产领域的彼岸……这个自然必然性的王国会随着人的发展而扩大，因为需要会扩大；但是满足这种需要的生产力同时也会扩大。这个领域内的自由只能是：社会化的人，联合起来的生产者，将合理地调节他们和自然之间的物质变换，把它置于他们的共同控制之下，而不让它作为盲目的力量来统治自己；靠消耗最小的力量，在最无愧于和最适合于他们的人类本性的条件下来进行这种物质变换"。② 所以，马克思主义将实践的基础及其内容融入自由王国实现的历史过程中，并认为人的自由的程度受到历史发展过程的制约。而这个历史的过程在马克思的《资本论》中也通过三个阶段反映出来，即第一阶段为"人的依赖关系（起初完全是自然发生的）"，第二阶段为"以物的依赖性为基础的人的独立性"，第三阶段为"建立在个人全面发展和他们共同的社会生产能力成为他们的社会财富这一基础上的自由个性"。③ 可见自由的实现是一个逐步的过程，这也表明了自由的历史性与社会性。

　　自由具有阶级性。旧哲学家的自由观和其后的资产阶级学者的自由观脱离了历史现实的基础，只是从抽象的人出发来认识自由，因此得出了自由是超越阶级的伦理性特点。而马克思主义则认为人并不是伦理主义所讲到的抽象的"类"，人是社会现实中具体的人，其生活在现实的社会经济条件和社会关系之中，所以在理解人的自由时一定不能离开现实的基础。"实际上，事情是这样的：人们每次都不是在他们关于人的理想所决定和所容许的范围之内，而是在现有的生产力所决定和所容许的范围之内取得自由的。"④ 自阶级社会产生以来，人

---

① 《马克思恩格斯选集》3卷，人民出版社1995年版，第456页。
② 《马克思恩格斯全集》第25卷，人民出版社1974年版，第926—927页。
③ 《马克思恩格斯全集》第46卷（上），人民出版社1979年版，第104页。
④ 《马克思恩格斯全集》第3卷，人民出版社1960年版，第507页。

由于受到阶级关系的限制，所以人的自由也被打上了深深的阶级的烙印，所以马克思、恩格斯认为在阶级社会，超越一切阶级的自由是从来就没有的。在关于资本主义社会自由的分析中，马克思指出自由是由于资本主义私有制的存在使得自由只能是资本家的自由，是资本家榨取工人劳动所得的自由，而非工人的自由，也不是全民的自由。"个人自由只是对那些在统治阶级范围内发展的个人来说是存在的，他们之所以有个人自由，只是因为他们是这一阶级的个人。"[①] 所以马克思主义的自由观具有阶级性。

自由具有相对性。自由一定程度上就是要摆脱限制或束缚，但这并不表明自由就是没有限制或不受限制，事实上，自由要受到自然、社会和人本身的限制。一是自由要受到自然的限制。"没有自然界，没有感性的外部世界，工人就什么也不能创造。它是工人用来实现自己的劳动、在其中展开劳动活动、由其中生产出和借以生产自己的产品的材料"，[②] "人作为自然的、肉体的、感性的、对象性的存在物，和动植物一样，是受动的、受制约的和受限制的存在物，也就是说，他的欲望的对象是作为不依赖于他的对象而存在于他之外的；但这些对象是他的需要的对象；是表现和确证他的本质力量所不可缺少的、重要的对象"。[③] 这些反映了自然限制了人、人的劳动、人的自由的发展及其实现。二是自由要受到社会的限制。因为人是社会关系的总和，人要在一定的社会经济条件、社会交往中进行活动，所以人相应地要受到这些社会因素的限制，而不能脱离了人的社会性来讲人的自由。"只有在集体中，个人才能获得全面发展其才能的手段，也就是说，只有在集体中才可能有个人自由"[④]，这表明了个体自由与集体自由的统一性；同时，"社会力量完全像自然力一样，在我们还没有认识和考虑到它们的时候，起着盲目的、强制的和破坏的作用"[⑤]。这表明了

---

① 《马克思恩格斯选集》第 1 卷，人民出版社 1995 年版，第 119 页。
② 《马克思恩格斯全集》第 42 卷，人民出版社 1979 年版，第 92 页。
③ 同上书，第 167 页。
④ 《马克思恩格斯全集》第 3 卷，人民出版社 1960 年版，第 84 页。
⑤ 《马克思恩格斯选集》第 3 卷，人民出版社 1995 年版，第 630 页。

社会条件和社会规律对于人的自由的限制。三是自由要受到人自身的限制。自由是人类在实践基础上的历史的过程，在从"人的依赖关系"到"以物的依赖关系"再到"人的全面发展"的历史过程中本身就反映了人自身认知能力、改造能力或创造能力的发展影响着人的自由的实现。

2. 马克思主义的平等观①

马克思、恩格斯在对资本主义私有制进行分析批判的基础上，通过历史唯物主义的角度阐述了其平等观，认为生产力的发展是实现社会平等的物质条件，平等具有历史性、社会性、阶级性、相对性，不存在超越历史、社会、阶级的永恒的平等。

（1）马克思主义平等观的内容

青年时期的马克思在学习黑格尔的法哲学时就提出了"国家和法是理性、自由、正义原则的体现"的思想，当然这一时期马克思的认识只能说是一种哲学思考。在《莱茵报》期间，马克思在对现实经济、政治、社会等问题日益了解的同时逐渐感到理想与现实的矛盾，也逐渐意识到通过单纯的理论批判无法解决现实的问题，因此他迅速放弃了纯粹的哲学批判，开始转向政治、法律和道德等方式来认识和解决现实问题。在《评普鲁士最近的书报检查令》中他反对书报检查令，用革命民主主义的立场批判普鲁士的专制主义。在其后的《关于林木盗窃法的辩论》中，马克思较为深刻地揭露了封建社会的等级制度，认为这种社会是被分裂的人类世界，其中的人类简直是按抽屉来进行分类，认为普鲁士的国家和法屈从于剥削者的个人利益，这是下流的唯物主义，是违反人民和人类神圣精神的罪恶。在这期间，马克思开始转变自己对于国家和法的看法，认为"法的关系正像国家的形式一样，既不能从它们本身来理解，也不能从所谓人类精神的一般发展来理解，相反，它们根源于物质的生活关系"②。这说明马克思开始通过现实的物质生活关系来分析社会的分化、对立及其权利关系。

---

① 尽管公正、平等的含义不同，但为了行文的需要，在此将公正平等作为同一范畴进行使用。

② 《马克思恩格斯选集》第2卷，人民出版社1995年版，第32页。

随着政治实践和对资本主义研究的深入，1844年夏至1845年秋，马克思、恩格斯开始从政治实践观向生产实践观发展。在《1844年经济学哲学手稿》中，马克思研究了资本主义社会的工资、利润、地租等问题，通过这三种资本主义社会财富分配的主要形式，揭示了工人、资本家、土地所有者对立的经济根源。同时，马克思还对资本主义私有制的本质、需要、生产和分配、货币等问题进行了研究，第一次系统全面地阐明了自己的"异化劳动"理论。他认为劳动是人类的本质，但在资本主义社会中工人的劳动是一种异化的劳动，成为与工人相对立的力量，由此产生了资本主义社会中产品的异化、劳动的异化、人同自身类本质的异化、人同人的异化。人与人的异化在资本主义条件下集中体现为工人阶级与资产阶级之间被剥削和剥削的根本对立关系。"异化劳动"的提出及其论证揭露了资本主义不平等的社会现实，并触及了资本主义私有制这一导致资本主义社会不平等的根源。

其后，随着马克思、恩格斯进一步分析资本主义的经济关系，马克思主义的平等观也在不断地成熟。在《神圣家族》中，马克思、恩格斯批判了埃德加尔·鲍威尔的平等思想。埃德加尔·鲍威尔把现实中的人与人的关系歪曲为人在思维中和自身的平等关系，即"自我意识"。对此马克思、恩格斯指出"如果埃德加尔先生把法国的平等和德国的'自我意识'稍微比较一下，他就会发现，后一个原则按德国的方式即用抽象思维的形式所表达的东西，就是前一个原则按法国的方式即用政治和思维直观的语言所表达的东西，自我意识是人在纯思维中和自身的平等。平等是人在实践领域中对自身的意识，也就是人意识到别人是和自己平等的人，人把别人当做和自己平等的人来对待。平等是法国的用语……它表明人对人的社会关系或人的关系"①，"实物是为人的存在，是人的实物存在，同时也就是人为他人的存在，是他对他人的人的关系，是人对人的社会关系"②。可见马克思、恩格斯以物作为中介，从人与物的关系进一步分析到人与人的平等关系。在此基础上马克思恩格斯认为在不同的历史时期，不同的社会阶级群体

---

① 《马克思恩格斯全集》第2卷，人民出版社1957年版，第48页。
② 同上书，第52页。

由于社会地位的不同、利益诉求的不同,使得他们会从自我利益或需要出发,运用自身所理解的平等内容和标准来衡量现实社会,所以,不应该从平等的观念来解释历史,不存在超越历史和阶级的永恒公正平等,不存在从抽象的人来理解的公正平等,而应该在现实的生产关系中、从历史的角度来解释公正平等。在《德意志意识形态》中,马克思、恩格斯指出由于社会的分工,人类产生了公共利益和私有利益之间的矛盾,而公共利益则采取普遍的共同体的形式"来对特殊利益进行实际的干涉和约束",这样便产生了凌驾于社会之上并统治社会的国家,当然,国家是统治阶级意志的表现,他掩盖了"一个阶级统治着其他一切阶级"的实质,"国家内部的一切斗争——民主政体、贵族政体和君主政体相互之间的斗争,争取选举权的斗争等等,不过是一些虚幻的形式,在这些形式下进行着各个不同阶级间的真正的斗争"。[①] 在《工资、价格和利润》中,马克思针对拉萨尔的庸俗工资理论进行了批判,认为"在雇佣劳动制度的基础上要求平等的或仅仅是公平的报酬,就犹如在奴隶制的基础上要求自由一样",[②] 资本主义的平等的非现实性,要想"做一天公平的工作,得一天公平的工资",就必须消灭雇佣劳动制度。在《资本论》中,马克思揭露了资本主义社会中形式平等表象下的实质不平等,深刻地指出"所有权对于资本家来说,表现为占有别人无酬劳动或产品的权利,而对于工人来说,则表现为不能占有自己的产品",由于资本家占有生产资料从而也无偿地占有工人创造的剩余价值,而工人则一无所有,这就是资本主义社会的不公正不平等,这种实质不公正不平等往往被资本主义社会的形式公正平等所掩盖,"表现为最初行为的等价物交换,已经变得仅仅在表面上交换……其内容则是,资本家用他总是不付等价物而占有的别人的已经物化的劳动的一部分,来不断再换取更大量的别人的活劳动"[③]。可见资本主义社会是不公正不平等的。

马克思、恩格斯从社会的生产方式出发,在对资本主义私有制进

---

① 《马克思恩格斯全集》第3卷,人民出版社1960年版,第38页。
② 《马克思恩格斯选集》第2卷,人民出版社1995年版,第76页。
③ 《马克思恩格斯全集》第23卷,人民出版社1975年版,第640页。

行批判的基础上提出了私有制是社会不公正不平等的根源。他们指出，"至今的全部历史都是在阶级对立和阶级斗争中发展的；统治阶级和被统治阶级，剥削阶级和被剥削阶级是一直存在的；大多数人总是注定要从事艰苦的劳动而很少能得到享受。为什么会这样呢？这只是因为在人类发展的以前一切阶段上，生产还很不发达，以致历史的发展只能在这种对立形式中进行，历史的进步整个说来只是极少数特权者的事，广大群众则注定要终生从事劳动，为自己生产微薄的必要生活资料，同时还要为特权者生产日益丰富的资料"①，这种分配的不平等归根结底是生产资料的私有制并由此带来的阶级对立所决定的，"消费资料的任何一种分配，都不过是生产条件本身分配的结果。而生产条件的分配，则表现生产方式本身的性质"②。而资本主义生产方式的基础是"生产的物质条件以资本和地产的形式掌握在非劳动者手里，而人民大众所有的只是生产的人身条件，即劳动力。既然生产的要素是这样分配的，那么自然就产生现在这样的消费资料的分配。如果生产的物质条件是劳动者自己的集体财产，那么同样需要产生一种和现在不同的消费资料的分配"。③ 由于生产资料的资本主义私有制，导致资产阶级能够无偿地占有劳动者的剩余价值，而工人则不能占有自己的产品，资本主义所谓的公平只是在"等价交换"形式上的公平，他们宣扬的公平、正义只是适合资产阶级的，而对于无产阶级来说只能是幻想。

当然，马克思、恩格斯对于资本主义的公正平等还是进行了客观辩证的分析，其在批判资本主义社会不公正不平等的同时还对资本主义社会的相对公正平等进行了肯定。因为资本主义在反对封建主义的过程中，所宣扬的权利平等口号具有历史的进步性，其促进了人类社会的公正发展，这种建立在商品经济发展基础上的"平等和自由不仅在以交换价值为基础的交换中受到尊重，而且交换价值的交换是一切

---

① 《马克思恩格斯选集》第3卷，人民出版社1995年版，第336页。
② 同上书，第306页。
③ 同上。

平等和自由的生产的、现实的基础"。①

通过对资本主义不公正不平等的批判和相对公正平等的分析，马克思、恩格斯也在对真正的公正平等进行思考和构想。在《哥达纲领批判》中，马克思批判了拉萨尔公平分配的思想，指出所谓的"不折不扣的劳动所得""平等的权利""公平的分配"是凭空想象的，是抽象的公正原则，拉萨尔没有揭示问题的根源，这只能引起思想的混乱，应该从生产方式即生产力和生产关系的变革特别是所有制的角度分析公正。只有在生产力高度发达、生产资料共同占有的共产主义社会，才能将抽象的公正付之于现实的公正，才能从理性的公正走向实践的公正；也才能实现真正的公正。

可见，马克思主义将真正公正平等的基础建立在生产力发展的逻辑起点之上。恩格斯曾讲道："一切社会变迁和政治变革的终极原因，不应当到人们的头脑中，到人们对永恒的真理和正义的日益增进的认识中去寻找，而应当到生产方式和交换方式的变更中去寻找；不应当到有关时代的哲学中去寻找，而应当到有关时代的经济中去寻找。"②离开了现实的社会生产力去抽象地谈论公正平等问题，就割裂了公正平等与历史和现实的实践的联系，从而忽视了公正平等的价值基础，也无法发现其评判标准，由此公正平等的追求也永远只有我们头脑中一种思辨的抽象的概念，而非是基于现实的实践的理解，公正平等"也就永远只是一个理性问题，而不是一个实践问题"③，所以一定要在生产力发展的范畴中寻求真正公正平等的实现途径与条件。

马克思、恩格斯认为高度发达的生产力才是实现真正公正平等的物质条件。即使是在共产主义的第一阶段，由于刚刚脱胎于资本主义社会，因此这一社会阶段经济、政治、文化、社会等各个方面都还带着它脱胎出来的资本主义旧社会的痕迹，尽管全社会共同占有生产资料，但由于"平等的权利还仍然被限制在一个资产阶级的框框里。生产者的权利是和他们提供的劳动成正比例的；平等就在于以同一的尺

---

① 《马克思恩格斯全集》第46卷（上），人民出版社1979年版，第197页。
② 《马克思恩格斯选集》第3卷，人民出版社1995年版，第741页。
③ 周仲秋：《马克思恩格斯平等思想研究》，《政治学研究》2004年第1期。

度——劳动——来计量",故按劳分配的公正平等也只是形式的、相对的平等。在共产主义的第一阶段,"一个人在体力或智力上胜过另一个人,因此在同一时间内提供较多的劳动,或者能够劳动较长的时间;而劳动,要当做尺度来用,就必须按照它的时间或强度来确定,不然它就不成其为尺度了。这种平等的权利,对不同等的劳动来说是不平等的权利。它不承认任何阶级差别,因为每个人都像其他人一样只是劳动者;但它默认,劳动者不同等的个人天赋,从而不同等的工作能力,是天然特权。所以就它的内容来讲,它像一切权利一样是一种不平等的权利。权利,就它的本性来讲,只在于使用同一的尺度;但是不同等的个人(而如果他们不是不同等的,他们就不成其为不同的个人)要用同一的尺度去计量,就只有从同一个角度去看待他们,从一个特定的方面去对待他们,例如现在所讲的这个场合,把他们只当作劳动者;再不把他们看作别的什么,把其他一切都撇开了。其次,一个劳动者已经结婚,另一个则没有;一个劳动者的子女较多,另一个的子女较少,如此等等。因此,在提供的劳动相同,从而由社会消费基金中分得的份额相同的条件下,某一个人事实上所得到的比另一个人多些,也就比另一个人富些,如此等等。要避免所有这些弊病,权利就不应当是平等的,而应当是不平等的"[①]。所以社会主义的平等也只是相对的平等,形式的平等,这主要源于生产力的发展程度还远没有达到按需分配的能力,再加上劳动者主观条件的差异,导致社会主义的不公正现象。当然这种形式的不平等"在经过长久阵痛刚刚从资本主义社会产生出来的共产主义社会第一阶段,是不可避免的。权利决不能超出社会的经济结构以及由经济结构制约的社会的文化发展"[②]。

而真正的自由和平等只有在共产主义制度下才可能实现,因为在共产主义阶段,生产力高度发达得以满足劳动者各方面的需要,"在共产主义社会高级阶段上,在迫使人们奴隶般地服从分工的情形已经消失,从而脑力劳动和体力劳动的对立也随之消失之后;在劳动已经

[①] 《马克思恩格斯选集》第3卷,人民出版社1995年版,第304—305页。
[②] 同上书,第305页。

不仅仅是谋生的手段，而且本身成了生活的第一需要之后；在随着个人的全面发展，他们的生产力也增长起来，而集体财富的一切源泉都充分涌流之后，——只有在那个时候，才能完全超出资产阶级权利的狭隘眼界，社会才能在自己的旗帜上写上：各尽所能，按需分配"①，所以共产主义社会高度发达的生产力是实现真正公正平等的现实物质基础与条件。

（2）马克思主义平等观的历史唯物主义特性

马克思主义认为公正平等一直是人类社会所追求的美好理念，但却从来没有一个不变的公正平等的标准和尺度，公正平等的内容总是处在历史之中随着历史发展而发展的，因为"每一历史时期的观念和思想也可以极其简单地由这一时期的经济的生活条件以及由这些条件决定的社会关系和政治关系来说明"②，平等观也不例外。在批判拉萨尔、普鲁东等思想家的历史唯心主义观点时，恩格斯指出这些思想家的错误在于他们认为现实社会是按照公平的原则规范而非经济发展的规律来改造自我，这样他们的公平正义等观念是脱离了历史的发展、社会的物质基础等现实条件的公平正义。实际上，在不同的社会发展阶段，各个社会阶级对于公正平等的内涵认识及其内容追求是不同的，因为"希腊人和罗马人的公平观认为奴隶制度是公平的；1789年资产阶级的公平观则要求废除被宣布为不公平的封建制度……所以，关于永恒公平的观念不仅是因时因地而变，甚至也因人而异"③。公正平等是由现实的经济关系、社会条件所决定的，现实的各个社会群体、阶级对于公正平等的内容及其判断标准会随着现实经济关系、社会条件的不断变化而变化，平等观具有历史性、社会性，不存在永恒不变的、超越历史和社会现实的普遍性的公正平等。因此"平等的观念，无论以资产阶级的形式出现，还是以无产阶级的形式出现，本身都是一种历史的产物，这一观念的形成，需要一定的历史条件……平等观念说

---

① 《马克思恩格斯选集》第3卷，人民出版社1995年版，第305—306页。
② 同上书，第335页。
③ 《马克思恩格斯全集》第18卷，人民出版社1964年版，第310页。

它是什么都行，就不能说是永恒的真理"。①

社会现实也决定了公正平等所具有的阶级性。自阶级产生以来，公正平等"或者为统治阶级的统治和利益辩护，或者当被压迫阶级变得足够强大时，代表被压迫者对这个统治的反抗和他们的未来利益"，②资产阶级反对封建社会时宣扬的公平、正义、平等在历史的发展中起到了积极的作用，但在资本主义社会统治期间将本阶级的公正变为永恒的、超越阶级的普世的公正，以此淡化和忽视了事实上对于无产阶级的剥削压迫的不公正，以表面的公正掩盖了实质的不公正。

公正平等的社会现实性也说明了公正平等的相对性。在公正平等的内涵和衡量标准上都具有相对性，资本主义的公正平等相对于封建社会的公正平等是不同的，共产主义的公正平等与资本主义的公正平等也是不同的，即使是在共产主义内部，由于生产力的发展程度也决定了共产主义第一阶段和高级阶段关于公正平等的内涵和标准的差异。在资本主义社会，等价交换原则是公正平等的尺度，在社会主义社会，由于生产力的发展程度和个体能力、发展机会的差异只能是以按劳分配原则作为公正平等的尺度，而到了共产主义的高级阶段，以人自身的需要及其满足来衡量公正平等，所以不同的社会阶段，公正平等的标准和内涵是不同的，具有相对性。

3. 马克思主义的博爱（团结互助）观③

马克思、恩格斯针对资本主义在反对封建主义过程中所倡导的博爱观进行了客观分析，既肯定了其进步性，同时也批判地分析了其局限性，指出博爱观（团结互助观）的历史性、社会性、阶级性。由于马克思主义的著作里并没有明确地论述无产阶级的博爱观，所以本书通过其关于无产阶级的联合（团结互助）观来进行分析。

（1）马克思主义博爱（团结互助）观的内容

资产阶级在反对封建制度的过程中为了联合其他反封建力量而提

---

① 《马克思恩格斯选集》第3卷，人民出版社1995年版，第448页。
② 《马克思恩格斯选集》第3卷，人民出版社1995年版，第435页。
③ 注：本书为了与后面社会民主主义的博爱观（团结互助观）相对应，所以将马克思的关于博爱和团结互助的观点放到一起。

出了"博爱"的价值口号并在其后资本主义的发展过程中将"博爱"作为资本主义的最主要价值追求。对此,马克思、恩格斯揭露了这种价值口号的实质及其迷惑性。马克思、恩格斯认为在资本主义社会,只有当资产阶级的利益在某些时期和无产阶级的利益相一致时(如共同反对封建主义),或者当资产阶级在利用无产阶级时,资产阶级才会提出"博爱"的价值口号,如在1848年法国二月革命过程中,资产阶级和工人共同反对金融贵族、争取普选权,巴黎的墙壁上写着"法兰西共和国!自由,平等,博爱"①的口号,人们在"博爱"口号的迷惑下忘却了阶级斗争和阶级关系,"与这种在想象中消灭阶级关系相适应的词句,就是博爱——人人都骨肉相连、情同手足",无产阶级也"就沉醉在这种宽大仁慈的博爱气氛中了"②。但当无产阶级为了自身利益而进行六月革命的时候,"博爱"口号下掩饰的本质就体现出来了,"用真实的、不加粉饰的、平铺直叙的话来表达,就是内战,就是最可怕的国内战争——劳动与资本间的战争。在6月25日晚间,当资产阶级的巴黎张灯结彩,而无产阶级的巴黎在燃烧、在流血、在呻吟的时候,这个博爱便在巴黎所有窗户前面烧毁了"③。

另外,针对资产阶级博爱学派和社会主义空谈家的"博爱"观,马克思、恩格斯也进行了批判性的分析。马克思在《哲学的贫困》中认为博爱学派是"完善的人道学派","博爱论者愿意保存那些表现资产阶级关系的范畴,而不要那种构成这些范畴并且同这些范畴分不开的对抗。博爱论者以为,他们是在严肃地反对资产者的实践,其实,他们自己比任何人都更像资产者"④。在总结1848年欧洲革命的时候,马克思、恩格斯又批判了社会主义的空谈家,"社会主义的空谈家,他们曾为人民向资产阶级乞怜,并且被允许进行长时间地说教和同样长时间地丢丑,直到把无产阶级的狮子催眠入睡为止"⑤。

---

① 《马克思恩格斯选集》第1卷,人民出版社1995年版,第383页。
② 同上书,第387页。
③ 同上书,第398页。
④ 同上书,第154—155页。
⑤ 同上书,第398—399页。

所以，资产阶级提出的"博爱"价值在反对封建主义的过程中符合历史发展，也一定程度上代表了劳动者的追求，具有进步性。但在资产阶级取得统治地位后，由于阶级利益的对抗性使得资产阶级所主张的"博爱"只是一种迷惑无产阶级的价值术语，其主要目的在于让无产阶级淡化阶级对立，放弃阶级斗争，一旦无产阶级与资产阶级之间的利益相冲突时，资产阶级就会毫不犹豫地抛开"博爱"的价值口号，"把共和国的'自由，平等，博爱'这句格言代以毫不含糊的'步兵，骑兵，炮兵'"①。

可见，在资本主义社会中，由于私有制的经济基础及其之上的阶级对抗使得资产阶级所提倡的"博爱"只能是为了维护资产阶级利益的本质，所谓的超越阶级的"博爱"是不存在的。无产阶级为了维护自身利益，反对资产阶级统治就必须坚持自己的带有阶级色彩的"博爱"观。当然马克思恩格斯没有明确地论述无产阶级的博爱观，只是论述了无产阶级的团结合作观。马克思主义从资本主义私有制导致资产阶级和无产阶级的对抗出发，认为无产阶级为了反对资产阶级就需要团结合作，但在一定条件下无产阶级也可以与其他的社会阶级甚至是资产阶级进行联合，当然这种联合并不是忽视或淡化无产阶级的阶级性质，而是为了达到无产阶级斗争的目的所必须的手段，同时无产阶级在联合过程中要保持其独立性与领导性。

（A）无产阶级的联合

马克思、恩格斯团结合作思想的首要内容是无产阶级的联合。无产阶级的联合主要是基于资本主义发展的世界性、资产阶级国际联系的加强以及在剥削和镇压无产阶级的一致性，因此尽管不同国家的资产阶级政府之间存在着利益的竞争甚至冲突，但为了整个资本主义体系的利益，为了维护资本主义的统治地位，各国资产阶级政府经常联合起来反对各国的无产阶级。"面对无产阶级，各民族政府乃是一体"，② 巴黎公社、中国的第二次鸦片战争就是例证，无产阶级具有共同的利益和社会地位，面对共同的敌人，所以各国无产阶级面对的敌

---

① 《马克思恩格斯选集》第1卷，人民出版社1995年版，第622页。
② 《马克思恩格斯选集》第3卷，人民出版社1995年版，第80页。

人不仅是个别的资本家和本国的资本主义，而是整个的资产阶级和资本主义体系，由于各国资产阶级联合并极力维护资本主义体系，无产阶级必须联合起来，才能战胜资产阶级，消灭资本主义体系，实现人类社会的解放。

马克思、恩格斯作为国际无产阶级政党的创始人和思想指导者，一直注重无产阶级的联合，"全世界无产者，联合起来"的口号鲜明地表述了马克思主义关于无产阶级联合的思想，因为世界各个国家的无产阶级具有相同的经济境况、社会地位和共同利益，"既然各国工人的状况是相同的，既然他们的利益是相同的，他们又有同样的敌人，那么他们就应当共同战斗，就应当以各民族的工人兄弟联盟来对抗各民族的资产阶级兄弟联盟"，① 马克思充分肯定了普法战争中英法德三国工人的联合是"史无前例的伟大事实，就向人们展示出更加光明的未来"，② 当然，马克思、恩格斯对于无产阶级的联合提出来警示："如果工人们忘记自己的职责，如果他们采取消极态度，那么现在这场可怕的战争就只不过是将来的更可怕的国际战争的序幕，并且会在每一个国家内使刀剑、土地和资本的主人又一次获得对工人的胜利。"③

（B）无产阶级与其他阶级的联合

在分析无产阶级联合的同时，马克思、恩格斯还从无产阶级所处的斗争环境出发，提出了与其他阶级甚至是资产阶级合作的思想。"共产党人到处都支持一切反对现存的社会制度和政治制度的革命运动"④ 和"共产党人到处都努力争取全世界民主政党之间的团结和协调"⑤ 的提法都表明无产阶级可以和其他阶级进行联合。

无产阶级和其他阶级联合的首要对象是农民阶级，因为农民阶级同工人阶级一样都是受剥削、压迫的阶级，为此恩格斯倡导联合农民阶级共同走社会主义道路，"争取过来的农民人数越多，社会改造的

---

① 《马克思恩格斯全集》第4卷，人民出版社1958年版，第411—412页。
② 《马克思恩格斯选集》第3卷，人民出版社1995年版，第19页。
③ 同上书，第30页。
④ 《马克思恩格斯选集》第1卷，人民出版社1995年版，第307页。
⑤ 同上。

实现也就会越迅速和越容易"①，"如果这些农民看到他们现在的生产方式必然要灭亡并且从中得出必要的结论，他们就要到我们这里来，而我们的职责就是要尽力使他们也易于过渡到新的生产方式"。②

无产阶级在一定条件下、一定时期可以和资本主义力量合作。在《共产党宣言》中，马克思、恩格斯提到，当共产党和其他政治派别为了共同的目标、利益或反对共同的敌人时可以进行联合。如法国共产党可以与民主党进行联合以反对资产阶级，瑞士共产党可以联合激进派，波兰共产党支持把土地革命作为民族解放条件的政党，德国共产党可以联合资产阶级一起反对封建主义。③

（C）无产阶级联合的原则

尽管无产阶级可以和其他力量进行合作，但在合作过程中，无产阶级政党要保持独立性与领导性。"共产党人为工人阶级的最近的目的和利益而斗争，但是他们在当前的运动中同时代表运动的未来。在法国，共产党人同社会主义民主党联合起来反对保守的和激进的资产阶级，但是并不因此放弃对那些从革命的传统中承袭下来的空谈和幻想采取批判态度的权利"④，"共产党一分钟也不忽略教育工人尽可能明确地意识到资产阶级和无产阶级的敌对的对立，以便德国工人能够立刻利用资产阶级统治所必然带来的社会的和政治的条件作为反对资产阶级的武器，以便在推翻德国的反动阶级之后立即开始反对资产阶级本身的斗争"⑤，"在自由派资产阶级同政府的斗争中，共产主义者始终应当支持自由派资产阶级，只是应当注意，不要跟着资产者自我欺骗"⑥。所以，无产阶级在一定条件下可以和其他阶级联合，但在联合的同时一定要保持独立性和联合的主动性。

（2）马克思主义博爱（团结互助）观的历史唯物主义特性

马克思主义的团结合作思想建立的基础是历史唯物主义。马克思、

---

① 《马克思恩格斯选集》第4卷，人民出版社1995年版，第500页。
② 同上书，第503页。
③ 《马克思恩格斯选集》第1卷，人民出版社1995年版，第306页。
④ 同上。
⑤ 同上书，第305页。
⑥ 同上书，第246页。

恩格斯在批判资本主义社会时，从其生产方式出发，深刻揭露了资本主义社会中资产阶级和无产阶级对立的经济根源以及在此基础上无产阶级联合的必要性。在《1844年经济学哲学手稿》中，马克思通过对工人、资本家、土地所有者对立的经济根源和资本主义生产方式本质的揭露，第一次系统全面地阐明了自己的"异化劳动"思想，并深入到资本主义经济活动之中初步分析了私有制的本质。马克思认为，劳动本来是人类的本质，可是在资本主义社会，工人的劳动是一种异化的劳动，成为与工人相对立的力量，由此产生了资本主义社会中产品异化、劳动异化、人同自己的类本质异化、人与人之间的异化，特别是人与人的异化在资本主义条件下集中体现为工人阶级与资产阶级之间被剥削和剥削的根本对立关系。而工人阶级与资产阶级对立关系具有普遍性，当然这种普遍性是建立在资本主义的生产方式基础之上的。"整个人类奴役制就包含在工人同生产的关系中，而一切奴役关系只不过是这种关系的变形和后果罢了"[①]，"现代的工业劳动，现代的资本压迫，无论在英国或法国，无论在美国或德国，都是一样的，都使无产者失去了任何民族性"[②]。共同的敌人和利益的诉求决定了无产阶级联合的必须，"所有这些国家里的工人目前都关心着同一件事情，那就是推翻压迫他们的阶级——资产阶级"[③]，"联合的行动，至少是各文明国家的联合的行动，是无产阶级获得解放的首要条件之一"[④]。

无产阶级联合的基础、根本任务和目标是变革现存的私有制关系，建立以公有制为基础的新社会。马克思、恩格斯在《共产党宣言》中就提到"共产党人到处都支持一切反对现存的社会制度和政治制度的革命运动。在所有这些运动中，他们都强调所有制问题是运动的基本问题，不管这个问题的发展程度怎样。最后，共产党人到处都努力争取全世界民主政党之间的团结和协调"[⑤]。这说明共产党与其他党派的

[①] 《马克思恩格斯全集》第42卷，人民出版社1979年版，第101页。
[②] 《马克思恩格斯选集》第1卷，人民出版社1995年版，第283页。
[③] 《马克思恩格斯全集》第4卷，人民出版社1958年版，第411页。
[④] 《马克思恩格斯选集》第1卷，人民出版社1995年版，第291页。
[⑤] 同上书，第307页。

合作必须将"所有制问题作为革命的基本问题",不能泯没了自己与其他党派的原则差异。特别是无产阶级的联合,既然资本主义的私有制导致无产阶级与资产阶级的对立,无产阶级只有联合起来消灭私有制,通过社会主义革命"取得国家政权,并且首先把生产资料变为国家财产"①,建立按照恩格斯所提到的"以生产者自由平等的联合体为基础的、按新方式来组织生产的社会"②。

马克思主义所提倡的无产阶级联合是从现实的资本主义私有制导致的经济及其政治对立中提出来的,这深入到资本主义的经济实质和政治实质,使得其团结合作是建立在社会现实的基础之上,具有社会性和阶级性。尽管其团结合作还提出与资本主义的合作,但这种合作是在一定时期、一定条件下的合作,是相对的。这些都表明马克思主义的团结合作观是历史唯物主义的。

4. 马克思主义的民主观

马克思从人的现实性出发,指出民主无论是作为价值形式,还是作为制度形式都是建立在现实基础之上,民主具有历史性、社会性、阶级性和具体性的特点。

(1) 马克思主义民主观的内容

"民主是什么呢?它必须具备一定的意义,否则它就不能存在。因此全部问题在于确定民主的真正意义。如果这一点我们做到了,我们就能对付民主,否则我们就会倒霉。"③ 这是马克思、恩格斯关于民主的论述,尽管马克思、恩格斯没有专门的篇章来论述民主,但并不表示马克思、恩格斯不重视民主,在马克思、恩格斯关于其他问题的论述里经常可以看到马克思、恩格斯关于民主的一些论点。

民主这个词语来源于古希腊语,其直观的意思为"人民的统治"。但在民主产生的初期,一些思想家就进行了批评:柏拉图认为不能过分地强调人民的民主和平等,否则会导致不公平;亚里士多德从民主制政体的利益诉求出发,认为其追求的是私人利益而不是公共利益。

---

① 《马克思恩格斯选集》第3卷,人民出版社1995年版,第754—755页。
② 《马克思恩格斯全集》第21卷,人民出版社1965年版,第198页。
③ 《马克思恩格斯全集》第7卷,人民出版社1959年版,第304页。

到了中世纪，由于神权与君权的交融，众多思想家推崇君主制而反对民主制。及至近代，洛克提到了民主理念，但他仅仅将民主当作是自由的附庸和政治合法性的来源，以至于当人民选出政府后就什么也不是；卢梭提倡民主并提出了人民主权的理论，但其对于民主依然持有谨慎和怀疑的态度；黑格尔提出了国家主权论，但他在处理国家与社会关系时是本末倒置的，他认为国家决定市民社会，这实际上是否定人民主权的国家主权观；托克维尔以美国的民主为例，提出了社会权力制约政治权力的民主思想。除了近代资本主义思想家的民主观外，空想社会主义者也提出了他们的民主观，他们反对封建专制社会的不民主和批判资本主义社会虚伪的民主，提出了人民主权的思想，但由于他们所理解和追求的民主在理论基础、实现途径上存在种种的缺陷而导致其只能是空想。

马克思、恩格斯继承和批判了这些思想家的思想特别是他们的人民主权的思想，在此基础上，马克思、恩格斯逐渐地在实践的基础上通过历史唯物主义的观点形成了他们的民主观。《莱茵报》时期，马克思开始进行政治实践。在政治实践的过程中，马克思不断地接触到许多现实的经济、政治和社会问题，而在分析这些问题时，马克思发现这些问题最后都会牵扯到国家，所以这一时期的初期，马克思由于没有摆脱黑格尔思想的影响，其秉承了黑格尔的观点，对于国家的看法也具有唯心主义色彩，认为国家具有理性和伦理性。随后，当马克思在出版自由、林木所有权等问题的分析时，发现国家实际上是富人的工具，这与黑格尔的国家观是矛盾的，所以随着对现实问题研究的深入，马克思逐渐抛弃并批判黑格尔的国家观。在1843年的《黑格尔法哲学批判》中，马克思批判了黑格尔的国家观。黑格尔关于家庭、市民社会到国家的分析中，认为家庭和市民社会不具有独立性，应该从属于国家，国家的意志和法律对家庭和市民社会的意志和法规来说是一种必然性，当家庭、市民社会和国家发生矛盾时，家庭、市民社会必须服从国家的利益和法律。所以，黑格尔提出了国家决定市民社会的结论。而马克思则刚好相反，他认为应该是市民社会决定国家，因为家庭是国家的天然基础，市民社会是国家的人为基础，家庭和市民社会是国家赖以存在的必要条件，如果脱离这两个基础或条件，国家将不会存在。与此同时，马克思还批判了黑格尔的国家制度的言论，主张人民主权。"国家制度本身就是一个规定，即人民的自我规定。在君主制中是国家制度的人民；在民主制中则是人民的国家制度。"①民主制是君主制的真理，君主制抹杀了民众的意愿，君主制中的人们是从属于政治制度的，而民主制是类概念的国家制度，是全体民众意志的实现和人的自由的产物，在民主制中国家的制度和法律以及国家本身都是人们的自我规定和特定内容，在真正的民主制中，国家不再是一个整体并将消失——马克思所认为的真正民主制应该是全体人民的民主制，是阶级消亡后所达到的真正的自由和平等的民主制。

其后随着马克思对资本主义社会现实深入接触的过程中不断地揭露、分析和批判资本主义的民主，并赋予了民主以更丰富的内涵。②在《论犹太人问题》中，马克思就揭露了资本主义的民主只是理论上的"人民的统治"，认为资本主义的民主就如同基督教一样，只是停留在理论上的平等，但在现实中人与人却是不平等的，由此资产阶级的民主只是口头上的宣扬，只能是资产阶级的民主，而且在这种口头宣扬的背后掩盖的是统治阶级（资产阶级）对另外阶级（主要是工人阶级）所实行的专制统治的非民主。在《〈黑格尔法哲学批判〉导言》中，马克思将无产阶级与民主的实现联系起来，提出实现民主的主体"就在于形成一个被戴上彻底的锁链的阶级，一个并非市民社会阶级的市民社会阶级，形成一个表明一切等级解体的阶级，形成一个由于自己遭受普遍苦难而具有普遍性质的领域，这个领域不要求享有任何特殊的权利……总之，形成这样一个领域，它表明人的完全丧失，并因而只有通过人的完全回复才能回复自己本身。社会解体的这个结果，就是无产阶级这个特殊等级"③。这找到了实现真正民主的主体——无产阶级。

在《法兰西内战》中，马克思不仅对巴黎公社进行了具体制度设

---

① 《马克思恩格斯全集》第 1 卷，人民出版社 1956 年版，第 281 页。
② 王国宏：《马克思民主思想及其当代价值》，《中共福建省委党校学报》2006 年第 5 期。
③ 《马克思恩格斯选集》第 1 卷，人民出版社 1995 年版，第 14—15 页。

计，而且还认为巴黎公社为"共和国奠定了真正的民主制度的基础"，体现了民主的原则，例如通过全体民众来产生和任免干部、运用民主监督来考核干部、为了防止官员腐败可以采取分配上的平等公正。通过巴黎公社的实践，马克思的民主思想特别是其人民主权的思想得到了丰富和完善。因此，马克思认为巴黎公社是"人民群众获得社会解放的政治形式"①，巴黎公社充分体现了直接民主与间接民主（人民代表制、普选）相结合，因为公社的市政委员由人民通过定期选举产生并且可以随时罢免，其目的就是为了服务于组织在公社里的人民，所以巴黎公社的委员真正是工人或工人阶级的代表，而不是类似于资产阶级议会中虚假的代表。

在不断的社会实践和对现实理解的基础上，马克思主义逐渐完善了其民主观。马克思的民主观从现实的人出发认为民主的主体是人民。马克思提出民主制中国家制度本身只表现为人民的自我规定这一种规定，国家制度不仅从本质上而且从现实存在上来讲是人民的作品，而这里的人民应该是现实的人，并非资产阶级和旧唯物主义所理解的普遍的抽象的人民——正是由于对于人的错误理解才导致资产阶级民主观是一种超阶级的抽象的民主观。而马克思认为民主制"是一切国家制度的实质，是作为国家制度特殊形式的社会化了的人"②。可见，马克思、恩格斯的民主观以社会的具体的人为主体，追求的是现实的具有历史性、阶级性、具体性特征的人的民主。

在对民主的主体分析的同时，马克思、恩格斯还对民主的形态进行了分析，他们认为：无论是民主的制度形态还是价值形态都是建立在现实的经济基础之上。民主在现实中的直观表现是作为类概念的国家制度，这种国家制度应该是人民的国家制度，并且在真正的民主制中政治国家就会消失，只会保留国家的社会治理功能。而在阶级社会中，尽管阶级国家也标榜为人民的国家制度，但这种民主制度形态的国家最终受到现实的社会经济关系的制约而无法达到真正的民主。马克思在批判黑格尔的国家观时就指出"我的研究得出这样一个结果：

---

① 《马克思恩格斯全集》第 17 卷，人民出版社 1963 年版，第 588 页。
② 《马克思恩格斯全集》第 1 卷，人民出版社 1956 年版，第 281 页。

法的关系正像国家的形式一样,既不能从它们本身来理解,也不能从所谓人类精神的一般发展来理解,相反,它们根源于物质的生活关系,这种物质的生活关系的总和,黑格尔按照18世纪的英国人和法国人的先例,概括为'市民社会',而对市民社会的解剖应该到政治经济学中寻求",① 所以黑格尔的具有唯心主义色彩的国家观颠倒了市民社会和国家的关系,而马克思明确地揭示了法和国家与市民社会和政治经济的关系,探寻了国家的市民社会基础。1844年马克思又指出"宗教、家庭、国家、法、道德、科学、艺术等等,都不过是生产的一些特殊的方式,并且受生产的普遍规律的支配"。② 马克思的论述进一步深化了对市民社会的认识,并从中分离出了生产的概念,提出了生产决定国家、法、宗教、道德等,这个观点非常接近他在后来提出的经济基础决定上层建筑的观点。马克思、恩格斯在《神圣家族》中又针对国家与市民社会的关系进行了论述,他们明确地指出:"正是自然的必然性、人的特性、利益把市民社会的成员彼此连接起来。他们之间的现实的联系不是政治生活,而是市民生活。因此……只有政治上的迷信才会以为国家应当巩固市民生活,而事实上却相反,正是市民生活巩固国家。"③ 正是在对市民社会和国家关系进行不断认识的基础上,马克思、恩格斯阐明了经济基础和上层建筑的关系。在《德意志意识形态》中,马克思恩格斯一方面继续论述了市民社会与国家的关系,他们认为国家建立的现实基础是"那些决不依个人'意志'为转移的个人的物质生活,即他们的相互制约的生产方式和交往方式,是国家的现实基础,而且在一切还必需有分工和私有制的阶段上,都是完全不依个人的意志为转移的。这些现实的关系决不是国家政权创造出来的,相反地,它们本身就是创造国家政权的力量"④。正是因为社会分工才导致了私有利益与公共利益之间的矛盾,而公共利益"对特殊利益进行实际的干涉和约束",由此产生了表面上代表公共利益实

---

① 《马克思恩格斯选集》第2卷,人民出版社1995年版,第32页。
② 《马克思恩格斯全集》第42卷,人民出版社1979年版,第121页。
③ 《马克思恩格斯全集》第2卷,人民出版社1965年版,第154页。
④ 《马克思恩格斯全集》第3卷,人民出版社1960年版,第377—378页。

际上代表的是私有利益并凌驾于社会之上的国家。另一方面他们从资产阶级社会里分离出了市民社会的概念，并把市民社会这个概念表达为经济基础的概念，以此阐明市民社会（经济基础）的内容、作用及其与生产力之间的关系：关于市民社会的内容，他们认为市民社会是"在过去一切历史阶段上受生产力制约同时也制约生产力的交往形式"①，其包括"各个人在生产力发展的一定阶段上的一切物质交往。它包括该阶段的整个商业生活和工业生活"②。关于市民社会的作用，他们认为市民社会是"全部历史的真正发源地和舞台"，"从直接生活的物质生产出发来考察现实的生产过程，并把与该生产方式相联系的、它所产生的交往形式，即各个不同阶段上的市民社会，理解为整个历史的基础……同时从市民社会出发来阐明各种不同的理论产物和意识形式，如宗教、哲学、道德等等，并在这个基础上追溯它们产生的过程"③。

（2）马克思主义民主观的历史唯物主义特性

民主具有历史性、社会性。马克思、恩格斯的民主观认为民主是一个历史的范畴，是人类社会发展到一定的历史阶段的产物。从民主的主体来看，民主的主体是人，"人"本身就是历史的、现实的、具体的概念；从民主的制度形态来看，国家是历史的产物。在《家庭、私有制和国家的起源》中，恩格斯就详细地分析了国家的起源："国家是承认：这个社会陷入了不可解决的自我矛盾，分裂为不可调和的对立面而又无力摆脱这些对立面。而为了使这些对立面，这些经济利益互相冲突的阶级，不至在无谓的斗争中把自己和社会消灭，就需要有一种表面上凌驾于社会之上的力量，这种力量应当缓和冲突，把冲突保持在'秩序'的范围之内；这种从社会中产生但又自居于社会之上并且日益同社会相异化的力量，就是国家。"④ 所以，国家的产生就是历史的过程，它是在原始社会末期，随着人类的大分工、私有制

---

① 《马克思恩格斯选集》第1卷，人民出版社1995年版，第87—88页。
② 同上书，第130页。
③ 《马克思恩格斯全集》第3卷，人民出版社1979年版，第42—43页。
④ 《马克思恩格斯选集》第4卷，人民出版社1995年版，第170页。

的产生、群体的分化（阶级的产生）、利益的冲突而产生的。而国家也并非是永恒的存在，既然它是伴随着阶级的产生而产生，其也将随着阶级的消亡而消亡。而国家的消亡，就表明了真正民主制的到来。

民主所具有的历史性、社会性表明了民主的阶级性。从作为民主的制度形式的国家来看，其具有阶级性[1]。马克思在《关于林木盗窃法的辩论》等辩论中就认识到国家制度实质上是私有财产的国家制度，是特权阶级的国家制度。他在《黑格尔法哲学批判》中指出国家并非是普遍利益的代表者，其实质是私人利益的代表者。他在《德法年鉴》时期批判了资本主义国家实行的是财产的统治，是资产阶级的国家。他在《1844年经济学哲学手稿》中将国家与物质生产联系起来，指出国家受到了生产的支配。与此同时，恩格斯在《英国工人阶级状况》中认为"对资产者说来，法律当然是神圣的，因为法律本来就是资产者创造的，是经过他的同意并且是为了保护他和他的利益而颁布的"，"工人有足够的体验知道得十分清楚，法律对他说来是资产阶级给他准备的鞭子"[2]。在《德意志意识形态》中，马克思、恩格斯更为明确地讲到"现代国家是与这种现代私有制相适应的"，资产阶级国家被标榜为当前最完善的国家形式，其实它是最虚伪的国家形式，因为资产阶级占据着国家经济命脉和政治权力，所以资产阶级国家是资产者为了保障自己的财产和利益所必须采取的一种组织形式而已[3]。并且资产阶级为了维护自身的统治和利益，会使用各种各样的暴力手段，"以竞争为基础的资产阶级社会和它的资产阶级国家由于它的整个物质基础，不能容许公民间除了竞争以外还有任何其他的斗争，而且一旦人们要'互相扼住脖子'，资产阶级社会和国家却不是以'精神'的身份，而是用刺刀武装起来出现的"[4]。

---

[1] 赵常林：《理性与现实——〈德意志意识形态〉评述》，人民出版社1996年版，第68页。
[2] 《马克思恩格斯全集》第2卷，人民出版社1965年版，第515—516页。
[3] 《马克思恩格斯全集》第3卷，人民出版社1960年版，第70页。
[4] 同上书，第418页。

5. 马克思主义的人权观

马克思主义的人权观是在对资本主义经济现实和人权现象进行分析批判的基础上形成的，其显示了与资本主义抽象的人权观不同的特征，即历史性、社会性、阶级性。

（1）马克思主义人权观的内容

马克思的人权观是在批判借鉴启蒙思想和德国古典哲学的基础上产生的，所以早期马克思对于人权的理解主要是持理性批判的态度。在启蒙运动期间，作为自由主义人权观鼻祖的洛克从自然法的角度出发提出政府的存在是维护个人自然权利的必然；卢梭也从自然状态出发提出人人享有源于本性的自由和平等，在不平等的社会状态下人们通过订立契约来得到更为真实的社会自由；康德以"自由意志"为核心构建了法哲学；黑格尔哲学强调了客观自由与主观自由的统一，提出国家应当尊重人。这些思想引导着青年时期的马克思具有理性批判主义色彩的人权观的形成。

马克思在其博士学位论文及其前期的笔记中通过哲学的批判建立了哲学与现实的联系，将哲学的批判引入到了对现实的批判，反对宗教的束缚、压迫和奴役，表达了对于人的自由的追求，提出了人能积极改造世界的观点。在《评普鲁士最近的书报检查令》中，马克思指出："追究倾向的法律取消了公民在法律面前的平等。这不是团结的法律，而是一种破坏团结的法律，一切破坏团结的法律都是反动的；这不是法律，而是特权。"① 这种特权破坏了公民法律面前平等的人权。在《关于出版自由和公布等级会议记录的辩论》中，马克思进一步指出辩论中所暴露的等级特权，认为辩论的不是个别的人，而是等级。尽管马克思看到了德国社会的不平等并进行了批判，但这一时期马克思的分析仍然带有唯心主义的色彩，因为马克思将国家理解为道德的主要体现，将法律看作是实现客观自由的基本形式。"法律是肯定的、明确的、普遍的规范，在这些规范中自由的存在具有普遍的、理论的、不取决于个别人的任性的性质。法典就是人民自由的

---

① 《马克思恩格斯全集》第 1 卷，人民出版社 1956 年版，第 17 页。

圣经。"①

其后,从《关于林木盗窃法的辩论》开始,马克思对于现实的进一步关注使得他逐渐将人权的理念与现实的物质关系结合,实现了从理性批判主义的人权观逐渐向历史唯物主义人权观的转变。在《关于林木盗窃法的辩论》中,马克思从贫困群众的立场出发来批评普鲁士的专制国家是私人利益和特权的保护者,而非社会普遍利益的代表者。在《摩塞尔记者的辩护》中,马克思指出导致摩塞尔河沿岸地区的贫困状况的原因是专制制度。在《黑格尔法哲学批判》中,马克思批判地分析了黑格尔的国家观,提倡人民主权论。②在《论犹太人问题》中,马克思指出资本主义的人权就是私有财产权,"私有财产这项人权就是任意地、和别人无关地、不受社会束缚地使用和处理自己财产的权利;这项权利就是自私自利的权利"③,而这种私有财产权就是特权的实际应用。在《1844年经济学哲学手稿》中,马克思在系统全面地阐明自己的"异化劳动"理论的同时,初步揭示了资本主义私有制的本质及其基础之上的资本主义的人权。"资本是对劳动及其产品的支配权。资本家拥有这种权力并不是由于他的个人的或人的特性,而只是由于他是资本的所有者。他的权力就是他的资本的那种不可抗拒的购买的权力。"④ 在《神圣家族》中,马克思、恩格斯进一步揭示了资产阶级人权的经济基础,"现代国家既然是由于自身的发展而不得不挣脱旧的政治桎梏的市民社会的产物,所以,它就用宣布人权的办法从自己的方面来承认自己的出生地和自己的基础"⑤,"人权并没有使人摆脱宗教,而只是使人有信仰宗教的自由;人权并没有使人摆脱财产,而是使人有占有财产的自由;人权并没有使人放弃追求财富的龌龊行为,而只是使人有经营的自由"⑥。同时,马克思、恩格斯还借用黑格尔的观点说明人权不是天赋的,而是历史的产生。同时,马克

---

① 《马克思恩格斯全集》第1卷,人民出版社1956年版,第71页。
② 同上书,第280—281页。
③ 同上书,第438页。
④ 《马克思恩格斯全集》第42卷,人民出版社1979年版,第62页。
⑤ 《马克思恩格斯全集》第2卷,人民出版社1965年版,第145页。
⑥ 同上。

思、恩格斯以物作为中介,从人与物的关系进一步分析到人与人的社会关系,并指出资本主义社会中由于私有制的存在导致无产阶级的生活条件严重违反人性,无产阶级只有消灭自己本身和自己的对立面才能获得胜利。在《德意志意识形态》中,马克思、恩格斯又一次指出了资产阶级人权的基础是资本主义的私有制,"至于谈到权利,我们和其他许多人都曾强调指出了共产主义对政治权利、私人权利以及权利的最一般的形式即人权所采取的反对立场。请看一下'德法年鉴',那里指出特权、优先权符合于与等级相联系的私有制,而权利符合于竞争、自由私有制的状态;指出人权本身就是特权,而私有制就是垄断"①。私有制导致的垄断带来了资本主义的特权,而资产阶级又将这种特权掩盖和泛化为普遍的人权。在《资本论》中,马克思指出平等地剥削劳动力,是资本的首要的人权。在《德国农民战争》中,恩格斯指出剥削制度下不可能有人人平等的人权,"压在农民头上的是整个社会阶层:诸侯、官吏、贵族、僧侣、城市贵族和市民。无论农民是属于一个诸侯、或是属于一个帝国直属贵族、或是属于一个主教……主人可任意把农民打死,或者把农民斩首"②。在《家庭、私有制和国家的起源》中,恩格斯指出:"这种人权有一点是与其他一切所谓人权不同的。当后者实际上只限于统治阶级即资产阶级,而对于被压迫阶级即无产阶级则直接或间接地被削减了的时候,历史的讽刺又经受了考验"③,在《路德维希·费尔巴哈和德国古典哲学的终结》中,恩格斯进一步讲道:"至于说到他人追求幸福的平等权利……在古代的奴隶和奴隶主之间,在中世纪的农奴和领主之间,难道谈得上有追求幸福的平等权利吗?被压迫阶级追求幸福的欲望不是被冷酷无情地'依法'变成了统治阶级的这种欲望的牺牲品吗?……资产阶级在反对封建制度的斗争中和在发展资本主义生产的过程中不得不废除一切等级的即个人的特权,而且起初在私法方面、后来逐渐在公法方面实施了个人在法律上的平等权利,从那时以来并且由

---

① 《马克思恩格斯全集》第3卷,人民出版社1960年版,第228—229页。
② 《马克思恩格斯全集》第7卷,人民出版社1965年版,第397页。
③ 《马克思恩格斯选集》第4卷,人民出版社1995年版,第80页。

于那个缘故，平等权利在口头上是被承认了。但是，追求幸福的欲望只有极微小的一部分可以靠观念上的权利来满足，绝大部分却要靠物质的手段来实现，而由于资本主义生产所关心的，是使绝大多数权利平等的人仅有最必需的东西来勉强维持生活，所以资本主义对多数人追求幸福的平等权利所给予的尊重，即使有，也未必比奴隶制或农奴制所给予的多一些"[1]，可见私有制基础上的资本主义社会与私有制基础上的其他社会的人权并没有区别，也没有扩大，都是占据生产资料的特权阶级的人权，只不过资本主义社会在形式上要完善些而已，但无论资产阶级如何进行掩饰，都无法改变实质人权缺乏的现实，也无法实现全民的人权。

（2）马克思主义人权观的历史唯物主义特性

人权具有历史性。马克思、恩格斯认为人权是历史的产物而非资产阶级所宣扬的天赋性，在不同的社会历史条件下其人权的主体和内容是不相同的，而资产阶级的人权思想是在反对封建社会过程中提出的人权思想。恩格斯在《反杜林论》中指出资本主义的人权的提出是由于人们不再生活在像罗马帝国那样的世界帝国中，而是生活在资产阶级发展阶段，所以"自由"和"平等"也很自然地被宣布为人权。恩格斯还指出"平等的观念，无论以资产阶级的形式出现，还是以无产阶级的形式出现，本身都是一种历史的产物，这一观念的形成，需要一定的历史条件，而这种历史条件本身又以长期的以往的历史为前提。所以，这样的平等观念说它是什么都行，就不能说是永恒的真理"[2]。可见，人权是历史的产物，并非是抽象的存在。

人权具有社会性。马克思认为"权利决不能超出社会的经济结构以及由经济结构制约的社会的文化发展"[3]，因此人权的产生和发展都应是以一定的社会经济条件为基础，人的本质是一切生产关系的总和，故人的权利必须放到社会关系中去考察。马克思在谈到人的时候讲到了人的出身不平等导致人权的差异，"我生下来就是人，这和社会是

---

[1] 《马克思恩格斯选集》第4卷，人民出版社1995年版，第238—239页。
[2] 《马克思恩格斯选集》第3卷，人民出版社1995年版，第448页。
[3] 同上书，第305页。

否承认无关,可是我生下来就是贵族或国王,这就非得到大家的公认不可。只有公认才能使这个人的出生成为国王的出生;因此,使人成为国王的不是出生,而是大家的公认。如果出生和所有其他的规定都不相同,能直接赋予人的一种特定的社会地位,那么这就等于说人的肉体能使人成为某种特定社会职能的承担者。他的肉体成了他的社会权利"①。所以在阶级社会中,对人权的分析应该是建立在社会经济及其关系之上的,人权具有社会性。

人权具有阶级性。人权具有的历史性与社会性也充分表明了人权的阶级性。由于经济基础决定上层建筑,在各个阶级社会中,经济上占统治地位的阶级就会将本阶级的权利上升为法律并予以保护。依据恩格斯的观点,"在历史上的大多数国家中,公民的权利是按照财产状况分级规定的,这直接地宣告国家是有产阶级用来防御无产阶级的组织。在按照财产状况划分阶级的雅典和罗马,就已经是这样。在中世纪的封建国家中,也是这样,在那里,政治的权力地位是按照地产来排列的。现代的代议制的国家的选举资格,也是这样"②。

四 "普世价值"分析的马克思主义方法③

马克思主义价值观是建立在对资本主义抽象价值观批判的基础上,而"普世价值"是西方文明的产物,也是资本主义特别是西方发达资本主义发展过程中极力提倡的价值观念,因此对于"普世价值",我们可以借鉴马克思主义对于资本主义价值观的认识来进行分析。马克思主义价值观认为,资本主义在反对封建主义过程中尤其推崇人的理性,宣扬人的价值、尊严和权利,提出"天赋人权""自由、平等、博爱、人权"的价值口号,这些无疑代表了人类的理想追求,相对应封建主义的神权和君权而言无疑是进步的,但资本主义所提倡的这些

---

① 《马克思恩格斯全集》第 1 卷,人民出版社 1956 年版,第 377 页。
② 《马克思恩格斯选集》第 4 卷,人民出版社 1995 年版,第 173 页。
③ 崔华前:《剖析"普世价值观"的马克思主义科学方法》,《马克思主义研究》2011 年第 2 期。

价值宣称是超越阶级、国家、民族而普遍适用的，这种抽象性掩盖了资本主义私有制基础上实现资产阶级利益的实质。资本主义价值观并非普遍的价值观，至少在资本主义体系内就存在着阶级的差异而不能普遍适用。

作为当前资本主义主要力量宣扬的"普世价值"，其建立在人文主义、人道主义的抽象人性论基础之上，追求超越社会实践、超越阶级关系的自由、平等、博爱、民主、人权。这在价值口号上表达了人类社会的普遍追求，但由于人类社会发展过程中，价值主体和价值内容具有历史性、阶级性和具体性，相应的价值观也应该具有历史性、阶级性和具体性，而建立在唯物主义基础之上的马克思主义价值观充分地反映了这些特性，所以对于"普世价值"的分析，我们应该采用马克思主义的分析方法来进行，正如邓小平指出的："属于文化领域的东西，一定要用马克思主义对它们的思想内容和表现方法进行分析、鉴别和批判。"[①]

1. 历史分析的方法

恩格斯认为："世界体系的每一个思想映象，总是在客观上受到历史状况的限制"[②]，"历史从哪里开始，思想进程也应当从哪里开始，而思想进程的进一步发展不过是历史过程在抽象的、理论上前后一贯的形式上的反映；这种反映是经过修正的，然而是按照现实的历史过程本身的规律修正的。"[③] 按照马克思主义的观点：第一，价值观作为思想映象是历史过程的反映。"平等的观念，无论以资产阶级的形式出现，还是以无产阶级的形式出现，本身都是一种历史的产物"[④]，"自由……必然是历史发展的产物"[⑤]。第二，价值观具有历史的继承性。自由、民主、平等等价值观念及其现实形态并不是发展到资产阶级才有的，恩格斯、列宁都曾讲到原始社会有过民主制。这种历史的

---

① 《邓小平文选》第 3 卷，人民出版社 1993 年版，第 44 页。
② 《马克思恩格斯选集》第 3 卷，人民出版社 1995 年版，第 376 页。
③ 《马克思恩格斯选集》第 2 卷，人民出版社 1995 年版，第 43 页。
④ 《马克思恩格斯选集》第 3 卷，人民出版社 1995 年版，第 448 页。
⑤ 同上书，第 456 页。

继承性使得价值观会呈现出抽象的形式上的反映，构成了"抽象一般"，即人类社会在历史发展过程中普遍追求这些价值观念。第三，价值观尽管具有历史的继承性，但这种历史继承性是相对的，有条件的，归根结底受制于历史的状况。在历史发展过程中，现实的物质实践是不断发展变化的，所以不同的历史时期，价值观的追求是不同的，即使有相同或相类似的价值追求表达，但其内涵却又受到不同历史时期的社会关系和阶级特性所决定，如资本主义社会理解的自由、公平的内涵与封建社会的不同。

通过历史分析的方法可以看出，价值观的历史性既使得其具有历史的继承性，表现为这些价值追求贯彻于历史的发展之中，成为人类社会发展过程中的普遍追求，构成了价值观的历史的"抽象一般"性；同时，价值观的历史性又说明在历史发展的各个时期或各个形态中的生产方式和社会关系不同导致价值观的主体及其追求的内涵不同，构成了价值观的历史具体性。"普世价值"的提倡伴随着资产阶级革命和资本主义的发展，倡导"普世价值"的资产阶级力量从自身利益出发，将定义和标准化的资产阶级价值观这一具有历史具体性的价值追求泛化为具有抽象一般的人类社会的普遍价值追求，这是模糊甚至是割裂价值观历史性中的抽象一般与具体的关系。

2. 阶级分析的方法

马克思主义的唯物主义观点表明物质决定意识，思想意识是现实物质的反映，与现实的社会生产关系相联系，并由经济基础所决定，而人类社会的现实是"（从原始土地公有制解体以来）全部历史都是阶级斗争的历史"[①]，所以思想意识不可避免地会打上阶级的烙印，价值观也必然具有深深的阶级烙印。如在自由观上，马克思认为资本主义的自由仅仅是占有生产资料的资本家的自由，所以"在自由竞争情况下，自由的并不是个人，而是资本"[②]，资本家正是依据资本的占有而享受着自由，"他们之所以有个人自由，只是因为他们是这一阶级

[①] 《马克思恩格斯选集》第1卷，人民出版社1995年版，第252页。
[②] 《马克思恩格斯全集》第46卷（下），人民出版社1985年版，第159页。

的个人"①。对此，列宁也指出："只要阶级还没有消灭，任何关于自由和平等的笼统议论都是欺骗自己，或者是欺骗工人，欺骗全体受资本剥削的劳动者，无论怎么说，都是在维护资产阶级的利益。只要阶级还没有消灭，对于自由和平等的任何议论都应当提出这样的问题：是哪一个阶级的自由？到底怎样使用这种自由？是哪个阶级同哪个阶级的平等？到底是哪一方面的平等？直接或间接、有意或无意地回避这些问题，必然是维护资产阶级的利益、资本的利益、剥削者的利益。只要闭口不谈这些问题，不谈生产资料的私有制，自由和平等的口号就是资产阶级社会的谎话和伪善，因为资产阶级社会用形式上承认自由和平等来掩盖工人、全体受资本剥削的劳动者，即所有资本主义国家中大多数居民在经济方面事实上的不自由和不平等。"②

尽管思想意识具有阶级性，但统治阶级为了巩固自身统治，实现自身利益，会掩盖思想意识的阶级性，将具有阶级性的思想意识标榜为"普遍的""全社会的"，以使得社会成员认同本阶级的思想意识。"占统治地位的将是越来越抽象的思想，即越来越具有普遍性形式的思想。因为每一个企图取代旧统治阶级的新阶级，为了达到自己的目的不得不把自己的利益说成是社会全体成员的共同利益，就是说，这在观念上的表达就是：赋予自己的思想以普遍性的形式，把它们描绘成唯一合乎理性的、有普遍意义的思想"③。作为"普世价值"提倡者的西方资产阶级就是为了达到自身的目的而将自身的利益说成是社会全体成员的共同利益，与之相对应的是在观念上将自己的价值观念描绘成为抽象的、具有普遍意义的观念。

3. 具体分析的方法

恩格斯指出："世界体系的每一个思想映象……在主观上受到得出该思想映象的人的肉体状况和精神状况的限制。"④ 价值观是人的价

---

① 《马克思恩格斯选集》第1卷，人民出版社1995年版，第119页。
② 《列宁全集》第39卷，人民出版社1986年版，第423—424页。
③ 《马克思恩格斯选集》第1卷，人民出版社1995年版，第100页。
④ 《马克思恩格斯选集》第3卷，人民出版社1995年版，第376页。

值观，作为价值的主体是现实的"人"，而价值观则是现实的"人"的追求并反映和服务于"人"的需要的。尽管"人"是一个类，具有不同于其他动物的"类特征"和"类需求"，具有共同的追求，但这种类的共同性并不是抽象的，而是现实的、具体的，因为人是社会的主体，在不同的历史时期，现实社会中的人的经济条件与社会关系不同，其生活方式、思维观念都会不同。另一方面，历史是不断发展的，现实的经济条件与社会关系也会不断发生变化，人作为社会关系总和的本质也会随着历史的发展和现实的变迁而进行变化，人的思维活动也会产生相应的变化。

所以，人是现实的、具体的，这种特性决定了人的利益诉求及其之上的价值观念也是现实的、具体的，尽管人类社会存在共性的关于自由、平等、博爱、民主、人权的价值追求，但不同历史时期的人，不同国家、民族的人关于这些价值追求的内涵理解或侧重点是不一样的。作为"普世价值"提倡者的西方资产阶级将包含自身利益诉求的价值观念泛化为全球的价值追求，这一方面是从现实的具体到抽象的一般，另一方面又用这种抽象性抹杀了其他群体的现实性和具体性。

五 马克思主义及其价值追求并非"普世价值"

当前，有人从马克思关于未来共产主义社会的自由观出发来论证马克思主义理论包括"普世价值"，事实上，马克思曾讲道："人们每次都不是在他们关于人的理想所决定和所容许的范围之内，而是在现有的生产力所规定和所容许的范围之内取得自由的。"[①] 可见，马克思关于未来共产主义社会中的自由的观点是建立在现实生产力发展水平和社会文明程度所规定、所容许的范围内的，自由不是抽象的，而是具体的。这种价值追求和实现并不是超阶级的，而是在阶级消亡之后才有的。

从马克思主义思想体系来看，马克思、恩格斯公开宣称其是无产阶级的思想体系，因而马克思主义理论（包括马克思主义价值观）具

---

① 《马克思恩格斯全集》第 3 卷，人民出版社 1960 年版，第 507 页。

有鲜明的阶级性,并非是适用于一切时代和一切人的普世理论①。一方面,马克思主义作为一种理论主要是在分析、批判资本主义社会现实的基础上形成的,其最大的特点就是现实实践性,马克思主义实践观的形成就是从哲学实践观到政治实践观再到生产实践观最后到科学实践观的过程;另一方面,马克思主义的形成离不开无产阶级革命和斗争的实践,其指导着无产阶级的革命和斗争,维护的是无产阶级以及劳动人民的根本利益。

马克思主义既从宏观上揭示了人类社会发展的客观规律,指出生产力与生产关系、经济基础与上层建筑这两对矛盾是人类社会发展的基本矛盾,推动着人类社会的发展,而"至今所有一切社会的历史都是阶级斗争的历史",阶级斗争是阶级社会发展的动力。同时,马克思主义又从微观的角度批判分析了资本主义社会,通过对资本主义经济和社会关系的研究深入到资本主义的实质,指出资本主义的发展使得"阶级对立简单化了。整个社会日益分裂为两大敌对的阵营,分裂为两大相互直接对立的阶级:资产阶级和无产阶级"②,"资产阶级不仅锻造了置自身于死地的武器;它还产生了将要运用这种武器的人——现代的工人,即无产者"③。因为无产阶级在资本主义社会里处于最底层,是受剥削、压迫的阶级,他们一无所有,是最革命的阶级,而且无产阶级同大工业相联系,是最有前途的阶级。所以,无产阶级担负着实现人类解放的历史任务。"在当前同资产阶级对立的一切阶级中,只有无产阶级是真正革命的阶级。其余的阶级都随着大工业的发展而日趋没落和灭亡,无产阶级却是大工业本身的产物"④。如果无产阶级不"炸毁构成官方社会的整个上层",不摧毁"至今保护和保障私有财产的一切",就不能获得解放。

马克思主义揭示了资本主义社会中资产阶级与无产阶级的对立及其根源,从无产阶级的阶级利益出发指出了无产阶级肩负的历

---

① 汪亭友:《马克思主义是"普世价值"吗?》,人民网—理论频道,2009年5月31日。
② 《马克思恩格斯选集》第1卷,人民出版社1995年版,第273页。
③ 同上书,第278页。
④ 同上书,第282页。

史使命和实现历史使命的途径，并阐述了无产阶级进行革命、党建和专政的理论，为无产阶级提供了认识世界和改造世界的思想武器。

可见，马克思主义及其价值观表达和维护着无产阶级的利益，这决定了其具有鲜明的阶级性，不可能适用于所有的社会和所有的人，所以不具有普世性，其只是被社会主义国家和世界上一些社会主义运动、思潮所接受，至于资本主义国家的资产阶级为了维护自身利益，不仅不会认可，反而还会批判、排斥、贬低甚至是反对马克思主义及其价值观。

第二章
"普世价值"的主要提倡者：
社会民主主义

"普世价值"是西方资本主义发展的产物，尽管其思想渊源可以追溯到从古希腊时期就存在的伦理主义，但直接来源是资本主义的启蒙运动。在启蒙运动期间，自由主义最先提出了带有普世性的价值追求，即在自然权利的基础上，将独立、自由、平等的个人作为理论的出发点，赋予人以终极价值，追求人的自由、平等、民主等与生俱来的人性要求，由此"天赋人权""人民主权"等口号及思想成为自由主义的标志。

自由、平等、博爱、人权等价值观念不仅被自由主义所信奉和传承，也被社会民主主义所吸收和借鉴。曾任德国总理和社会党国际主席的勃兰特就直接讲道："自由、公正、团结这三个概念非常清楚地表明，我们是启蒙运动的后代，这并没有什么不光彩。"[①] 著名的社会民主主义理论家托马斯·迈尔也认为，"社会民主主义把自己的本源思想，即……关于一个自由和平等的人们的社会的理想，理解成近代自由主义的自由运动和启蒙时期的理想在历史上的彻底的集成发展。它毫无保留地坚持由启蒙运动表述并从哲学上提供论证的自由、平等、博爱这些现代自由主义的基本价值……因此社会民主主义的本源思想总是承认自己是近代的自由主义自由运动的完成和继续"[②]。社会民主

[①] [德]维·勃兰特等：《社会民主与未来》，丁冬红、白伟译，重庆出版社1990年版，第3页。

[②] [德]托马斯·迈尔：《社会民主主义的转型——走向21世纪的社会民主党》，殷叙彝译，北京大学出版社2001年版，第8页。

主义的"普世价值"来源于资本主义的相关思想，从而使得其思想带有浓厚的资本主义性质，"他们所倡导的自由、公正和相助不仅对应于资产阶级启蒙思想家的自由、平等和博爱，而且我们可以从流行于西方各种资产阶级和小资产阶级的思潮中看到其影子"[①]。

社会民主主义（民主社会主义）产生于19世纪中期，其发展历程与资本主义的发展和自身的调整紧密相关。发展到今天，社会民主主义有两大表现或代表——作为社会民主主义的国际性组织社会党国际和作为革新传统社会民主主义的第三条道路。

第一节 社会民主主义

社会民主主义是一个富有时代特点的集合性概念，其在不同时代具有不同的内涵。产生之初，社会民主主义（当时是民主社会主义）"几乎囊括了所有反对资本主义的力量和这些力量对未来社会的不同主张"[②]。第一次世界大战后，由于共产党和社会党、共产主义和社会主义工人国际的对立，社会民主主义成为与布尔什维克主义相对立的改良主义——其直接发展为第二次世界大战以后的民主社会主义。及至20世纪90年代初苏东剧变之后，为了以示与现实制度社会主义——共产主义政权的区别，避免苏东剧变对社会党的冲击，各国社会党组织纷纷改名换姓，恢复为社会民主主义。发展到今天，社会民主主义成为一个集合性概念：作为思想体系而言，它是指世界各国社会党、社会民主党和工党基本理论和基本政策的概括；作为现实力量来讲，它是指以欧洲为大本营并流行于世界许多国家、致力于在资本主义和共产主义之间开辟第三条道路的社会主义改良运动或政治派别；同时它还可以作为一种社会模式，即在议会民主制国家基础上，逐步消除资本主义弊病，实现政治、经济、社会和国际关系的民主化，以保证每个人都能在团结互助中获得公正并自由地发展自己[③]。

---

① 吴忠：《民主社会主义价值观析评》，《安徽大学学报》1992年第1期。
② 李宏：《另一种选择：欧洲社会民主主义研究》，法律出版社2003年版，第2页。
③ 余文烈主编：《当代国外社会主义流派》，安徽人民出版社2000年版，第121页。

一 社会民主主义的产生

"社会民主主义"这个词语最初出现于1848年的欧洲革命时期，在产生之初，其可以说是一个内涵非常复杂的概念，基本上包括了当时反对资本主义的所有力量以及反对资本主义、建设理想社会的思想主张，所以当时的社会民主主义既包括工人阶级及其革命主张，同时也包括小资产阶级及其改良思想——这也正是"当时工人运动尚处于比较低的发展水平的一种反映"[①]。

1848年欧洲革命时期，小资产阶级民主派联合小资产阶级社会主义者成立了世界上首个社会主义民主党即"新山岳党"。但这一时期，社会民主主义的早期力量在同保皇党的斗争时，其只能是提交一些控诉书，进行威胁、喊叫、威吓、演说和提出一些空话等。1848年2月，法国人民推翻了七月王朝，建立了临时政府，赖德律-洛兰参加了临时政府，政府由11名不同阶层的成员组成，包括7名资产阶级共和派，1名资产阶级民主派，1名资产阶级社会主义者和1名工人代表。当临时政府站稳脚跟后，资产阶级共和派逐渐排挤其他小资产阶级，排除政府中的工人代表，所以为了反对共和派资产阶级，"小资产阶级和农民阶级中一切已经革命化的成分，自然必定要与享有盛誉的革命利益代表者，即与革命无产阶级联合起来"[②]。因此在1849年，小资产阶级民主派和无产阶级之间进行了妥协并开始了合作，而妥协与合作的直接后果就是使得无产阶级开始失去革命的色彩而逐渐具有了民主主义的色彩，与此同时，小资产阶级失去了政治的形式的民主主义而逐渐具有了社会主义的色彩—这样不可避免地产生了社会民主派。而社会民主派并不是为了消灭资本和雇佣劳动，只是为了缓和、协调两者之间的矛盾与对抗，所以他们并不要求消灭私有制，只是要求在私有制基础上实行民主共和制，其实质是用民主主义的方法来改良社会，这些始终没有超出小资产阶级的范畴。

由于产生之初的社会民主主义为了实现自己的特殊利益，不断地

[①] 李宏：《另一种选择：欧洲社会民主主义研究》，法律出版社2003年版，第2页。
[②] 《马克思恩格斯选集》第1卷，人民出版社1995年版，第429页。

鼓吹建立社会民主共和国以此来欺骗工人，所以在这种情况下，马克思曾在一段时期里不愿意用"社会民主主义"来表达自己的观点，而自称为共产主义者。

二 社会民主主义的发展

1848年马克思、恩格斯发表了《共产党宣言》。该宣言系统、全面、鲜明地阐述了共产党的一系列主张，在宣言的指引下，各国工人运动得以蓬勃发展并于1864年成立了第一国际——国际工人协会，其后欧洲的一些国家陆续建立了工人阶级政党。由于当时的欧洲正在进行反对封建主义的民主革命，尽管这种革命是由资产阶级主导的，但无产阶级政党与资产阶级都具有反对封建主义的革命诉求，所以在这一时期建立的无产阶级政党大都使用社会民主党的名称，如1869年成立的德国社会民主工党。

在这一阶段，社会民主主义已经被作为社会主义的同义词来进行使用，但两者在实质上还是有较大区别。恩格斯在分析两者的区别时讲道，"'社会主义民主党'这个名称在它的发明者那里是指民主党或共和党中或多或少带有社会主义色彩的一部分人"①，并认为1847年时期的社会主义者"一方面是指各种空想主义体系的信徒，即英国的欧文派和法国的傅立叶派，这两个派别都已经降到纯粹宗派的地位，并在逐步走向灭亡；另一方面是指形形色色的社会庸医，他们凭着各种各样的补缀办法，自称要消除一切社会弊病而毫不危及资本和利润。这两种人都是站在工人阶级运动以外，宁愿向'有教养的'阶级寻求支持，只有工人阶级中确信单凭政治变革还不够而公开表明必须根本改造全部社会的那一部分人，只有他们当时把自己叫做共产主义者"②，因此恩格斯认为1847年的社会主义运动是资产阶级的运动，不是共产主义的运动，因为共产主义运动是工人阶级的运动，其与社会主义运动是不同性质的。恩格斯在1894年再次说到"在所有这些文章里，尤其是最后这篇文章里，我处处不把自己称作社会民主主义者，

---

① 《马克思恩格斯选集》第1卷，人民出版社1995年版，第306页。
② 同上书，第256—257页。

而称作共产主义者。这是因为当时在各个国家里那种根本不把全部生产资料转归社会所有的口号写在自己旗帜上的人自称是社会民主主义者",虽然"他们中间的许多人已经愈来愈深刻地意识到生产资料归社会公有的必要性,但是道地拉萨尔式的由国家资助的生产合作社仍然是他们纲领中唯一被正式承认的东西。因此对马克思和我来说,用如此有伸缩性的名称来表示我们特有的观点是绝对不行的"①。尽管恩格斯明确区分了社会民主主义和共产主义,但各国的工人对两者的区别并不是很清晰,况且在当时社会民主主义有较高的知名度和较大的影响,因此社会民主主义成为当时工人运动的主要称号。

不过,在马克思主义的指导下,大部分社会党组织制定的纲领具有科学社会主义性质。如法国工人党的哈佛尔纲领(1880年)指出"法国工人社会主义者提出其经济方面斗争的最终目的是恢复全部生产资料的集体所有制"②;奥地利社会民主工党的海因菲尔德纲领(1889年)明确宣布"把生产资料交给全体劳动人民共同占有不仅意味着工人阶级的解放,而且意味着一种必要的历史发展的完成","从政治上把无产阶级组织起来,使之认识到自己的地位和使命,在精神上和体力上具有战斗力并保持这种战斗力"③。德国社会民主党的爱尔福特纲领(1891年)指出"将生产资料的资本主义的私有制转变成为社会所有制"④。

1889年,第二国际(国际工人运动组织)成立,其在成立大会上提出:"只有作为一个阶级组织起来的无产阶级在国际上共同努力,只有无产阶级取得政权,剥夺资本家阶级的生产资料并把它变为公有财产之后,劳动和人类才能获得解放。"⑤ 第二国际在恩格斯的指导下

---

① 《马克思恩格斯全集》第22卷,人民出版社1965年版,第489—490页。
② 《马克思恩格斯全集》第19卷,人民出版社1963年版,第264页。
③ 中国人民大学科学社会主义系编:《国际共产主义运动史文献史料选编》,中国人民大学出版社1985年版,第63页。
④ 胡瑾、闵宝利编:《国际共产主义运动历史长编》第2卷,吉林人民出版社1987年版,第151页。
⑤ 转引自李宏《另一种选择:欧洲社会民主主义研究》,法律出版社2003年版,第8页。

"一切重大问题方面都站到马克思主义立场上来了"①,其制定了一些正确或基本正确的决策。

这一时期的社会民主主义的实质内容是与科学社会主义逐渐靠拢的,恩格斯认为"现在情况不同了,这个词也许可以过得去,虽然对于经济纲领不单纯是一般社会主义的而直接是共产主义的党来说,对于政治上的最终目的是消除整个国家因而也消除民主的党来说,这个词还是不确切的"②。可见,恩格斯改变了他对社会民主主义的态度。

三 社会民主主义的蜕变

在第二国际时期,由于恩格斯的努力,马克思主义一直占着主导地位,但由于社会民主主义的广泛发展,使得大量破产的小生产者在进入到社会民主主义运动的过程中其固有的一些本性如软弱、动摇、妥协影响着社会民主主义,致使"革命的水平不免暂时降低,机会主义不免暂时加强"③。与此同时,资本主义在这一阶段逐渐地从自由竞争阶段向垄断阶段发展,资产阶级不断地调整其统治策略,从过去以暴力镇压为主转向以怀柔和平为主。在这种和平的环境中,社会民主主义开始迷恋上了议会斗争和合法主义,改良主义思想在慢慢地滋长,由此社会民主主义内部出现了分流与蜕变。

1895年,恩格斯逝世,社会民主主义失去了公认的思想领袖,其内部的右倾机会主义势力也开始恢复,并慢慢地发展成较为系统的修正主义。德国社会民主党领袖伯恩斯坦就是其典型代表,他于1896年至1898年在《新时代》杂志上以"社会主义问题"为总标题,发表了一系列文章,修正马克思主义。1899年,他又出版了《社会主义的前提和社会民主主义的任务》,在该书中他系统地阐述了其修正主义思想:否定社会主义代替资本主义具有必然性;否定社会主义代替资本主义要通过革命;否定生产资料社会化的必要性④。

---

① 《列宁选集》第2卷,人民出版社1972年版,第2页。
② 《马克思恩格斯全集》第22卷,人民出版社1965年版,第490页。
③ 《列宁全集》第36卷,人民出版社1985年版,第290页。
④ 余文烈主编:《当代国外社会主义流派》,安徽人民出版社2000年版,第125—126页。

伯恩斯坦全面系统地阐明了修正主义思想，为改良主义提供了理论指导，而法国则在现实中进行了实践：1898年6月法国资产阶级政府邀请独立社会主义者同盟的首领米勒兰进入内阁担任工商部部长，而米勒兰进入内阁后帮助政府制定法令收买工人阶级，分化、破坏工人运动。米勒兰事件引起了国际工人运动的强烈反响，第二国际在1900年的第五次代表大会展开了激烈的论战，产生了左、中、右三派的分歧，最终在会议上通过的考茨基决议认为该事件只是策略问题而非原则性的问题，这种为米勒兰叛变行为进行辩护的决议"从客观效果来说起到了使修正主义分子活动合法化的作用，助长了修正主义的蔓延"①。之后，第二国际进入了修正主义占主导地位的时期，社会民主主义的现实力量——各国社会党在实践中逐渐接受并采取了修正主义的改良路线，"社会民主党人，尤其是社会主义工会运动变得愈来愈修正主义化"②，至此，社会民主主义"终于完成了其内涵的嬗变，即从科学社会主义的同义语变成了机会主义、改良主义的代名词"③。

1914年第一次世界大战爆发，对于是否支持本国政府参加战争，第二国际内部出现了严重的分歧，27个成员党除了俄国的布尔什维克党、保加利亚的社会民主党、塞尔维亚的社会民主党3个政党外，其他的社会民主主义政党都支持本国政府参加大战。对此，列宁严厉指责他们"背叛了社会民主主义"，并于1917年4月第一次提出了马克思主义政党应该改为共产党，抛弃社会民主主义。1919年1月，第三国际即共产国际成立，1920年共产国际举行第二次代表大会，在此次会议上通过了加入共产国际的条件：改称共产党，修改"旧的社会民主主义纲领"。自此，社会民主主义"成为一个贬称，成为右倾机会主义和修正主义的同义语"④。

---

① 李宏：《另一种选择：欧洲社会民主主义研究》，法律出版社2003年版，第12页。
② [德] 托马斯·迈尔等：《论民主社会主义》，刘芸影等译，东方出版社1987年版，第44页。
③ 李宏：《另一种选择：欧洲社会民主主义研究》，法律出版社2003年版，第13页。
④ [德] 托马斯·迈尔：《社会民主主义的转型——走向21世纪的社会民主党》，殷叙彝译，北京大学出版社2001年版，第4页。

四 民主社会主义时期

第一次世界大战到第二次世界大战期间，民主社会主义与社会民主主义被各国社会党当作同义词来使用，以此来突出他们的社会主义不同于苏联的极权主义，是民主的社会主义。1951年，各国社会党在法兰克福成立了他们的国际性组织——社会党国际，并通过了《原则声明》，声明明确宣布了其目的是实现民主社会主义，并首次以"民主社会主义"的形式对改良主义的理论和实践进行了总结。自此，民主社会主义一词逐渐取代社会民主主义，社会民主主义进入到民主社会主义时期。而这一时期也是社会民主主义理论空前发展的时期，其不断修正和完善思想政策并形成了较为成熟的思想理论①：

1. 伦理主义

民主社会主义的伦理主义"以抽象的人为中心，以自由、公正、团结为基本价值观，追求一种伦理道德的完善"②。早在20世纪50年代社会党人就宣称"之所以反对资本主义，不仅因为它造成经济上的浪费，也不仅因为它使群众不能享受物质权利，最主要的是因为它违背了社会党人的正义感"③。而这种正义感最主要的是追求"人的尊严"，"不论我们如何解释人的尊严，它都是我们行动的出发点和目标"。社会民主主义以抽象的人的尊严取代了之前改造生产资料所有制的目标。而如何达到这一目标，社会民主主义提倡的是人道的手段，"人天生富有良心和理智，人类应该以兄弟般情意彼此相待"，"社会民主主义道路的开拓只能以良心为基础，以改良为手段"④。可见社会民主主义的目标和手段都具有伦理性。

在人的尊严的指引下，民主社会主义形成了自由、团结互助、公正三大基本价值，这也是民主社会主义伦理主义的具体化。1959年德

---

① 徐觉哉：《社会主义流派史》，上海人民出版社1999年版，第383页。
② 余文烈主编：《当代国外社会主义流派》，安徽人民出版社2000年版，第131页。
③ 社会党国际文件集编写组编：《社会党国际文件集》，黑龙江人民出版社1989年版，第7—8页。
④ 转引自余文烈主编《当代国外社会主义流派》，安徽人民出版社2000年版，第132页。

国社会民主党率先提出这三大基本价值,其后在《1975年至1985年经济政治大纲》中对这些基本价值进行了解释:自由的内涵是"摆脱任何有损于人的尊严的依赖关系",团结互助表现为"具有一种普遍性的和人类友爱的意义",公正内涵是"在社会中给每个人提供同样的权利和均等的生存机会"。[①] 1986年新的纲领草案中,德国社会民主党提出了基本价值的作用:"民主社会主义的基本价值——自由、公正和互助,是我们估量政治现实的准绳,是衡量一个新的更好的社会制度的尺度,同时也是每个社会民主党人行动的指南"[②]。

2. 多元主义

在思想上,民主社会主义的多元主义主张思想的多元化。社会党国际在《法兰克福宣言》中就提出了民主社会主义的指导思想是多元的,并把马克思主义与宗教思想、伦理观念联系起来,认为它们都是追求没有剥削、没有他决的社会,因此出发点是一致的。1983年社会党国际进一步强调"我们是一个深刻的多元化运动,这个运动不与任何一种社会主义的哲学解释认同"。民主社会主义的思想多元强调思想的自由、思想选择的自由,反对将马克思主义的思想体系或其他某种思想学说作为统一的理论指导,并主张马克思主义可以与资产阶级学说共存一起来指导民主社会主义。

在政治上,民主社会主义的多元主义一方面主张阶级基础的多元。民主社会主义认为随着资本主义工业革命的发展,资本主义的生产条件在逐渐改变,而工人阶级也在逐渐地丧失其主要特征,不再是建立未来社会的承担者,并且传统的工人逐渐被新的工人或中产阶级所代替,民主社会主义应该适应现实的变迁,不能仅仅将工人作为自己的阶级基础,而应该有多元的社会基础,"社会民主党已经从一个工人阶级的政党变成了一个人民的政党"[③]。

另一方面,多元主义主张多党制。社会党国际在《法兰克福宣

[①] 参见笔者相关论文。
[②] 转引自徐觉哉《社会主义流派史》,上海人民出版社1999年版,第385页。
[③] 中共中央党校科学社会主义教研室国外社会主义问题教学组编:《社会党重要文件选编》,中共中央党校出版社1985年版,第165页。

言》中就宣告"民主制要求不止一个政党有存在的权利和反对派的权利",所以社会党国际谴责一党制,认为一党制导致集权甚至是专制,也会带来官僚主义。而且社会党国际将实行多党制作为加入其组织的基本原则。

在社会主义的发展方面,民主社会主义的多元主义主张多样化的发展模式。民主社会主义认为在社会党执政的各个国家应根据各自的现实情况实行不同的社会主义模式,并要依据形势的变化不断进行调整。社会党国际在1989年十八大的原则声明中就讲到"社会党人并不声称自己占有着一个不会再出现变化、不必再进行改革与进一步发展的终极和固定的社会蓝图"。

3. 渐进主义

民主社会主义秉承了改良主义的理念,强调在进行变革社会现实的过程中不能通过激进的革命手段,而应该采取渐进主义的方式。他们认为革命突变需要付出高昂的社会代价,这将对经济生活和社会生存造成危害和威胁,所以必须通过"平静的""渐进的"方式来变革现有体制。为此,民主社会主义制定了相关改良政策[①]:(1)承认和维护议会制,主张社会法治国家,实现政治民主;(2)主张民主的混合经济制度;(3)主张扩大社会保障,保障每个社会成员的权利平等和机会均等;(4)通过社会监督和参与决定以及强大工会的抗衡,来限制大资本对利润的追逐,减少资本主义带来的严重后果;(5)推行社会伙伴关系,使劳资冲突缓解与调和;(6)主张将政治民主转变为社会民主。

五 社会民主主义的回归

20世纪80年代末到90年代初,苏联和东欧社会主义国家纷纷解体,这不仅导致世界社会主义力量的减弱,也引发了国际社会上资本主义右翼对左翼的进攻。尽管民主社会主义一直强调其与共产主义式的社会主义有着根本的区别,但在此大背景下还是遭受到了因制度社

---

① 徐觉哉:《社会主义流派史》,上海人民出版社1999年版,第390页。

会主义失败而带来的巨大冲击。

最先对此做出反应的是民主德国社会民主党,其在1990年的基本纲领中表示,"我们,德意志民主共和国的社会民主党人,只有在我们确信民主社会主义这一概念不致被误解成斯大林的变质的'现实社会主义'时,或者不致与德国统一社会党的继承者今天用来引诱人们的'民主社会主义'口号混为一谈时,才使用这一概念。因此我们宁愿使用'社会民主主义'这一概念"。

民主德国社会民主党是在联邦德国社会民主党扶植下建立的,其纲领代表和反映了德国社会民主党的观点。德国社会民主党的著名理论家托马斯·迈尔在其一系列著作中详细解释了这些观点,他认为"社会主义成了空洞的概念,就像由于导演的错误,在新的一幕戏已经开始时旧的布景还留在舞台上一样","这个伟大的词已经用坏了","它现在躺在急救站里,它的继承者比这个语义学旁边的医生还要多",所以按照迈尔的解释,社会主义这个词语已经用坏了,这也导致民主社会主义这个词不好和不便于使用,但社会主义中一些好的内容必须保存,尤其是对普遍民主的诉求,因此迈尔提出"社会民主主义就是民主社会主义,就是社会民主"[①]。

迈尔的这一提法引起了德国社会民主党内的激烈争论,格雷宾教授和福格尔反对这种提法中的替代。格雷宾在《替代集权主义的民主主义设想》中认为迈尔是将共产主义政党对于社会主义的理解作为其论证的基础,而事实上这种民主社会主义对于社会主义的理解与共产主义政党的理解是完全不同的,民主社会主义摒弃了共产党人的乌托邦思想,但并没有排除对于公正世界的追求的理想,"如果社会党要埋葬自己的民主社会主义的理想,那么这对于世界的进步来说将是一场悲剧",所以"民主社会主义必须对各种歪曲、曲解和错误进行批判性思考,并且在某些方面重新做出明确的解释"。福格尔认为不能放弃民主社会主义的事业,也不能放弃民主社会主义的概念,民主社会主义是总的设想和目标,"我们的社会需要一个总的设想,它可以

---

① [德]托马斯·迈尔:《社会民主主义导论》,中央编译出版社1996年版,第33页。

使人们认识政治要为什么目的服务,政治应把那些目标置于优先地位以及怎样达到这些目标"。

对于这些争论,德国社会民主党基本价值委员会在1994年发表的《社会主义——关于处理一个概念的困难》文件中介绍了双方的观点,但并没有做出对错判断,因此在理论上也没有进行澄清。

1992年社会党国际召开第十九次代表大会,作为冷战结束后的第一次代表大会,又处于"社会民主主义"与"民主社会主义"两个词语表达的争论时期,大会的主要文件和重要讲话交替使用着"社会民主主义"和"民主社会主义"这两个词,但很明显的是使用"社会民主主义"的频率高于"民主社会主义",大会主要论题《变化中的世界社会民主主义》也是使用的"社会民主主义"这个词,这说明"民主社会主义"的表述已经受到怀疑,而"社会民主主义"逐渐在替代"民主社会主义"。1997年的西欧8国社会党理论研讨会出版了题为《变革中的欧洲社会民主主义》的论文集——"社会民主主义"的概念已经被普遍接受。及至当前,社会民主主义已经广泛使用,而民主社会主义成为一个历史术语。当然这不仅仅是概念的转换,随着社会主义到民主主义这一侧重点的变化,表明其关于社会主义替代资本主义的初衷越来越淡化,而民主主义的价值追求愈来愈浓烈。

第二节 社会党国际

社会党国际(SI)是主张社会民主主义的社会党、社会民主党、工党以及其他政党的国际联合组织,重建于1951年6月30日,该组织自称其历史始于1864年成立的第一国际,但事实上由于它是沿着第二国际伯恩斯坦的思想路线演变而成,所以一般都认为其历史始于1889年的第二国际。

一 历史沿革

在1895年恩格斯逝世之后,第二国际内部由于思想路线的斗争逐渐分化,出现了以爱德华·伯恩斯坦为代表的右派,以卡尔·考茨基为代表的中间派，以罗莎·卢森堡为代表的左派。第一次世界大战期间，由于绝大多数成员党从本国利益出发支持本国政府参加战争而直接导致了第二国际的分裂和结束。在第一次世界大战结束后的1919年2月，部分社会民主党在伯尔尼召开社会党代表大会，决定恢复第二国际——"伯尔尼国际"，而原中间派的13个党和组织也在维也纳成立了"社会党国际工人联合会"——"维也纳国际"，1923年5月两个组织在伯尔尼合并成为"社会主义工人国际"。但从20世纪30年代到第二次世界大战后期，由于法西斯主义的强势，欧洲社会民主党绝大部分成员被取缔或镇压，社会主义工人国际的总部也于1940年被德国占领而停止了活动。

第二次世界大战后期，在英国工党倡导和推动下，各国社会党召开会议并成立了常设筹备小组和机构，准备重建国际。1951年6月，社会党在法兰克福召开会议，此次会议通过了重建社会党国际的决议，法兰克福会议也成为社会党国际的第一次代表大会。

二　组织发展

成立之初的社会党国际拥有34个成员党，这些成员绝大部分来自于西欧国家，因此早期的社会党国际主要是在西欧开展活动。1976年，勃兰特担任社会党国际主席，其主张社会党国际应该走出欧洲，在国际上进行发展。但由于当时的冷战格局，使得社会党势力无法进入到共产党一统天下的东欧，社会党国际在东欧的影响力也很小，勃兰特所提倡的走出欧洲的想法也受到极大限制，所以社会党国际在20世纪80年代之后就采取立足西欧、进取东欧的发展策略。

1989年6月，社会党国际召开十八大，在通过的决议声明中，社会党国际宣称"共产主义已经失去了十月革命后和反法西斯斗争中它一度对一部分劳工运动和一部分知识分子的吸引力"，"社会党国际支持旨在通过反自由化和民主化改造共产党社会的一切努力"，支持共产主义社会的多元化和民主化，因此"要抓紧一切机会，对社会主义理想长期以来悲剧性的遭受共产主义意识形态歪曲的社会重新塑造其面貌做出特殊贡献"①。十八大仅仅过去几个月后,东欧各国发生了剧变,西方极右势力在攻击科学社会主义的同时也将矛头对准了同属于左翼阵营的民主社会主义。面对此形势,社会党国际采取了积极应对,在米兰会晤后"积极介入中东欧国际局势",开始向民主社会主义的方向进行转变。此后,社会党国际采取一系列措施对东欧国家实施民主社会主义化②:一是"传授经验"。社会党国际在1989年到1992年期间陆续派出访问组进入东欧地区,为东欧的社会党人传授党建和竞选的经验,并于1993年在中欧专门建立了相关的机构组织(中东欧委员会、中东欧工作组、争取中东欧民主与团结论坛)加强对东欧社会党进行指导;二是树立样板。社会党国际吸纳了意左民党(原意大利共产党)和匈牙利社会党(原匈牙利社会主义工人党)为成员,并将意左民党的领导人选为中东欧委员会的主席之一;三是进行"有选择的发展"。当苏东剧变后,很多原东欧国家新成立的社会党要求加入社会党国际,而社会党国际对此进行"有选择的发展":对其中老牌的社会党采取恢复正式成员党的做法,对新成立的或重建的社会党进行考察、指导并合格后将其作为咨询党,而对原本是共产党后来改名的社会党则采取谨慎的态度,需要经过长时间的考查后才将他们作为观察党。

与此同时,社会党国际还极力地划清与共产党的界限,宣扬其基本价值观。在1992年的十九大上,社会党国际刻意地回避"民主社会主义",并以"社会民主主义"作为自己的称号和思想标识。

在欧洲获得空前发展的基础上,社会党国际正式实施其走出欧洲,进军全球的发展思路,而其重点就是亚太地区。因为美洲和非洲已经在20世纪90年代之前就建立了社会党国际的分支组织或社会党的地区性组织,有极大的力量和影响,但亚太地区由于之前受到社会主义的影响和苏联的控制,民主社会主义发展有限。尽管社会党国际从50年代开始就试图扩大其在亚太的组织,但是效果不佳。1992年,社会

---

① http://www.socialistinternational.org/viewArticle.cfm?ArticlePageID=984,社会党国际网站。

② http://rwxy.tsinghua.edu.cn/rwfg/lk/lk2/lk2-51-1.htm.

党国际主席莫鲁瓦明确提出了将亚太地区作为社会党国际的工作重点。1993年，社会党国际雅典会议决定成立亚太委员会，以便指导和协调亚太地区社会党。1994年，社会党国际在东京召开理事会议（这是首次在亚洲举行的会议），会议的主题是"亚太——民主与经济社会发展"，确定了社会党国际在亚太地区的政策。

从社会党国际长期的发展历史来看，其力量和影响在一直持续增长：1951年，社会党国际成立时只有34个成员党，1961年七大时有46个成员党，1972年十二大时有57个成员党，1983年十六大时有77个成员党，1996年二十大时有58个成员党、21个咨询党、6个观察党、3个兄弟组织和7个联合组织。截至2015年6月，社会党国际的成员有140个政党（包括成员党、咨询党、观察党）。

三　理论思想

在1951年重建时，社会党国际就制定了《民主社会主义的目标和任务》的纲领并将其作为思想指导，该纲领的主要内容有："批判资本主义剥夺大多数公民的生产资料和权利，造成社会不安定、贫富对立、阶级之间的斗争尖锐化和国家及民族之间的冲突更加剧烈；指出社会主义的主要目标是消灭人与人之间的剥削，其目的是把经济的权力交给全体人民，使自由人能以平等地位在社会中共同工作，而民主社会主义的目标是建立一个社会公平合理、生活美好、自由与世界和平的制度。民主社会主义的指导思想是多元的，包括马克思主义分析社会的方法、受宗教原则启示的方法和人道主义原则启示的方法。攻击共产主义建立了一种僵硬的学说，同马克思主义的批判精神是不相符合的。指责共产主义运动分裂了国际工人运动，并使许多国家中的社会主义的实现推迟了几十年，是新帝国主义的工具，其基础是建立在军事官僚和警察恐怖之上的，只要共产党掌权，就破坏自由。攻击共产党搞一党独裁，创立了一种新的阶级社会。声称自己的奋斗目标是以民主的方法建立一个自由的新社会。认为没有自由就没有社会主义，社会主义只有通过民主才能完成，民主是社会主义的本质特征，道路只有一条，就是民主的道路；主张人民享有普遍平等秘密的选举权,公民在法律面前一律平等;主张实行多党制。在经济方面,主张建立一种公私并存的混合经济社会,并通过实行社会主义计划来克服无政府主义状态和使生产为人民服务。在经济政策方面,争取立即实现的目标是:充分就业、增加生产、提高生活水平、实行社会保险、收入和财产的公平分配。在文化政策方面提出,社会主义的指导原则是满足人类的需要,但是,社会主义的意义不仅止于建立一个新的经济和社会制度,而是在于要通过它们解放和发展人类个性的道德上的价值。声称民主社会主义是国际性的,因为它认为没有一个国家能够孤立的解决它的所有经济的与社会的问题,民主政治必须依据保障国家自由与人权的国际法规,在一个国际的规模上建立起来。要求社会主义国家超越绝对主权论,尊重并遵守联合国宪章。指出,民主社会主义必须积极的反对帝国主义,争取在世界上消灭极端贫困、文盲和疾病的痛苦,要反对各种形式的压迫和剥削。认为维护和平是当前世界的最高任务,要贯彻维护集体安全原则。"[1] 此纲领的内容到20世纪80年代末都没有修改,一直成为这一时期社会党国际的指导思想。

1989年第十八次代表大会上,社会党国际通过了成立以来的第二个纲领——《社会党国际的原则声明》,该纲领有6个部分:(1)"形势",认为社会主义的思想已经在全世界被接受。世界取得了福利国家、非殖民化、裁军的进步。(2)"原则",认为民主社会主义是为了实现自由、公正与团结的国际性运动,并突出地强调个人权利对社会主义的价值观念有着根本性意义。(3)"和平",认为必须通过全球公正和构建新的和平机制来解决产生冲突的各种因素。作为国家内部也应该讲求和平,不能用暴力的方式来处理冲突,这样势必会破坏发展与人权。(4)"南北关系",认为国际社会是相互依存的,应该建立多边机构促使南方更平等地发挥作用,应该将东西方裁军与促进南北公正进行联系。(5)"21世纪前景",认为在未来实现经济、政治与社会领域的民主具有更大的可行性,各国要大胆尝试各种民主。

---

[1] 此部分为法兰克福声明的内容。参见笔者相关论文,也可参见《欧洲社会主义与中国》http://wenku.baidu.com/link?url=O5p-vx1Hz3_yw53y3V04syD2G2fgcYS_KdEkZP_f3OBZAgOs4cQ7NVumTx6uyM3U20TbCAiEA-VkN57ZN6uwRCjhtp3n8R4MfIozLOM6m_。

(6)"国际的国际性",认为社会党国际并不是一个超越国家的集中组织,各个成员党要对本国落实社会党国际的决定进行负责。

《社会党国际的原则声明》奠定了社会党国际理论思想的基础,尽管在冷战结束后的每次代表大会上都会有一些新的思想提出,但其基本观点还是沿用了原则声明。至于这些新的思想,我们将在下面的文章中逐步介绍和阐释。

第三节 第三条道路

第三条道路是社会民主主义在20世纪90年代后的一种革新。其代表者为:英国首相布莱尔、美国总统克林顿、德国总理施罗德、法国总理诺斯潘、意大利总理达莱马等。其主要思路是力图超越传统左翼和新右派,让人们恢复对国家权力的信心,让国家既能够保持经济活力,又能够提供福利以维护社会的稳定。具体而言,其主要观点表现在以下几个方面。

1.思想方法方面

第三条道路主张超越传统的左右之争来认识和解决当代社会问题,如布莱尔认为第三条道路是介于"专注于国家控制、高税收和维护生产利益的旧的左倾思想"和"主张狭隘的个人主义和自由市场经济是能够解决一切问题的新右翼的自由放任主义"之间的道路[1]。诺斯潘认为是介于"共产主义和绝对自由主义之间"的"民主社会主义"[2],施罗德宣扬是"不以牺牲社会公正为代价的现代经济结构"为目标的"新中间道路"[3]。可见,第三条道路的思想主张想超越传统的左翼和右翼,或者说想在两者之间寻求一条折中之路,其主要观点有:"(1)寻求不同政治倾向的选民所具有的共同价值。(2)避免突出传统左翼与右翼之间的对立,而更多地以求同存异的思维,在左、右思维之间发现中介。(3)在解决社会问题的过程中,要求提出综合、全

---

[1] 崔洪建:《"第三条道路"初析》,《国际问题研究》1999年第2期。
[2] 同上。
[3] 同上。

面的解决方案，防止狭隘片面。"①

2. 政治方面

（1）强调国家干预与自由放任的结合。第三条道路强调政府调节经济和社会事务的作用，反对极端自由主义，主张个人自由依赖于集体发展，即社会正义。它认为政府与自由不是完全对立的，好政府是自由发展和扩散的必要支撑，该由政府干预的地方绝不任自由放纵，该由市场自由操作的地方政府绝不插手，政府的作用主要在于宏观调控和服务。（2）在政治基础上，模糊阶级界限，强调团结各种政治力量。由于工人阶级队伍的快速分化和两极格局的瓦解，以及由此导致的阶级政治和传统左右划分的削弱，第三条道路认为这些传统政治的状况已经与现实政治生活中阶级界限的日益模糊化格格不入，所以一方面要破除左右对立的政治观，团结和吸引以中间力量为核心的各种政治力量，寻求一种崭新的中派现代化运动；另一方面，改革现有的政党政治，走出传统的政治基础，即只为某种政治力量服务，而转向对多数选民关心、支持的问题的关注。（3）在政治权力上，主张下放权力，还权于民，恢复人民对政治的信念。第三条道路主张在政治改革过程中下放权力，把更多的权力交给地方，使权力更接近人民，而中央政府能够集中精力，满足国家的战略需要，正如克林顿所言，"需要一个比原来小的更关心人民的政府"②。

3. 经济方面

（1）建立政府与市场的"新伙伴关系"。第三条道路对新自由主义的"市场原教旨主义"进行了批评，认为单靠市场自身是无法解决经济发展的秩序问题，"市场确实了不起的，然而市场（特别是在全球经济中）并不能给予我们安全的街道、清洁的环境、平等的教育机会、贫穷孩子的健康以及可靠的晚年"③。而且在经济全球化背景下，企业是无法单独抵御全球市场的巨大风险，所以国家必须对经济进行适当的干预，但国家在经济生活中并不是管制者，而是治理者，即

---

① 李青：《第三条道路：历史、现状及发展前景》，《科学社会主义》1999年第4期。
② 李忠人：《论当代欧美的"第三条道路"思潮》，《科学社会主义》2004年第5期。
③ 同上。

"国家不应是划船人,而应是掌舵者"。按照布莱尔的观点,国家在经济发展中的作用就是"以一种政企、劳资间的新的伙伴关系代替那种在原始自由市场和指令经济两者之间的选择"①。(2)建立新型混合经济。第三条道路所提倡的新型混合经济不同于以前的混合经济,按照吉登斯的观点,新的混合经济不是努力去实现国有企业和私有企业之间的平衡,而是要实行经济生活和非经济生活的平衡,使国家的必要干预职能和市场、社会的积极性结合起来,衡量经济发展的标准是看经济发展产生的后果②。即既强调市场的作用,又突出政府对经济的宏观调控能力的经济管理模式③。在宏观经济方面,作为企业来讲,要自觉地参与国际竞争,融入经济全球化进程中;作为政府来讲,制定经济政策和法律法规,保证国家经济安全,实现经济公正,促进经济发展。在微观经济方面,第三条道路提出要调动中小企业的积极性,通过与中小企业建立建设性的伙伴关系来促进经济发展。

4. 社会方面

第三条道路主张改革传统的福利政策,传统的福利政策是第二次世界大战后社会民主党为了扩大选民基础,迅速恢复和发展自己而提出并实施的。其基本的目标是建立一个"对弱者更温和,对强者更严厉的社会",以实现社会公平。具体来讲,就是"通过集体谈判决定工资政策、税收政策和扩大社会转移、缩小收入上的等级差距。同时,将社会保险扩大到每一个人,使人人都可以享受其权利,并在必要时得到应有的支持和照顾"④。传统的福利政策为公民提供了"安全网"式的社会保障,使公民免受各种风险的冲击,这在一定程度上推动了社会发展和经济繁荣。但这种国家包办式的福利制度,给国家财政带来了沉重的压力,并且在追求公平的同时,忽视了社会效率,挫伤了工作积极性。因此,第三条道路主张对这种消极的社会福利政策进行改革,将其改造成积极的福利政策。其主要内容有以下几个方面。

---

① 李忠人:《论当代欧美的"第三条道路"思潮》,《科学社会主义》2004年第5期。
② 李青:《第三条道路:历史、现状及发展前景》,《科学社会主义》1999年第4期。
③ 郑伟:《全球化与"第三条道路"》,湖南人民出版社2003年版,第185页。
④ 同上书,第205—206页。

（1）变福利国家为社会投资国家。传统的福利制度中，国家是社会福利的主要投资者，这造成了政府的财政压力，所以积极的福利政策在资金筹集上主张实现投资主体的多元化，即通过政府、企业、个人和社会团体之间建立合作伙伴关系共同承担福利资金。"我们应该把强调的重点转到积极的福利上，除国家以外，个人自己和其他组织都对它负责，而且它会推动财富的创造。"[①]（2）强调"没有责任就没有权利"。传统的福利制度存在严重的"福利依赖"现象，积极的福利政策力图消除这种现象，"积极的福利意味着要在任何产生依赖、孤立和缺乏自我实现的地方反击他们"[②]。如何反击呢？这就是将权利和责任统一起来。具体而言，国家为每一个需要帮助的人提供必要的帮助，但已不再是原来的安全网式的福利，而转化为工作福利，即不直接发钱给个人，而是用于对他们进行新的职业培训上，提倡自主，鼓励再就业。（3）变结果平等为机会平等。传统的福利政策试图通过社会财富的再分配来缩小贫富差距，促进社会平等，这种结果平等无法调动人们工作积极性，第三条道路的改革就是变结果平等为机会平等，不仅为风险提供保障，而且还对机会进行管理，满足不同群体对机会的不同需要。

5. 国际关系方面

第三条道路主张建立新型的国际关系，即以民族国家为基础的世界主义，因为当前民族国家依然是国际社会稳定的重要力量，而世界主义是国家间大规模战争可能消失的原因和条件。第三条道路认为，传统的社会民主党人将国家视为国际团结的威胁，而新自由主义则把全球当作一个"自发的体系"，这些都不适合全球化背景下国际关系的发展，所以第三条道路主张超越民族国家层次的民主扩张，建立一个世界主义的国家。

[①] ［英］安东尼·吉登斯：《左派瘫痪之后》，杨雪冬编《"第三条道路"与新的理论》，社会科学文献出版社2000年版，第68页。

[②] ［英］安东尼·吉登斯：《第三条道路及其批评》，孙相东译，中共中央党校出版社2002年版，第168页。

第 三 章
社会民主主义的基本价值观及其"普世追求"

社会民主主义的"普世价值"主要是社会民主主义将其所提倡的基本价值力图在全球推广,以期成为世界各个国家所追求的价值。其思想来源于启蒙运动所提出的"自由、民主、平等"等价值理念,并在其后借鉴和异化了马克思主义的价值观,发展成为建立在伦理主义基础之上的价值追求。因此,研究社会民主主义的"普世价值",首先要了解社会民主主义的基本价值观及其普世追求的思想渊源。

第一节 社会民主主义基本价值观的历史发展

社会民主主义基本价值观的产生和发展受到多重因素的作用,从现实来讲主要有不断发展的工人运动,资本主义的发展变化和社会环境的变迁等因素,"其基本价值观的产生和发展,始终是与成长着的工人运动,与小资产阶级特定的社会地位和生活环境,与资产阶级政策和策略的变化,与社会民主党人适应社会环境的本能,密切联系在一起的"[①]。而从思想渊源来讲,主要有启蒙思想、伦理社会主义、马克思主义、基督教精神等因素。所以,社会民主主义价值观的产生和发展既是现实的反映,同时也是众多思想尤其是资本主义思想的混合。

---

① 郑忆石:《论民主社会主义基本价值观的产生和发展》,《湖南师范大学社会科学学报》1992年第3期。

一　社会民主主义基本价值观的产生

社会民主主义在产生之初就表现了其复杂的内涵，既包括工人阶级的革命诉求，同时也包括小资产阶级的改良诉求，"它要求把民主共和制作为手段并不是为了消灭两极——资本和雇佣劳动，而是为了缓和资本和雇佣劳动之间的对抗并使之变得协调起来。无论它提出什么办法来达到这个目标，无论目标本身涂上的革命颜色是淡是浓，其内容始终是一样的：以民主主义的方法来改造社会，但是这种改造始终不超出小资产阶级的范围"①。所以，社会民主主义的价值观一个方面反映了被剥削者的利益诉求，同时又受到小资产者的影响和左右。小的资产者在资本主义自由竞争时期既希望消除资本主义发展带给他们的灾难而向往社会公平正义，但又幻想在保存私有财产和雇佣劳动的基础上渴望社会自由。因此，他们对于"自由、平等、博爱"充满了复杂的情节。"这些价值观念，符合小资产阶级既憧憬社会主义的未来，又怀念小私有者的往昔；反映了小资产阶级既要反抗资本主义的'无情'，又害怕阶级斗争和革命，既渴望'变革'，又希求保存其独立生产者的社会地位和生存环境的心理。因此，它们不得不既将基督教社会主义的原始平等、互助观念融合于资产阶级的自由说教，又把资产阶级的博爱理论搬进自己的社会改革中。"②

正是这种小资产阶级的特性，使得19世纪中后期欧洲流行的蒲鲁东主义、工团主义、拉萨尔主义、巴枯宁主义和真正的社会主义等小资产阶级的学说深深影响着社会民主主义的发展。这些小资产阶级学说尽管对资本主义社会表达了不满和愤慨，但其又反对通过暴力和革命的方式来变革资本主义社会，所以这些学说不仅带有改良主义性质，同时也带有抽象的伦理主义特性。如蒲鲁东主义主要是从道德、法权方面对资本主义社会的不平等表示谴责，并把资本主义的生产关系认为是永恒的，而将社会主义的历史进行抽象化，希望通过思维层面的

---

① 《马克思恩格斯选集》第1卷，人民出版社1995年版，第614页。
② 郑忆石：《论民主社会主义基本价值观的产生和发展》，《湖南师范大学社会科学学报》1992年第3期。

批判活动来代替现实的阶级斗争；工团主义热衷于用各种感情上的说教去"感化"资本家；拉萨尔主义提出工人等级的道德观，等等。这些学说吸收了启蒙运动中的自由、平等、博爱等观念并把它们看作是社会主义追求的目标，在抽象的价值目标中描绘社会主义——这种伦理主义色彩的社会主义观构成了社会民主主义基本价值观产生和发展的直接基础。

二 社会民主主义基本价值观的形成与确立

伦理社会主义思想构成了社会民主主义基本价值观的直接思想来源，而 20 世纪世界形势的发展为社会民主主义价值观的确立提供了现实土壤。一方面，两次世界大战的悲剧使得欧洲人们强烈渴求"以理性代替兽性，以民主取代暴政，以公理战胜强权"[1]，而人文主义传统在强化欧洲民众对于自由、民主、平等、人权等伦理追求的同时也促使社会民主主义更加信奉和宣扬伦理社会主义。同时社会民主主义者在反思两次世界大战时认为资本主义运动规律本身会导致历史向社会主义发展这一历史规律是靠不住的，对资本主义的批判应该从伦理原则出发，所以社会民主主义对资本主义的批判主要是伦理的批判，如认为资本主义违反人类的道德，违背了平等、自由、博爱等价值准则。到了 20 世纪下半叶，西欧进入了恢复和发展的新时期，在生产力迅速发展的同时贫富悬殊、种族歧视等社会问题和由此产生的自由、人权、民主问题也日渐突出。这给追求伦理社会主义的社会民主主义以新的要求和提供了充实其价值内容的新的素材。另一方面，作为社会民主主义基础力量的工人阶级在第二次世界大战之后阶级结构发生了巨大变化，尤其是中产阶级的形成和壮大使得其在较为安定的社会环境和稳定的地位收入情况下逐渐放弃了革命的传统而寄希望在不改变现有资本主义制度下进行社会改革，通过资本主义的"自由""民主""人权"来行使权力和保障权利，而社会民主主义的伦理化社会主义一方面适应了他们的要求，另一方面也强化和引导了他们的要求。

---

[1] 郑忆石：《论民主社会主义基本价值观的产生和发展》，《湖南师范大学社会科学学报》1992 年第 3 期。

正是在伦理社会主义的指导下，在现实发展的土壤之上，社会民主主义逐渐形成了自己的基本价值观。1955年，社会党国际第四次代表大会提出"自由与平等是社会主义之本"；1959年，德国社会民主党的《哥德斯堡纲领》提出"自由、公正、相助和从共同的结合中产生出来的彼此间所承担的义务，即是社会主义意向的基本价值"；1962年，社会党国际理事会奥斯陆会议提出社会民主主义的原则是"以我们对自由、平等和人类兄弟友爱的信念为基础的"；1982年，社会党国际经济问题特别会议提出"团结互助一直是民主社会主义思想的一个支柱"；1983年，社会党国际第十六次代表大会重申了"自由和民主是社会主义理想的实质"；1986年，社会党国际第十七次代表大会提出"通过民主化进程来实现自由、公正和团结这些基本价值观念"。1989年，社会党国际第十八次代表大会上提出"民主社会主义是争取自由、社会公正和团结的国际运动"。由此，社会民主主义将自由、公正、团结正式作为整体意义而言的社会民主主义的基本价值观。

对于这些基本价值，联邦德国的社会民主党在《1975年至1985年经济政治大纲》中就进行了初步解释。1986年，又在其新的纲领草案中提出了基本价值观的作用。1989年，社会党国际十八大的《原则声明》对这些基本价值作了完整表述："自由是个人努力和合作努力的产物——这两个方面是同一进程的组成部分。每个人都有权免受政治强制，并享有追求个人目标和发挥个人潜力而行动的最大机会。但是只有整个人类争取成为自己历史的主人，并确保没有任何人、阶级、性别、宗教或种族沦为奴仆的长期斗争取得成功，才有可能做到这一点"，"公正与平等，公正意味着结束一切对个人的歧视，意味着权利和机会的平等。它要求对体力的、智力的和社会的不平等做出补偿，以及既摆脱对生产资料的所有者，也摆脱对政治权力拥有者的依附"。"平等是所有人具有平等价值的表现，也是人性自由发展的前提。基本的经济、社会和文化平等，是个人多样化和社会进步的必要条件"。"团结是无所不包的和全球性的，它是共同的人性和对不公正的受害者给予同情的实际表现。一切主要的人道主义传统都强调和欢呼团结。

在个人以及国家之间空前相互依存的现代，人类的生存离不开团结，这就使团结具有更重要的意义"①。

社会党国际认为，自由、公正和团结是具有同等重要性的价值，它们相互依存、彼此互为前提，这也是社会民主主义同自由主义、保守主义和共产主义在价值追求上的不同之处。"持相反立场的自由主义者和保守主义者主要强调个人自由，而牺牲公正和团结；共产党人则自称要实现平等和团结，而牺牲自由。"

三 社会民主主义基本价值观的继续发展

20世纪90年代初，随着苏东的解体宣告了冷战时代的结束，而世界形势也随之发生了巨大的变迁。首先，经济全球化在迅猛发展过程中显示了其"双刃剑"的作用。一方面，经济全球化的积极作用带来了生产力的迅猛发展和人类社会的巨大进步；另一方面，经济全球化的负面作用也深深地影响着全球社会，同时也影响着社会民主主义的基本价值，"全球化意味着把竞争两个字写得很大，把团结互助几个字写得很小"②，全球化导致了全球性的不公正和不平等加剧，也导致了一系列"社会失控"问题，这极大地威胁着社会民主主义所追求的基本价值。其次，苏东解体冲击着社会民主主义。苏东解体带来了世界左翼发展的低潮，这一时期，资本主义右翼加大了对左翼包括社会民主主义的进攻。右翼推崇个人自由和个人主义，贬低集体主义和民主、平等，强调精英人物、权威的作用等，这些思想观点冲击着社会民主主义所倡导的民主、平等、公正等价值。而且右翼在国际上奉行现实主义政治，提倡强权政治，这不仅严重威胁着世界的和平与发展，也威胁着社会民主主义所倡导的国际民主与国际和平的价值观念。

在此背景下，社会民主主义发展和扩充了其基本价值的内涵："在自由方面强调享受权利的同时就必须承担相应的责任，呼吁在责

---

① http://www.socialistinternational.org/viewArticle.cfm? ArticlePageID=984，社会党国际网站。

② 张世鹏：《二十世纪末西欧资本主义研究》，中国国际广播出版社2003年版，第204页。

任和权利之间保持平衡,在包括最大数量的人民的积极政策和不排斥任何人的普遍政策之间保持平衡;在公正方面强调应当加强机遇公正和起点公正,不断体现机遇平等并保障个人有自由发展的条件;在团结方面强调了团结充分表达了人们的身份特征,并指引着人们前进,同时还将团结的观念引申到国际层面,主张建立全球团结的政策以解决全球问题。"[①]

第二节 社会民主主义基本价值观的思想渊源

在发展之初,社会民主主义曾接受过马克思主义的指导,其价值观也受到马克思主义价值观的影响。但在第二国际后期到两次世界大战期间,社会民主主义内部所蕴含的改良主义、修正主义思想开始慢慢滋长并影响着马克思主义对其的指导,"两次世界大战把欧洲的社会主义从马克思主义那里分离出来了"[②]。"二战"之后社会民主主义逐渐放弃马克思主义的基本观点,开始主张指导思想的多元性。1951年,社会党国际成立之初的《法兰克福宣言》就把马克思主义同宗教教义和伦理价值观念并列,"不论社会党人把他们的信仰建立在马克思主义的或其他的分析社会的方法上,不论他们是受宗教原则还是受人道主义原则的启示,他们都是为共同的目标,即为一个社会公正、生活美好、自由与世界和平的制度而奋斗"[③]。而德国社会民主党在1959年的《哥德斯堡纲领》中根本不提马克思主义,只是提出"在欧洲植根于基督教的伦理学、人道主义和古典哲学的民主社会主义,不想宣布任何最后的真理,这并不是因为它对各种世界观或宗教的真理缺乏了解和漠不关心,而是因为它尊重人们对信仰的选择,无论是一个政党还是国家都无权决定信仰的内容"。其在1989年的《柏林纲领》中再次提到社会民主主义的思想渊源是基督教、人道主

---

① 孙君健:《冷战后社会党国际基本价值观演变述评》,《北京工业大学学报》(社会科学版)2005年第2期。或参见笔者相关论文。
② 转引自徐崇温《民主社会主义评析》,重庆出版社1995年版,第229页。
③ 《社会党国际文件集》,黑龙江人民出版社1989年版,第417页。

义、启蒙思想、马克思主义。由此可见,社会民主主义的思想渊源极其多元,既有资本主义思想的借鉴和融合,也有马克思主义的借鉴和异化,社会民主主义在充分吸取这些思想中的伦理主义色彩的基础上逐渐形成了自己的价值观,并使得自己价值观呈现出普世化的追求。

一 启蒙思想与自由主义思想

托马斯·迈尔在分析社会民主主义的思想来源时指出:"社会民主主义把自己的本源思想,即它由之产生的那一关于一个自由和平等的人们的社会的理想,理解成近代自由主义的自由运动和启蒙时期的理想在历史上彻底的继承发展。它毫无保留地坚持由启蒙运动表述并从哲学上提供论证的自由、平等、博爱这些现代自由主义的基本价值,并且把注意力集中在克服自由主义者的纲领中及其文化、社会和政治实践中一切为了满足资产阶级的财产利益要求而与这些价值尺度相违背的东西……因此社会民主主义的本源思想总是承认自己是近代的自由主义自由运动的完成和继续,它认真对待这一运动所提出的要求,捍卫它在文化和国家方面取得的真正成就,但是要克服自由主义对阶级和社会的理解中的一切不符合平等的自由的这一尺度的东西。"[①] 可见社会民主主义思想体系主要是对启蒙思想与自由主义思想的继承与吸收。

欧洲启蒙运动时期,英法等国思想家对于人的价值尊严的追求从而形成了人文主义、人道主义的价值。如格劳秀斯、霍布斯、洛克、卢梭等以自然法理论或契约论为理论基础,从人的天性出发,追求自然状态下的人的自由平等,主张人生而自由、平等,每个人按其人性就该拥有各种自然权利,并以此形成了天赋人权、个人主义、利己主义的资本主义价值观。启蒙思想所包含的价值观念以及由此产生的目标成为社会民主主义思想体系的核心和基础。"欧洲社会民主主义通过与启蒙运动目标的结合把这些目标及其彻底实现当作自己的纲领的核心要点。它们成

---

① [德]托马斯·迈尔:《社会民主主义的转型——走向21世纪的社会民主党》,殷叙彝译,北京大学出版社2001年版,第8页。

了欧洲社会民主主义关于新社会的草案的基础。"①

启蒙运动时期的欧洲古典自由主义提出的"自由、平等、博爱"等口号很快获得了社会民主主义的认同。1899年,伯恩斯坦在其著作《社会主义前提和社会民主党的任务》中讲道:"近代大规模的自由主义运动首先对资本主义的资产阶级有利,而给自己加上自由的名义的政党是纯粹的资本主义卫士。在这些党和社会民主党之间当然只能是敌对的关系。但是说到作为世界历史性运动的自由主义,那么社会主义(笔者注:这一时期社会主义可以理解为民主社会主义)不仅就时间顺序来说,而且就精神内容来说,都是它的正统继承者,而且这一点也在实践中,在社会民主党必须对其表示态度的每一原则问题上表现出来","自由主义在历史上有过打破中世纪的受束缚的经济及相应的法律制度对于社会的继续发展所加桎梏的任务。它最初获得的固定形态是资产阶级自由主义,这并不妨碍它在实施上表现为一个更深远的普遍的社会原则,这一原则的完成将是社会主义"②。

托马斯·迈尔在《民主社会主义导论》中提到:"从历史的角度来看,近代社会主义是历史上自由党人的自由权利运动的合乎逻辑的延伸。社会主义使近代的自由概念摆脱资产阶级财产权对他的限制和歪曲。自由党人主张不论出身如何,人应享有自由权利,但是他们只让社会上拥有产业和受过教育的阶级享有这一权利。社会主义要使一切生活领域中的所有的人都能实际享有自由。它把自由党人的自由权利运动看成是争取和实现这一目标的手段,并把这个运动的真正成就纳入自己的纲领",它"作为自由主义的自由运动的继承者和完成者建立在这一运动的基础之上,并且在自己的纲领中保持这一运动的真正成就"③。

在苏东剧变之后,托马斯·迈尔进一步地论述了社会民主主义与自由主义的关系,如果说之前托马斯·迈尔对自由主义是在批判的基础上进行的认识,包含了对立的色彩,那么在冷战之后的大形

---

① [德] 托马斯·迈尔:《社会民主主义的转型——走向21世纪的社会民主党》,殷叙彝译,北京大学出版社2001年版,第9页。
② 转引自张世鹏《社会民主主义与自由主义的相互渗透》,《欧洲研究》2006年第2期。
③ [德] 托马斯·迈尔:《社会民主主义导论》,中央编译出版社1996年版,第6页。

势变迁下托马斯·迈尔对于两者关系的分析不再是对立的分析，而是将社会民主主义放到了广义的自由主义民主的范畴之中，从欧洲历史传统的主流观点出发，认为自由主义的民主分为自由至上的民主主义和平等的自由主义，而社会民主主义是平等的自由主义。托马斯·迈尔认为"第三条道路"在本质上是"70和80年代的自由主义结合社会民主党的传统方案和目标形成的一种新的、符合时代的合题"，"也就是希望在民族国家时代旧的社会民主主义与全球化时代市场自由主义之间能够找到一条新的确保成功的政治改造道路，从而使社会民主主义的基本价值观念以新的方式充满生命活力，在一个全球化世界中用理性和政治的干预力量反对纯粹的市场统治。在这里，核心就是在传统的社会民主主义和现代自由主义之间进行一种新型的创造性组合"[1]。

按照张世鹏的说法，欧洲社会民主党经历了三次转型，这三次转型也是三次自由主义化的过程。"第一次是19世纪末20世纪初以伯恩施坦主义为主要代表的大面积改良主义化；第二次是20世纪中期西欧社会党民主社会主义思想的最终确立，其重要代表作是社会党国际'法兰克福声明'和德国社会民主党1959年的哥德斯堡纲领；第三次则是20世纪90年代以来以英国工党'第三条道路'为代表的全面思想与政策转型。经过这三次大的思想转型，欧洲社会民主党从以马克思主义为指导思想的革命工人政党转变为工人运动内部的改良主义工人政党，又转变为资产阶级国家内部的改良主义全民党，一直发展到全球化时代以知识经济为依托的自由主义的现代精英党，取代欧洲传统资产阶级自由主义政党的位置而与新保守主义政党相对抗"[2]。所以在社会民主主义的思想体系发展中，其在不断的修正的过程中逐渐地抛弃了社会主义的色彩，而成为"自由主义的变种"。

二 马克思主义的人道主义思想

马克思主义的科学社会主义直接来源是空想社会主义，空想社

---

[1] 转引自张世鹏《社会民主主义与自由主义的相互渗透》，《欧洲研究》2006年第2期。
[2] 张世鹏：《社会民主主义与自由主义的相互渗透》，《欧洲研究》2006年第2期。

主义思想在一定程度上也受到了启蒙思想的影响,"现代社会主义……就其理论形式来说,它起初表现为18世纪法国伟大的启蒙学者们所提出的各种原则的进一步的、似乎更彻底的发展"①。恩格斯认为空想社会主义对于未来的理想社会的追求尽管是对资本主义私有制进行了批判,但他们主要是从永恒的、自然的权利和道德原则出发的,其如同启蒙思想一样,也是希望建立"理性和永恒正义的王国",因此"按照这些启蒙学者的原则建立起来的资产阶级世界也是不合理性的和非正义的,所以也应该像封建制度和一切更早的社会制度一样被抛到垃圾堆里去"②。由此,马克思主义的科学社会主义在继承空想社会主义的思想的时候,是批判地进行继承。一方面,马克思、恩格斯也考虑了伦理因素,他们并没有否认伦理因素对于经济基础的反作用;但另一方面他们认为对于资本主义的批判仅仅是道义上的谴责和对于工人群众进行道义上的鼓动是不够的,必须从现实的物质资料生产出发,把握人类社会发展的规律。恩格斯在《反杜林论》中讲道:"诉诸道德和法的做法,在科学上丝毫不能把我们推向前进;道义上的愤怒,无论多么入情入理,经济科学总不能把它看作证据,而只能看作象征。"③同时他还对所谓的永恒真理、永恒道德等观点进行了批判性的分析,"拒绝想把任何道德教条当作永恒的、终极的、从此不变的伦理规律强加给我们的一切无理要求,这种要求的借口是,道德世界也有凌驾于历史和民族差别之上的不变的原则。相反地,我们断定,一切以往的道德论归根到底都是当时的社会经济状况的产物。而社会直到现在是在阶级对立中运动的,所以道德始终是阶级的道德;它或者为统治阶级的统治和利益辩护,或者当被压迫阶级变得足够强大时,代表被压迫者对这个统治的反抗和他们的未来利益"④。可见,马克思主义的价值观是建立在唯物主义基础之上的。

由于与马克思主义的历史渊源,社会党还是将马克思主义作为自

---

① 《马克思恩格斯选集》第3卷,人民出版社1995年版,第719页。
② 同上书,第721—722页。
③ 同上书,第492页。
④ 同上书,第435页。

己的思想来源之一。第二次世界大战后，社会党国际第一任书记布劳恩塔尔说道："社会主义运动直接地或间接、自觉或不自觉地吸收了大量马克思主义思想，马克思主义思想与它（社会民主主义）的意识形态是血肉相关的，而且继续对社会主义思想产生影响。"① 特别是在20世纪70年代社会民主党重新意识形态化时，其左翼掀起了"马克思主义复兴"的浪潮，在某种程度上承认马克思主义，特别是马克思的价值观，如意大利社会党领袖克拉克西讲道："特别是由于马克思主义者宣布一切人不论其阶级、出身和种族如何，都拥有不可剥夺的自由权，所以，它仍然是民主社会主义理智和精神的一部分。马克思主义过去和现在并不是一切场合都是正确的，但是，在它是正义的那个范围内，它可以被看作是民主社会主义精神不可分割的。"② 勃兰特认为马克思主义最伟大的品质就是自由，马克思遵照欧洲人道主义哲学传统而追求的个人自由与幸福对社会民主主义具有重大的意义。"就不断寻求人类的自由和幸福的关系而言，他仍不失为19世纪最重要的民主社会主义者之一"。可见他们抛弃了马克思主义的唯物主义观点，舍去了其无产阶级革命和解放等观点，而片面地理解马克思主义特别是其人道主义，如拉特曼就认为"原来形态的马克思主义，就是人道的、自由的和民主的社会主义"③。所以，"社会民主党人对马克思著作中仅暗含的道德观详加论述，而且把它摆在社会民主主义思想体系的中心位置上"④。

尽管社会民主主义将马克思主义作为思想来源和指导思想之一，但其采取的态度是实用主义的，对马克思主义进行了断章取义的瓦解，将马克思主义中对于社会民主主义有用的部分进行拿来主义，而对于其唯物史观则采取淡化甚至是否定的态度，所以社会民主主义对于马克思主义的态度也远非其所宣称的那样重要，甚至可以说只是一种权宜之用。"在社会民主党人那里，'马克思主义'的作用要比党的宣言

---

① ［苏］H. 西比列夫：《社会党国际》，中国社会科学出版社1983年版，第94页。
② 《社会党事务》1977年第2卷。
③ 《新社会》1972年第8期。
④ ［德］托马斯·迈尔等：《论民主社会主义》，东方出版社1987年版，第231页。

中对马克思的虚伪称赞所表现出来的小得多。实际上，那些虚伪的称赞与其说出于对马克思主义理论的信仰，或者对于这种理论的重视，倒不如说是由于害怕共产党人在知识分子和工人中间成为马克思威信的唯一继承人"[①]，这就是社会民主主义对待马克思主义的态度。

三 伦理社会主义与修正主义

伦理社会主义直接的思想根源可以追溯到德国古典哲学的奠基人康德及新康德主义追随者。康德在《纯粹理性批判》《实践理性批判》和《判断力批判》等著作中提出了实践理性、绝对命令、人是自在目的等学说，而这些学说被其追随者继承和发展：以柯亨为代表的新康德主义马堡学派提出了伦理社会主义学说，企图用康德的绝对命令学说来替代马克思主义的阶级斗争理论与无产阶级专政理论。柯亨提出社会主义的基础是上帝的观念和资产阶级的国家和法权的永恒性，社会主义的首要问题不是经济问题，而应该是道德问题、伦理问题、精神生活的问题，所以为了实现社会主义，首先应该的是改造法权，实现伦理社会主义，而不是改造经济，消灭私有制和建立公有制。总的来讲，以柯亨为代表的伦理社会主义"第一，把社会主义同历史唯物主义割裂开来，而同康德的道德哲学结合起来；第二，把社会主义理解为旨在消除社会关系中矛盾的道德价值；第三，把康德尊为社会主义之父，因为康德第一个以绝对命令的说法提出了社会主义的基本思想，康德的'人是自在目的'的思想，第一次在伦理学上论证了社会团结思想和尊重每个人的尊严的思想；第四，把社会主义归结为虽然激励着人们不停地运动，但却属于彼岸世界、属于理应存在的目的的王国、在现实生活中永远可望而不可及的理想目标，因而主张以运动代替目标，主张眼前目标同最高目标相比较的优先性"[②]。

伦理社会主义的提出为修正主义的鼻祖伯恩斯坦提供了充分的思想基础。在《科学社会主义是可能的吗？》中，伯恩斯坦就宣称社会主义是"伦理意向"，是人们的愿望而已。在《关于社会主义的历史

---

① ［英］《经济学家》1954年3月20日。
② 徐崇温：《民主社会主义评析》，重庆出版社2007年版，第248—249页。

和理论》中伯恩斯坦说道:"全部历史唯物主义都不能抹杀一个事实即创造人类历史的是人,人是有头脑的,头脑的素质绝不是可以单纯由经济状况加以支配的如此机械的东西。"在《社会主义的现实因素和空论因素》中,伯恩斯坦提出"与社会主义有关的第三个观念因素,就是道德意识或法权观念","要知道正义就在今天也还是社会主义运动中的一个极强大的动力","吸引到社会主义这里来的是争取一个更可取、更公正的社会主义制度的蓝图"[①]。在《社会主义的前提和社会民主党的任务》中,伯恩施坦否认"社会主义的胜利要取决于它的'内在的经济必然性'"。在《马克思崇拜和修正的权利》中,伯恩斯坦说:"马克思和恩格斯遗留下来的唯物主义历史观的公式虽然为研究伟大历史变革的原因提供了指导观点,但是要说明历史演变的内在过程,传统的公式就不足以完成这一任务了,它需要作重大的补充。"

通过伯恩斯坦的修正,第二国际中的改良主义掀起了用伦理主义取代科学社会主义的浪潮。如鲍威尔认为康德哲学和其先验方法是社会主义的理论基础,马克思主义是按照康德主义精神对黑格尔学说的修改;麦·阿德勒提出康德的实践哲学是地道的行动哲学,要将社会主义与康德结合起来;福尔特曼提出要从康德的哲学立场出发,回到康德去;施密特认为批判的认识论是马克思主义和康德哲学统一的基础。1904年康德逝世100周年时,社会民主党的大多报刊认为社会主义和康德有直接联系,康德是"社会主义之父"[②]。

从新康德主义到伯恩斯坦的修正主义所宣称的伦理社会主义在否定马克思主义的唯物主义基础上凸显了人、凸显了人的情感和愿望对于社会主义的重要意义,其构成了社会民主主义具有抽象性特点的基本价值观的直接思想来源。

四 基督教精神

社会民主主义主张思想多元,而基督教精神也是社会民主主义的

[①] 转引自徐崇温《民主社会主义评析》,重庆出版社2007年版,第250—256页。
[②] 徐崇温:《民主社会主义评析》,重庆出版社2007年版,第253—255页。

思想来源之一。《哥德斯堡纲领》中就提到社会民主主义根植于基督教伦理学，社会党国际也承认"在欧洲，基督教福音是社会主义思想的精神源泉和伦理源泉之一"①。基督教精神被社会民主主义作为思想来源主要源于社会民主主义发端西欧，其主要力量在欧洲，欧洲悠久的宗教历史深深地影响着社会民主主义，宗教精神中否定权威、提倡人人平等、个人权利的普遍性、劝人为善、原罪救赎、人类应该和平宽容团结等思想影响并融入社会民主主义的价值追求之中。

启蒙思想、自由主义思想、马克思主义的人道主义思想、伦理社会主义、基督教精神等不仅是社会民主主义基本价值观的思想渊源，同时也造就了社会民主主义对于"普世价值"的追求。启蒙思想、自由主义在人本主义、人道主义的基础之上，从人的天性出发，在天赋人权的旗帜下追求超越阶级、自然状态的自由、平等、博爱，这深深地影响着社会民主主义基本价值观的建立以及对于这些价值观的普世性追求；马克思主义继承了历史上人道主义所包含的价值思想成果，但同时赋予了其历史唯物主义特性，而社会民主主义剥离了马克思主义的历史唯物主义基础，舍去了马克思主义对于自由、平等、人权等价值的历史唯物主义内涵和历史性、社会性、现实性、阶级性、具体性等特征，通过伦理主义和唯心主义割裂了马克思主义的人道主义思想并将其作为自己抽象价值追求的思想来源；至于基督教精神也是在伦理学、人道主义和古典哲学的基础上的产物，其对于人性的重视，对于人人应当享有自由、平等、互爱、个人权利的普遍性等普适性的追求也为社会民主主义"普世价值"提供了思想要素。

第三节　社会民主主义基本价值观的普世追求

正是在上述思想渊源的指引下和为了适应现实发展的需要，社会民主主义在提出基本价值观的同时希望这些基本价值观不仅适用于所有的社会民主主义力量，成为连接社会民主主义力量的纽带和社会民

---

① 《社会党国际文件集》，黑龙江人民出版社1989年版，第42页。

第三章 社会民主主义的基本价值观及其"普世追求"

主主义的奋斗目标，而且也应该成为构建新的全球社会的价值追求。

社会民主主义的现实力量包括社会党、民主党、社会民主党、工党等组织，其发源于欧洲，发展到今天已经遍布全球，其国际组织社会党国际拥有140多个政党成员，3000多万党员，2亿多选民。这些现实力量的发展以民族国家为载体，由于受到现实环境影响，各个社会民主主义政党的政策思想不尽相同，但这并不表明他们是一盘散沙，他们有一致的基础，即基本价值观，基本价值观构成了社会民主主义的思想指导和连接纽带。德国社会民主党在1959年的《哥德斯堡纲领》中就强调社会党尽管是由不同信仰和思想的人所组成的团体，但其具有共同的基本的道德观念，即基本价值观。《1975—1985年经济政治大纲》中也写着："植根于建立在共同道德的基本价值之上的同一政治目标。这些基本价值即是自由、公正和互助。民主社会主义的政治社会基本要求正是对上述基本价值做出拥护的决断中产生和发展起来的。"在其1989年的纲领中提到"民主社会主义的基本价值——自由、公正和相助，是我们估量政治现实的准绳，是衡量一个更美好的社会制度的尺度，同时也是每个社会民主党人行动的指南。"[①] 社会党国际十八大指出："除一切民主社会主义的指导原则外，社会党人还对基本价值观念有明确的一致认识。尽管存在多样化，民主和人权不仅是实现社会主义目的的政治手段，而且是这些目的即建立一个民主经济和民主社会的实质内容，这是共同的立场。"社会党国际在二十一大上还特别指出："使我们聚集起来的价值观至关重要：在改善人的生活条件方面实行互助，争取更大的社会公正，其基础是对人权的普遍尊重、性别平等和个人与集体的自由，这就是民主的精髓。"[②] 正是有了基本价值观，才使得"具有不同传统但追求共同目标的政党和组织集结在一起。在其全部历史中，社会党、社会民主党和工党一致代表同样的价值观念和原则"。[③] 托马斯·迈尔也指出基本价

[①] 转引自李兴耕《当代西欧社会党的理论和实践》，黑龙江人民出版社1988年版，第126页。

[②] http://www.socialistinternational.org/viewArticle.cfm?ArticleID=155，社会党国际网站。

[③] 刘玉安：《从民主社会主义到社会民主主义》，人民出版社2010年版，第131页。

值是"民主党人共同行动的前提"①。所以，社会民主主义的基本价值观首先是在社会民主主义体系内的普适。

在将基本价值观作为社会民主主义自体系的普适性思想指导和联结纽带的基础上，社会民主主义还希望这些基本价值观能够永恒化、普世化，并作为全球社会发展的目标。"公平和社会公正，自由和机会平等，团结和对他人负责，这些价值观是永恒的"，"社会民主主义运动的目标是使其基本价值同全球化带来的新的挑战、任务、形式和政治工具相一致"。社会党国际提出的全球治理的目标就是"建立一个在和平、安全、可持续发展、社会公正、民主、尊重人权和两性平等的基础上的多边主义的新的世界秩序"，并"使我们的各个政党和运动以及在我们致力于公正、有效、透明的全球治理和由人民主导的全球化的框架中发挥更大的作用"，而社会民主主义的价值观"将成为新的全球大厦中的支架"②。托马斯·迈尔也认为："现代欧洲社会民主主义不是一种制度，也不是一种解决所有社会和经济新问题的专利方案，更不是可以输出到世界其他地方的现成模式。但是，它是一种适合于所有正在经受经济全球化影响的国家具体条件的现实方案。回应新挑战的答案在于根据不同的政治和福利文化以及不同的问题领域来融合不同的政策方案。可以融合的原因是这些方案都具有基于以自由、公正、社会保障、宽容和经济繁荣相互协调为目标的政治哲学之上的共同价值观。"③

同时，社会民主主义还将其基本价值观作为现实和将来、实践和制度等一切的评判标准。1981年的柏林纲领提出基本价值是"我们判断政治现实的标准，衡量一个新的、更好的社会制度的尺度"。"各国社会党对社会主义的理解或对未来社会的描绘，无论从社会主义的实质、社会主义的内容、社会主义框架、社会主义的目标等不同的角度

---

① [德]托马斯·迈尔等：《论民主社会主义》，东方出版社1987年版，第87页。
② http://www.socialistinternational.org/viewArticle.cfm?ArticlePageID=77 社会党国际网站。
③ [德]托马斯·迈尔：《现代社会民主主义：共同的基础和争论的问题》，高静宇译，《当代世界社会主义问题》2003年第1期。

讲，还是从取缔政治专制、限制经济垄断、消灭社会特权等不同的方面讲，无不从争取自由、平等、互助、公正这些价值观念的实现出发。在社会党人看来，未来的社会形态很难预测，什么类型的社会制度也无关紧要，只要是符合自由、平等、互助、公正这些价值的社会，就是美好的社会，就是今天值得为之奋斗的社会。"[1] 迈尔认为"民主社会主义的目标是完全的民主，是作为生活方式的民主。社会塑造的一切手段和途径都应当遵循这一方向"[2]。"现代社会愈是变得复杂，在社会民主主义的自我意识中就更加清楚地看出，为了它们力求实现的社会变革，不能以固定不变的模式设想纲领，也不能把对任何时期都有约束力的组织模式和结构模式当作它们政治行动的指导方针，而是只能把政治的基本价值和基本要求当作规范化理念用于经济、国家和社会的改造。"[3]

---

[1] 李永清：《当代民主社会主义》，中国广播电视出版社1991年版，第63页。
[2] ［德］托马斯·迈尔：《社会民主主义导论》，中央编译出版社1996年版，第103页。
[3] ［德］托马斯·迈尔：《社会民主主义的转型——走向21世纪的社会民主党》，殷叙彝译，北京大学出版社2001年版，第31页。

第 四 章
社会民主主义"普世价值"的理论内涵及其分析

　　自由、公正、团结是社会民主主义的三大基本价值，民主是其首要问题和核心原则，人权是其主体内容。社会民主主义"普世价值"的内容主要是围绕上述五个方面来展开的，其从抽象的"人"出发，追求超越历史、国家、民族的普遍适用的自由、公正（平等）、团结（博爱）、民主、人权，因此社会民主主义的"普世价值"用抽象的价值论掩盖和否认了价值和价值观的历史性、具体性和阶级性。

第一节　社会民主主义"普世价值"的理论内涵

一　社会民主主义的自由观

　　自由是社会民主主义的三大基本价值之一，社会民主主义认为自由是至关重要的。按照社会民主主义的理解，自由是社会主义的应有之义，"没有自由，就不可能有社会主义"[①]，自由也是国家和社会民主程度较高的标志，是保证决策正确的前提条件，所以社会民主主义理解的自由既是手段，又是目的，社会党国际就多次宣称要为建立自由的新社会而奋斗。

　　对于什么是自由，德国社会民主党的解释是"自由就是摆脱任何有损人的尊严的依赖关系，并且在公正和互助所要求或规定的限度内

[①] 《社会党国际文件集》，黑龙江人民出版社1989年版，第4页。

每个个体自由的发展自己的个性"①；其认为自由既是每个个体的自由，也是持不同看法的人的自由；自由要求摆脱各种耻辱性的依附，摆脱困苦与恐惧；自由要求具有充分发挥个人能力的机会和社会能够提供更多的共享机会，而且这些机会必须以法律形式加以确保。英国工党认为公民基本自由的内容包括出版、言论以及在法律范围内拥有不同政见和抗议的自由、人人平等的自由；并且自由的权利是建立在相应的经济和政治地位的基础之上，只有这样自由才有现实意义。社会党国际认为自由是个人努力和相互合作相结合的产物。综合来讲，社会民主主义的自由包括基本自由和高层次的自由，基本自由就是每个人的基本自由权利，其包括：出版、言论、信仰、迁徙的自由，在法律范围内拥有不同政见、抗议的自由、充分表达自己思想的自由，以及在法律面前人人平等和免受政治强制的自由等。自由要求每个人平等和充分地享有人权和公民权利。高层次自由就是摆脱任何有损于人的尊严的依赖关系，享有为追求个人目标、发挥个人潜力而行动的最大机会和能力，以此来自由地"发展自己的个性"②。

由此可见，社会民主主义的自由建立的基础是个体自由，个体自由是一切自由的基础，是集体自由、社会自由的先决条件，在个体自由集合的基础上才产生群体的自由，离开个体的自由，集体的自由或社会的自由就显得毫无意义。而个体自由意味着每个个体都具有独特性，每个个体都有隐私权、生存权、居住权、迁徙权、人格权基本的个人权利。按照社会党国际的说法就是每个人有过私人生活的权利③，而按照迈尔的表达就是使每一个人都能决定自己生活的每一个方面④。

在个体自由基础之上，社会民主主义的自由观逐渐展开，其内容包括思想、政治、经济、社会等四个方面的自由⑤。

1. 思想自由。社会民主主义提倡每个人都有不同的世界观、人生

---

① 李永清：《当代民主社会主义》，中国广播电视出版社1991年版，第66—71页。
② 同上书，第70—71页。
③ 《社会党国际文件集》，第4页。
④ [德]托马斯·迈尔：《民主社会主义的三十六个论点》，东方出版社1987年版，导言部分。
⑤ http：//blog. tianya. cn/blogger/blog_ main. asp？BlogID = 151439.

观和价值观，尽管有共同的道德观念和政治目标，但不能强求人们思想一致。《哥德斯堡纲领》中就讲道："德国社会民主党是一个思想自由的党，它是由具有不同信仰和思想的人组成的一个共同体。它的一致性是以共同的基本道德观念和政治目标为基础的。"①

2. 政治自由。社会民主主义认为政治自由是人类自由的关键，只有获得了政治自由建立民主的国家，才能保障思想、经济和社会的自由。政治自由使得人们能够表达各种利益，行使各种权利。

3. 经济自由。社会民主主义的经济自由提倡个体在经济上的独立和自由发展，提倡人们为了谋取经济利益可以进行各项经济活动，由此各种经济形式和所有制可以同时并存并公平竞争，当然经济的自我发展并不意味着排斥政府的作用，政府在经济活动中应该进行有效的监督和调控，以免出现违反公平的现象。

4. 社会自由。社会民主主义主张保障每个人的各项社会权利，诸如婚姻的权利、生育的权利、组织家庭的权利、教育的权利、社会交往的权利等。

而对于如何实现自由，德国社会民主党认为必须反抗建立在任何基础上的专政。英国工党认为自由具备的条件和能力包括：一是人民必须具有在自由生活提供的机会中有自由选择的实际能力；二是政府应当有保护全体人民自由的政策，为公民享受自由创造条件并加以保护；瑞典社会民主党认为必须增加平等的权利，必须与社会保险相依存，社会应该依据团结的精神实行全面的社会政策，给予非特权阶层争取自由更好的条件。总之，社会民主主义理解的实现自由的条件有：一是社会为公民提供各种便利条件；二是建立民主、平等、法制的国家；三是人们不断提高自己的各项素质；四是只有消灭了阶级、宗教、性别的各种奴役后，全人类才能享有充分的自由。当然个人自由的享有是不应侵犯他人或其他社会组织的自由并和保障他人自由的义务和责任相关联的。

---

① 转引自李兴耕编《当代西欧社会党的理论与实践》，黑龙江人民出版社1988年版，第5页。

二 社会民主主义的公正观（平等观）

在社会民主主义的基本价值观里，公正是与平等相互规定、相互包含的，所以对于社会民主主义公正观的理解掺杂着其对于公平、平等的理解。社会民主主义公正观的基本内容是要求建立全体人的同等尊严的社会，这种社会能够为每个人提供同样的权利和机会，实现每个人的自由。1989年《德国社会民主党原则纲领》中指出"公正要求人人都有平等的自由，法律面前人人平等，人人都有参与政治生活和社会生活及享受社会保障的平等的机会"；英国工党认为是保证人人都有发挥自己全部才能以及参加国家经济社会生活的平等机会，消除社会贫困并实现收入和财富的公平分配，实现社会服务事业和住房等方面的平等；瑞典社会民主党认为"平等的要求意味着所有的人，不论他们或她们的工作性质和地位如何，都要求享有同等的机会，每个人的尊严都应当得到同样的尊重。同等的机会首先必须意味着人人有根据自己的爱好和能力来发展自己的权利的可能性"[①]。社会党国际在1989年的十八大宣言中提出平等是人的个性自由发展的先决条件，是人类都应该具有的价值体现，而平等就是"意味着结束一切对个人的歧视，以及平等的权利与机会。它要求对体力、智力与社会的不平等进行补偿，要求拥有既免于依赖生产资料所有者，又免于依赖政治权柄持有者的自由"[②]。随着社会民主主义的发展和现实社会的发展，社会民主主义重新定义和扩展了公正的含义：1999年，布莱尔和施罗德联合发表了题为《欧洲："第三条道路"/新中间派》的声明，声明对公正进行了重新阐释，提出个人价值平等和机会平等。价值平等就是"社会公正必须建立在每个人的价值平等基础之上，而不论他们的出身背景、能力、信仰或种族如何。应该鼓励人们在各方面发挥他们的才能做出的努力，政府必须坚决行动，终止歧视行为和偏见"；机会

---

① 中共中央党校科学社会主义教研室：《社会党重要文件选编》，中共中央党校出版社1985年版，第454页。

② http://www.socialistinternational.org/viewArticle.cfm?ArticlePageID=984，社会党国际网站。

平等就是"承诺要在可能的范围内,寻求财富、权力和机会最为广泛的分布"。与传统的公正观相比,"新公正观包含了传统公正观的个人参与机会平等、人的尊严平等等思想,依然把公正作为政治目标,但也对传统公正思想作了重大发展,其一是强调社会的包容性,把个人纳入社会发展的轨道;其二是允许一定程度上的不公正现象的存在,但这两种要求都是为了促进经济大发展,实现新形势下新的社会公正"[①]。

具体而言,社会民主主义对于公正的理解可以从经济公正、政治公正、社会公正和国际公正等四个方面进行阐释[②]。

1. 经济公正

社会民主主义的经济公正就是"社会为每一个人都能提供满足其自身体面生活的物质资助和实现自身价值的经济条件、工作岗位,社会上每一个公民都不会因为经济生活问题而在人身自由、人性尊严等方面依附他人"[③]。社会民主主义提出,"我们主张社会公正。我们的目标是保证人民能得到他们劳动的全部果实——并保证国家的财富由全体人民公平地分享。我们认为应该首先考虑生活贫困的人的需要——必须给社会全体人员以头等的关心","争取平等的斗争针对着经济社会和文化方面的一切阶级差别。因此,社会民主党的目标就在于取得财产分配、收入和权力的平等,以及平等地享有文化和教育的机会"[④]。至于实现经济公正的路径,社会民主主义认为应该从所有制和分配两个方面进行,"不能接受一些特定的集团在生产资料所有制方面或遗产方面享有特权。因而提出了财力和权利应当根本平等的要求。个人或集团的自由不应当建立在他人的不自由,或者是能造成经济和社会差别的权利之上。所有的人在享受福利和机会方面都应有共同的基础","对于那些有特别困难的集团和个人,我们应当提供额外

---

① 禄德安:《欧洲社会党公正思想与政策实践:发展演变与启示》,《学术论坛》2007年第9期。
② 范广军:《冷战时期社会党国际的公正观》,《兰州学刊》2006年第7期。
③ 同上。
④ 中共中央党校科学社会主义教研室:《社会党重要文件选编》,中共中央党校出版社1985年版,第427、469页。

的帮助"①。为此，社会民主主义的经济公正在所有制方面主张实行混合所有制，适当扩大公有制，加强计划和控制监督；在分配方面主张通过福利国家制度来对弱势群体进行各个方面的资助。

2. 政治公正

社会民主主义的政治公正就是每个公民拥有自由表达政治意愿的权利、平等的选举权等，反对各种特权行为和政治歧视。而对于政治公正的实现途径，社会民主主义推崇西方的分权式的民主制，希望通过分权的原则来保障公民权利的正确表达和权利的维护，所以社会民主主义极力主张实行多党制、议会制，通过政党的竞争来形成有效的监督制约机制。

3. 社会公正

德国社会民主党认为社会公正观包括以下五个方面的内容：一是最基本的是形式上的公正，要尽量保证每个人都有参与决定的机遇；二是社会应有很强的包容性，即要使得每个人都能够纳入到社会的发展中来，并从内心产生对社会负责的心理；三是尽管追求平等，但应该允许一定程度上的不平等，这是功能性不平等，它与社会公正不矛盾，因为允许功能性不平等的存在主要目的是为了经济的发展以及生活在底层的人的提高，最终达到高层次的平等；四是社会公正不是能够自然发展的结果，它是一个政治目标；五是每个人不管在经济上是否成功，但他的基本的人道尊严必须得到保证，因为只有每个人都能够保证有人道尊严时，这样的社会才是公正的，并且只有公正的社会才能确保社会的团结。②

从公正的内涵来看，社会民主主义的公正不是平均主义，"平等不意味着等同化和平均主义，而是意味着拒绝阶级和特权社会"。③ 社会民主主义的公正观更加强调的是机会平等和个人责任，布莱尔在谈到权利的时候就提出了义务和责任的统一，"我们享有的权利反映了

---

① 《挪威工党原则纲领》，《工运资料选译》1986 年第 6 期。
② 参见王坚红《托马斯·迈尔谈"第三条道路"》，《当代世界与社会主义》2000 年第 1 期。
③ 吴雄丞主编：《社会党和民主社会主义人权观》，四川人民出版社 1993 年版，第 322 页。

我们应负的义务：如果没有责任，权利和机会就成了自私和贪婪的动力"。①

从价值观的整个体系来看，社会民主主义的公正观并不是孤立的，其与其他价值观紧密联系，相互影响。如社会民主主义认为公正与自由两者相辅相成，是不可分割的，因为公正的内涵包括应该承认他人发展自我个性和平等参与社会的权利，即公正是尊重他人自由的公正；再如公正与团结也有密切的联系，公正在一定意义上是团结的目的，"团结就是要实现各尽所能、按需分配"②，而团结在一定意义上需要公正的基础，只有在公正、平等基础上才能实现真实有效的团结。所以社会民主主义的公正观与其他的价值观是交融在一起的。

三 社会民主主义的团结互助观（博爱观）

社会民主主义团结互助观的含义是指"我们作为自由和平等的人，只有当我们感到彼此负有责任并且互相帮助的时候才符合人道的共同生活"③。社会民主主义的团结互助建立在抽象人性论基础上的，是人们之间友爱精神的体现，也是社会民主主义博爱观的最直接体现，"他们所倡导的自由、公正和相助……对应于资产阶级启蒙思想家的自由、平等和博爱"④。

团结互助对于社会民主主义具有重要的作用和意义，社会民主主义认为"团结互助——使我们更加紧密联系并且每天都在不断的吸引其他成员加入我们的运动——给予我们力量、统一和全球视野"。可见，社会民主主义将团结互助作为其运动斗争的价值基础，而且团结互助还是社会民主主义的身份特征和目标指引。"团结互助，充分表达了我们的身份特征，总是指引我们制定公平分配财富、医疗和关心老年人的政策，它还指引我们为两性平等而努力，为反对各种形式的

---

① 《第三条道路——世纪之交的西方政治变革》，当代世界出版社 2000 年版，第 8 页。
② 转引自禄德安《欧洲社会党公正思想与政策实践：发展演变与启示》，《学术论坛》2007 年第 9 期。
③ 中国人民大学科学社会主义系编：《当代世界社会主义文献选编》，中国人民大学出版社 1990 年版，第 570 页。
④ 吴忠：《民主社会主义价值观析评》，《安徽大学学报》1992 年第 1 期。

建立在出生、信仰以及其它方面的歧视而斗争。"①

社会民主主义的团结互助观的立论基础是人道主义,其也将人道主义作为执行旗帜,社会民主主义认为团结互助主要是依靠人道主义的传统得以强化和实现。人道主义从抽象的人出发,尤其强调人的权利、尊严,其把个人的权利扩展到囊括了民族、国家、地区乃至国际组织等多层次的集体权利,将个人之间的团结互助泛化为各国及其人民之间的友好合作、和平共处,并将其作为判断国际问题的衡量标准和解决方法。"今天,社会党国际将它争取自由、公正和团结的传统斗争,同它对和平、环境保护和南方发展坚定不渝地承担的义务结合在一起"②。人道主义的现实形式表现为经济上的援助或政治上的声援,而随着现实的发展,社会民主主义的人道主义的援助形式已经突破了传统人道主义的范畴,变成了运用外交甚至是军事的手段进行的干预。

合作是社会民主主义团结互助的重要履行途径,其贯穿着战后社会民主主义发展的整个历程,极大地促进了社会民主主义的复兴:20世纪50年代初期到70年代主要是西欧社会党之间的党际联合,80年代是社会党与共产党的左翼联盟,90年代之后是社会党与右翼之间的妥协与合作。可见,正是由于合作的精神和行为,才有了社会民主主义的发展壮大,合作是社会民主主义必不可少的价值旗帜和现实工具,"不能以纯党派的方式来处理,它需要超越意识形态和国界合作"③。特别是在后冷战时期的时代背景下,为了应对新的挑战和促进自身力量的进一步发展,社会民主主义更是奉团结互助为圭臬,将合作放到团结互助的首位。后冷战时期社会党国际的历次大会尽管主题不同,但无疑都将合作作为实现各个主题所涉及的目标的最主要途径:在1992年的十九大上强调地区合作、国际合作和实行区域一体化;在1996年二十大上主张通过国际合作建立"共同负责的新体系"和"正

---

① *Socialist Affairs*, London:Socialist International, 2000.
② 《社会党国际原则声明》,《国际共运史研究》1990 年第 2 期。
③ 社会党国际文件集编写组编:《社会党国际文件集》,黑龙江人民出版社 1989 年版,第 66 页。

义与和平的世界秩序";在1999年的二十一大与2003年的二十二大上提出加强国际合作解决全球问题;在2012年的二十四大上主张通过人与人之间、国家之间的合作解决诸如全球经济危机、食品安全、气候变化等国际社会所面临的问题。

四 社会民主主义的民主观

民主在社会民主主义的思想体系和现实实践中是最核心的原则和首要的问题。按照社会民主主义的理解,民主不仅仅是一种理想或政治体制,而且还是一种令人神往且无所不包的生活方式①。在第二国际时期,伯恩斯坦就提出"民主既是手段又是目的。它是为实现社会主义而斗争的手段,也是社会主义的最终形式",该观点在其后一直影响着社会民主主义思想的发展。社会党国际在1951年的《法兰克福声明》就讲道,"我们在思想深处一成不变的忠实于我们前辈的思想,这尤其集中在我们对于社会主义民主内容的强调上","社会党人的奋斗目标是以民主方法建立一个自由的新社会"②;德国社会民主党在1959年的《哥德斯堡纲领》中又提到"我们为争取民主而斗争。民主必须成为国家和生活的普遍制度,因为只有民主才真正体现了对人的尊严和人的自我负责的尊重。我们反对任何专政,反对任何权威的统治,因为社会主义只有通过民主才能实现,民主只有通过社会主义才能完成";社会党国际主席莫鲁瓦在1996年二十大上讲道:"我们坚持民主;坚持每个地方和每个人都享有民主。社会党国际的首要的斗争目标是争取民主。"③ 在2012年的二十四大上,社会党国际提出要始终不渝地致力于世界民主事业发展。总的来看,社会民主主义的民主包括思想、政治、经济、社会和国际民主。

1. 思想民主

社会民主主义的思想民主主要是思想的多元化,即不能用统一或单一的世界观和方法论来进行指导。1951年,社会党国际在成立宣言

---

① 余文烈主编:《当代国外社会主义流派》,安徽人民出版社2000年版,第135页。
② http://www.socialistinternational.org/viewArticle.cfm?ArticleID=39,社会党国际网站。
③ 《社会党国际重要文件选编》,当代世界出版社2005年版,第122页。

中就提出社会民主主义者既可以信奉马克思主义,也可以信仰其他理论。在《关于社会主义与宗教的声明》中又提到:"社会主义承认宗教和人道主义对于世界文明和道德体系的形成所起的作用。社会主义尤其承认:在欧洲,基督教教义乃是社会主义思想的一种精神源泉和道德源泉"①。社会党国际主席勃兰特曾说道:"放弃追求一种真理,而应当学会跟若干真理共存。"②德国社会民主党在《哥德斯堡纲领》中也表明社会民主党是思想自由的党,因此、基督教人道主义、康德伦理学、伯恩斯坦主义、社会批判理论、马克思主义等都可以作为社会民主主义的指导思想。

2. 政治民主

社会民主主义(在民主社会主义时期)认为政治民主是社会主义变革的前提,是建立社会主义社会的必要基础,也是实现经济民主和社会民主的基础。政治民主对于个人而言,就是要保障社会成员都充分的享有民主权利与政治自由,且只有实现了政治自由才会形成真正的民主;对于国家而言,就是要遵循权力分立与互相监督的原则,实行多党制、议会制,建立人民的政府。从社会民主主义政治民主的特点来看其具有绝对性,其绝对性体现在只强调民主,否认专制和集中,因为社会民主主义认为专政是对民主的破坏,由此主张取消一切阶级的专政。瑞典前首相帕尔梅提出"暴力和民主是相互排斥的概念,民主和专政是不相容的",帕尔梅还主张"放弃民主集中制这一纯粹的政治概念"③,直截了当地否定了民主集中制;1987年社会党国际《利马委托书》提出"摈弃一切阶级的专政,也摈弃一切专政的阶级";1981年法国社会党第六次代表大会更是明确提出"民主和'民主集中制'之间没有中间道路"。在绝对民主的基础上,社会民主主义提出多元主义的民主,1989年《社会党国际原则宣言》就提到民主的本质是多元主义的,多元主义保障了民主的活力和创造力。由此,社会民主主义提倡多党制,认为在多党制中由多数派政党来组织政府,但同

---

① 《各国社会党重要文件汇编》第一辑,世界知识出版社1959年版,第10页。
② 张契尼:《当代西欧社会民主党》,东方出版社1987年版,第397页。
③ 中央党校编:《当代民主社会主义部分观点摘编》,《理论动态》第941、942期。

时也要尊重少数派的权利,通过多个政党的存在和彼此制衡来确保民主。

3. 经济民主

社会民主主义认为经济民主能够改变经济不公正的状况——即大部分经济掌握在少数人手中的状况,为此要实行混合经济和"对资本的经济权利实行民主监督"[①],社会民主主义认为尽管资本主义私有制在一定程度上妨碍了民主,但其还是认为经济民主的实现不一定要废除资本主义的私有制,"废除私有制只会引导我们走上错误的道路",因此对于资本主义的经济,社会民主主义的态度是保留私有制,发展混合经济,即以私有制为基础,适当地进行国有化和发展公营经济、合作经济等。

4. 社会民主

社会民主主义的社会民主就是"以满足人类需要而不是以私人利润为指导原则,实现一系列社会权利,包括工作权、休息权等等"[②]。作为社会民主的具体化,社会民主主义极力地提倡和实施福利国家制度,进行公平分配和社会保障,以此来使得人民摆脱各种形式奴役、压迫,建立公平正义的社会体系,从而为社会成员个性的全面充分发展创造条件。

5. 国际民主

社会民主主义从产生之初就自诩为国际性的运动,其在国际层面的目标就是要建立一个自由与和平的世界。在国际经济方面,主张建立一个新的公正的国际经济新秩序。在国际政治方面,追求的"最终目标就是建立世界政府,作为第一步,谋求加强联合国"[③];同时还有民主协商解决国际争端,共同维护世界和平。在国际社会方面,主张极力提高不发达国家与地区的发展程度,并在各个国家、地区、民主和集团之间实行更平等的分配。

---

① 转引自余文烈主编《当代国外社会主义流派》,安徽人民出版社2000年版,第141页。
② 余文烈主编:《当代国外社会主义流派》,安徽人民出版社2000年版,第139页。
③ 《社会党国际原则声明》,《国际共运史研究》1990年第2期。

五　社会民主主义的人权观

人权是社会民主主义基本价值观念的主体内容,因为自由、民主、公正、团结的出发点和落脚点都是围绕人而展开的。社会民主主义所追求和表述的社会主义就是以"人"为根本出发点的,其认为社会主义是人的价值的充分体现,是符合人的本性和需要的,因而人权是社会主义价值观的体现。同时,社会民主主义认为其他基本价值都需要人来实现,因此人权是社会民主主义基本价值及其思想体系的前提和条件。可见"人"以及由此衍生的人权的价值在社会民主主义思想体系及其追求的社会主义中占据着重要地位。1989年,社会党国际《原则声明》中就提到"人权不是达到社会主义目的的简单的政治手段,而是这些目的的本质"。[1]

人权是社会民主主义制定国内外政策的出发点,也是其各项政策的重要内容,社会党国际从成立到现在的每次大会都会涉及人权的内容。如在《法兰克福宣言》中提到"社会党人一贯为人权进行斗争,必须使联合国大会通过的世界人权宣言在每一个国家生效"[2],在《奥斯陆声明》中提出"民主社会主义者的最终目标是使每一个人的个性得到最充分的发展,不论种族、肤色、民族、信仰、性别、人人都有权享有平等的地位、照顾和机会"。在1978年的十四大决议中强调"保卫、提高和扩大人权,对民主社会主义运动具有根本意义"[3]。在1989年的十八大提到"民主社会主义为争取一切种族、少数民族群体、民族和宗教的平等权利而奋斗"[4]。在此次会议上,社会党国际还专门通过了《人道主义行动:社会党国际人权纲领》,这是社会党国际人权理论体系成熟的标志,也是第一次以人权纲领的形式系统地阐述了社会党国际的人权观,它包括人权的概念、内容、特征、原则等

---

[1] http://www.socialistinternational.org/viewArticle.cfm?ArticlePageID=984,社会党国际网站。

[2] 社会党国际文件集编写组编:《社会党国际文件集》,黑龙江人民出版社1989年版,第4页。

[3] 同上书,第337页。

[4] 同上。

方面内容①。

关于人权的概念和内容，社会党国际认为有六个方面：（1）人权的基本内容。"人权是有关人类生存的一个广泛和动态的概念。这个概念不断为新的社会文化成分所丰富，它包括平等的适用于妇女和男子的民主权利、政治权利、社会权利、经济权利和文化权利。未来世代人的权利也是我们着眼点的一部分"。（2）承认各国达成的人权标准。"自第二次世界大战以来，各国政府之间已就人权标准达成一致"，"这是重要的成就"。（3）经济和社会权利也是人权。"经济和社会权利长期被认为只是意愿而不是权利，其原因之一在于同这些权利相联系的义务没有明确的定义"。（4）自决权及集体权利是人权。"社会党人将继续努力，使一切人和各自社会进行自决的集体权利得到承认，自决权是人权的必要组成部分。一切人都应拥有自由选择自己民主制度的不可让渡的权利"。（5）发展权是人权。"发展的权利是普遍的和不可剥夺的"。（6）民主是一项基本人权。发展权是人权，而"民主与发展有着根本的联系"，"由于民主是基本的人权，而促进人权本身就是发展的一个重要措施"。

关于人权的特征和原则，社会党国际认为：（1）人权具有不可分割性与相互依存性。"人权和基本自由的观念相联系，即它们之间的关系是密不可分的和互为依赖的。不存在某种或某个时代的人权，如公民权、文化权、经济权、政治权或社会权孰高孰低"，"人权作为公民权、文化权、经济权、政治权或社会权是不可分割的、是相互依存的"。（2）人权具有复杂性和多样性。社会党国际"承认人权的复杂性和多样性。它承认个人与集体权利相互依存，并承认这些权利与其他重要国际问题，如全球发展、裁军和环境退化之间的相互作用"。（3）人权具有普遍性。"人权是一项国际责任，其本质是普遍性。人权在世界各地同等重要，适用于一切人，而无论其性别、宗教信仰和种族"，"人权虽扎根于许多不同文化之中，但却有其普遍性"，"由于人权受到普遍关注，并且具有普遍价值观，因此不能认为提倡人权就

---

① 转引自农华西《试析社会党国际人权观的演变》，《当代世界社会主义问题》2000年第4期。

是侵犯国家主权"。

后冷战时期,由于资本主义在全球化进程中剥削加深加重的问题和苏东解体后所暴露的集权主义问题等,使得社会党国际深化了其对于人权的认识,更加重视人权。在1996年二十大上通过了《二十一世纪人权宣言》,宣言对之前社会民主主义的人权理论进行了总结、发展和完善,主张构建"普遍人权新秩序"。

《二十一世纪人权宣言》指出[①]:尽管20世纪人权取得了重大进展,但在世界范围内,在促进和保护人权与基本自由方面仍然存在着严重的问题。宣言列举了20世纪违反人权的24项重要方面,如拒绝在国内和当地采用国际人权规范,缺乏保护人权的政府间机制,歧视和压迫少数民族,对政府当局缺乏法律制约,种族不和的武装冲突扩张危及平民生命,迫害政治犯及压制言论和结社自由,危害难民和外来人口,极端主义的宗教偏执和其他宗教歧视,等等。因此,社会党国际提出建立"普遍的人权新秩序"。新秩序应该建立在以下四个原则上:①普遍性。尽管存在于不同的文化背景中,但人权的基本价值和标准是普遍一致的,这种普遍的人权应该是保护所有人的权利;②不可分割性和相互依存性。人权(包括公民权、文化权、经济权、政治权)是不可分割相互依存的,没有谁的权利比别人优先,也没有谁的权利是别人权利的前提;③结合性。人权活动不应该被孤立地对待或孤立追求,而应该与发展合作、和平保卫或冲突调解等结合起来;④休戚相关性。工业国家与其发展伙伴之间休戚相关的,每个国家与社会最下层者休戚相关。

人权宣言认为保护人权与自由的基础是:思想言论自由;民主发展和善治;民族自决;控制武器进出口和转移;法制;废除死刑;反对种族主义、种族歧视和种族暴力;保护少数民族权利、土著居民权;保护和救助难民、儿童权、妇女人权、同性恋权和两性人的权利。为了建立这种国际人权新秩序,就必须要更广泛地接受国际契约和程序,进一步确立其他国际准则,加强监视已约定的准则,建立永久的国际

---

① http://www.socialistinternational.org/viewArticle.cfm?ArticleID=126&ArticlePageID=51&ModuleID=18,社会党国际网站。

人权法庭，促进国内与国际的相互作用与合作，保护战时人权，防止民族冲突和暴力，加强国家机构和非政府组织的作用，加强执法者的法律意识，把人权问题列入全球化议程，扩大联合国对人权的技术援助作用，加强人权教育、信息和媒介自由。

社会党国际在《人道主义行动：社会党国际人权纲领》和《二十一世纪人权宣言》中总结了社会民主主义的人权理念与实践，并将人权的理解扩展为无所不包的理论，深化了人权的内涵，也拓宽了人权的外延，是社会民主主义特色人权观的一次深刻总结。其中，最为突出的是社会民主主义提出的人权国际性的观点，其提出人权是国际责任，并批评了一些国家没有遵守《世界人权宣言》。

第二节 社会民主主义"普世价值"理论内涵的分析

一 社会民主主义的自由观分析

自由是社会民主主义矢志不渝的追求，其从一开始就是要建立由团结互助共同工作和生活的、平等和自由的人们组成的社会[①]。从欧洲革命开始，社会民主主义就提倡自由，而其理念继承和坚持了启蒙运动的表述并从哲学上论证着自由主义对于自由的理解：按照自由主义的理解，自由意味着不存在约束和强制个人自决的权利，而私有制和自由经济是实现自由不可或缺的基础。社会民主主义尽管对于自由主义这一提法进行了抗议和批判，但始终没有超越自由主义的范畴，只是在秉承自由主义理念的基础上进行了一些没有实质变化的修改——起初社会民主主义认为经济上的平等是自由的基础，提出生产资料的社会化所有，但随着资本主义的发展和社会民主主义对资本主义的肯定与融入，私有制所带来的各种不平等被社会民主主义所接受，私有制与自由的矛盾被社会民主主义淡化，其在无法也不可能改变资本主义所有制的情况下只能更多地侧重于通过社会分配领域的平等来

---

① [德]托马斯·迈尔：《社会民主主义的转型——走向21世纪的社会民主党》，殷叙彝译，北京大学出版社2001年版，第7页。

实现所谓的自由。

　　社会民主主义的自由观秉承了自由主义的自由观,其自由观以个人的自由为核心和理论出发点来阐述自由,带有抽象性和超阶级性,这与马克思主义的自由观是对立的。马克思主义认为自由具有社会性、历史性、阶级性,自由只是对统治阶级范围内的个人来说是存在的。资本主义社会是资产阶级主导的社会体系,在这种体系中,自由只能是资产阶级的,而非是在这种社会中处于被支配地位的普通民众的,"由于这种集体是一个阶级反对另一个阶级的联合,因此对于被支配的阶级说来,它不仅是完全虚幻的集体,而且是新的桎梏"①。资本主义的自由是非平等的自由,而这种非平等源于资本主义私有制。《资本论》就深刻揭示了资本主义社会中工人由于雇佣劳动产生的非自由,工人从事的雇佣劳动表面上看是比原来奴隶社会的奴隶要自由得多,但工人由于丧失了生产资料,导致自由的一无所有,而这些被资本主义以契约的方式进行掩饰。"罗马的奴隶是由锁链,雇佣工人则由看不见的线系在自己的所有者手里"②。表面上看,资本主义的自由通过契约、法律得以规范,"自由!因为商品例如劳动力的买者和卖者,只取决于自己的自由意志。他们是作为自由的、在法律上平等的人缔结契约的。契约是他们的意志借以得到共同的法律表现的最后结果"③。事实上,由于生产资料的占有关系决定了资产阶级和工人在社会地位上的不平等,这种不平等决定了工人不可能与资本家一样自由,"原来的货币所有者成了资本家,昂首前行;劳动力所有者成了他的工人,尾随于后。一个笑容满面,雄心勃勃;一个战战兢兢,畏缩不前,像在市场上出卖了自己的皮一样,只有一个前途——让人家来鞣"④,资产阶级则"可以花言巧语地把这样绝对的从属关系描绘成买者和卖者之间的自由契约关系,描绘成同样独立的商品所有者即资本

---

① 《马克思恩格斯全集》第3卷,人民出版社1956年版,第84页。
② 《马克思恩格斯全集》第23卷,人民出版社1975年版,第629页。
③ 同上书,第199页。
④ 同上书,第200页。

商品所有者和劳动力商品所有者之间的自由契约关系"①。可见,资本主义的自由从根本上来讲只能是经济上占统治地位并在政治上成为统治阶级的资产阶级的自由,并不是超越阶级的全民自由。

尽管当前发达资本主义社会保持较高的发展程度,并且政治民主体系比较健全,但资本主义私有制并没有改变,这决定了社会民主主义所追求的经济自由及其之上的各种自由有很大的局限性。

从经济自由来看,按照马克思主义的历史唯物主义观点,经济自由是一切自由的基础。社会民主主义的经济自由观认为社会个体在经济上应该独立和自由发展,但马克思、恩格斯的观点是"生产者只有在占有生产资料之后才能获得自由"②,生产资料的占有是获得自由的基础,"在资产阶级的统治下个人似乎要比先前更自由些,因为他们的生活条件对他们说来是偶然的;然而事实上,他们当然更不自由,因为他们更加受到物的力量的统治"③。这里物的力量的统治主要在于生产资料私有制导致占有生产资料的资产阶级的统治,在资本主义社会,资本主义生产资料私有制导致了资本主义的生产资料是资产阶级所占有,这样社会民主主义尽管提出了个体的经济自由,但这种经济自由在一定程度上是生产资料所有者即资产阶级的自由,而不是生产者的自由,"自由这一人权的实际应用就是私有财产这一人权"④。尽管当前资本主义社会进行了所有制的些许变革,如实行股份制、提出人民资本主义,但私有制依然是资本主义社会的基础,私有制在资本主义发展中并没有得到改变,反而随着资本主义的改革其地位更加重要。如在1990—2000年,OECD的24个资本主义国家的资本构成中,私人资本在各国总资本中的比重平均上升了5.3%⑤,可见私人占有仍旧是发达资本主义国家的所有制基本形态,资本主义不平等现象依然存在,社会民主主义所提倡的个体在经济上的独立和自由发展的经济

---

① 《马克思恩格斯全集》第23卷,人民出版社1975年版,第838页。
② 《马克思恩格斯全集》第19卷,人民出版社1963年版,第264页。
③ 《马克思恩格斯全集》第3卷,人民出版社1960年版,第86页。
④ 《马克思恩格斯全集》第1卷,人民出版社1956年版,第438页。
⑤ 靳辉明主编:《当代资本主义与世界社会主义》(上),海南出版社2004年版,第183页。

自由观在以私有制为基础的资本主义社会无法实现,因为私有制导致的直接后果就是经济的垄断、行业与贸易的壁垒、不公平竞争、贫富分化等现象的盛行,这些影响着社会民主主义所提倡的经济自由。如美国100亿美元以上资本的公司从1970年的两家发展到1992年的49家,英国、德国、日本拥有100亿美元的大公司由1970年的1家发展到1991年的56家,英国3家最大的公司控制了本国资本的42.2%,德国109家大公司控制了本国资本的64.7%,日本0.9%的大公司控制了本国资本的86%。① 特别以美国为例,美国存在资产最多、影响最大的洛克菲勒、摩根、第一花旗银行、波士顿、杜邦、梅隆、芝加哥、克利夫兰、加利福尼亚、得克萨斯等十大财团,此外,还有一批实力较差的美国二流财团如福特、汉诺威、库恩—洛布、布朗兄弟—哈里曼、狄龙—里德、莱曼兄弟和戈得曼—萨克斯等财团。大的财团控制着美国的主要经济,如1980年,美国最大的150家矿业公司中,明显属于十大财团控制的有124家;最大的50家商业银行中,明显属于美国十大财团控制的有28家;② 尽管这些国家一直在同垄断作斗争,如颁布《反垄断法》及其他相关政策,拆分垄断企业,但垄断依然是资本主义国家经济的主要形式并控制着这些国家的经济,而且资本集中与垄断的加强使得资本主义社会贫富差距越来越大。如2015年,"美国最穷的20%人口的收入仅占全民总收入的3.1%,而最富有的20%人口的收入占到51.4%。官方公布的2014年的贫困人口达到4670万人。以特拉华州为例,生活在贫困线以下的人口由2013年的11.7%上升到了12.5%,其中威尔明顿市贫困线以下的人口占到了近25%,儿童的贫困率则高达20%左右。美国民众对社会经济波动前景感到悲观,79%的人相信更多人会掉出而不是上升到中产阶级行列"③。约瑟夫·朗特里慈善基金发布的《英国1968年至2005年贫

---

① 靳辉明主编:《当代资本主义与世界社会主义》(上),海南出版社2004年版,第155页。
② 同上。
③ 《2015年美国的人权纪录》,新华网,http://news.xinhuanet.com/world/2016-04/14/c_1118623907.htm。

穷、富裕与地区》称英国"贫困线"下的人口数量在增加。某些城市中的一些地区,过半数家庭仍在"贫困线"上挣扎。根据2001年公布的"贫困线"标准,目前每4户人家中约有一家生活在"贫困线"以下,所占比例约为27%[①]。

资本主义经济自由的局限性必将导致政治自由和思想自由的局限。恩格斯曾指出:"在历史上的大多数国家中,公民的权利是按照财产状况分级规定的,这直接地宣告国家是有产阶级用来防御无产者阶级的组织……这也表现在现代的代议制的国家的选举资格上面。"[②] 资本主义国家是建立在资本主义私有制基础之上,其保障的是资产阶级的权利。资本主义特别是西方资本主义国家建立了近现代的民主体制,各国宪法和法律都罗列了大量关于政治自由和思想自由的条款和观点,如言论、出版、集会、结社、游行、示威等自由,但事实上这些自由是有条件的自由,如被标榜为自由天堂的美国对于言论自由的限制就有18项之多,《诽谤法》《瓦托拉斯法》专门针对言论自由进行了法律的规定。直到现在,美国公民的政治自由仍然存在很大的缺陷,"《华盛顿邮报》网站2013年6月7日披露,美国国家安全局和联邦调查局通过接入一些网络公司的中心服务器,直接接触用户数据,实时跟踪用户电邮、聊天记录、视频、音频、文件、照片等上网信息,全面监控特定目标及其联系人的一举一动。《纽约时报》2013年9月29日披露的政府文件显示,美国国家安全局从2010年11月开始,允许情报官员利用该局搜集的大量美国公民个人资料,辨识他们的来往对象、特定时间点所在的位置和旅伴等个人信息。这项监视行动通过分析美国人的电话和电子邮件记录,将电话号码和电子邮件串连成一条'联络链',把大量美国公民的个人隐私暴露在政府面前。英国《卫报》网站2013年6月6日披露,美国最大通信服务提供商之一韦里孙通信公司每天都必须向美国国家安全局提供其系统内所有电话通话的信息,包括通话双方的电话号码、地点、通话时长等。德国《明镜周刊》网站2013年9月7日报道称,美国国家安全局内部文件显示,美

---

① http://www.china.com.cn/world/txt/2007-07/18/content_ 8541017.htm,中国网。
② 《马克思恩格斯全集》第21卷,人民出版社1965年版,第196页。

国情报机构有能力监听苹果手机用户数据、安卓系统设备以及曾被认为非常安全的黑莓手机。美国国家安全局通过开发破解程序,可以获取三大智能手机平台的用户数据,包括联系人列表、短信流量和用户位置数据等。美国国家安全局对一款苹果设备进行电脑同步跟踪后,其脚本程序至少可以代理访问苹果手机的 38 项功能"[1]。而作为美国执政党的美国民主党总统奥巴马在 2009 年的就职演讲中讲道:"我们要为历史做出更好的选择,我们要秉承历史赋予的宝贵权利,秉承那种代代相传的高贵理念:上帝赋予我们每个人以平等和自由,以及每个人尽全力去追求幸福的机会。" 2013 年其在连任的演讲中重申"所有人都生来平等,他们都拥有相同的生命权、自由权以及追求幸福的权利"——作为美国民主党领袖奥巴马的这些关于自由的宣言在面对美国社会现实时是如此的苍白和矛盾。

　　社会民主主义提倡社会自由,提出保障每个人的各项社会权利,但社会自由如同政治和思想自由一样都是建立在现实的经济条件基础之上。由于资本主义自由经济的运行,资本主义私有制基础上所提倡的社会自由必将是以生产资料占有量的多寡来实现的自由,而生产资料占有的不平等必然导致社会的不平等,这种不平等影响着社会民主主义所提倡的受教育、就业、养老、医疗住房等各项个人权利的获得。福利制度一直是社会民主主义的得意之作,但依然解决不了资本主义社会自由的不平等现象,也导致社会自由的缺失。如教育问题,"尽管大学的入学率显著提高,然而高中生上大学的可能性与三十年前一样依赖于其父母的社会经济地位。一个父母收入在前五名的孩子所接受的教育几乎是父母收入在后五名的孩子的两倍(从教育所花费的美元来看)"[2]。资本主义社会教育的不平等仍然广泛存在。再如就业问题,由于受到金融危机的影响,2011 年 8 月,欧盟委员会公布的数据,欧盟 27 国中,年龄在 24 岁以下的青年平均失业率达 20.5%,有 500 万名年轻人找不到工作。西班牙青年失业率已高达 47%,希腊仅

---

[1] 《2013 年美国的人权记录》,http://news.sina.com.cn/c/2014-02-28/104529587958.shtml。

[2] Samuel Bowles & Herbert Gintis, *Schooling in Capitalist America*, New York: Basic Books, Inc1, 1976, p. 135.

居其次，为38.5%，意大利升至28%，爱尔兰及葡萄牙的情况也不乐观，分别为27%。德国失业率虽"一枝独秀"低至9.1%，但仍高于全欧平均数字。及至2013年达沃斯大连论坛，国际劳工组织声称在西班牙和葡萄牙这些国家失业率高达30%—40%。而作为自由天堂的美国，"失业率居高不下。与2007年相比，2013年全美35个州中25—54岁人口的就业率下降。2007年该年龄段80%的人可以就业；而2012年6月至2013年6月，只有76%的人可以就业。据美国消费者新闻与商业频道网站2013年9月16日报道，2012年美国工人平均失业时间为39.5周，是第二次世界大战以来最严重的一年。美国最低收入家庭的失业率高达21%，几乎和20世纪30年代大萧条时期所有工人的失业率相同。2013年10月，美国退伍老兵的失业率为6.9%。'9·11'事件以后服役的退伍老兵中有24.6万人正在寻找工作。2014年美国国情咨文称，即使在复苏之中，许多美国人还是在勉强度日，还有很多人仍然没有工作"①。

为了实现自由，社会民主主义提出自由实现的途径包括社会提供便利条件，建立民主平等法制的国家，人们提高自身素质，消灭各种奴役等，这些实现途径丝毫没有涉及资本主义私有制问题和阶级特性。按照马克思主义的观点，自由的实现一方面必须具备一定的物质发展条件，另一方面必须解决束缚人发展的物质资料生产及其基础之上的社会交往关系。在西欧资本主义社会，尽管生产力较为发达，但一方面还远远没有达到实现每个人都能自由的物质条件；另一方面由于经济上的生产资料私人占有必将导致政治上代表资产阶级的国家体制对于政治、社会和思想等各种自由的限制，自由对于资本主义社会而言只能是以生产资料的占有为条件的自由，要想实现社会民主主义所提倡的自由，就必将消灭私有制和阶级，而这对于依附并融入资本主义体系中的社会民主主义而言显然是不可能完成的任务，社会民主主义的自由只能依然是资本主义停留在法律和宣扬上的自由。

---

① 《2013年美国人权状况记录》，http://news.sina.com.cn/c/2014-02-28/104529587958.shtml。

二　社会民主主义的公正观（平等观）分析

社会民主主义公正观提出的现实依据是资本主义的不公正现象。因为资本主义发展所带来的种种公正、平等问题既给现实的资本主义社会的发展带来冲击甚至是阻碍，又威胁着社会民主主义的基本价值追求，所以尽管随着社会民主主义的发展，其原本对于资本主义制度的替代性批判逐渐转变为不断地融入资本主义体系之中，但社会民主主义对于资本主义制度造成的不公正现象仍然表现了不满和批评。如在1951年社会党国际的《法兰克福声明》中就指出资本主义是不公正、不平等的根源，资本主义制度创造出一个没有财产和社会权利的新阶级；资本主义必然造成危机和失业、贫富分化、民族冲突等。"虽然世界蕴藏的资源足以供每个人像样地生活，但是资本主义未能满足世界人口的基本需要。它证明了，没有灾害性的危机和大规模失业，它就无法运行。它产生了社会的不安定和贫富之间的悬殊差别。它诉诸帝国主义扩张和殖民剥削手段，从而使民族之间和种族之间的冲突更加剧烈。"[①] 尽管后来社会民主主义逐渐放弃了这些观点，但他们依然认为资本主义社会不存在真正的公正和平等，1982年英国工党纲领就指出英国是一个被不平等、特权所深深撕裂的国家，是一个被贫困和肮脏的地区毁损了的国家；1990年瑞典社会民主党纲领中讲到瑞典社会仍然存在着种种不公正和鸿沟[②]。

为了消弭不公正，社会民主主义首先考虑的是资本主义经济的发展，力图通过效率所达到资本主义财富的积累来为公正问题的解决奠定坚实的物质基础，即把蛋糕做大，这样才能更多地分配蛋糕。但在蛋糕做大的过程中会产生效率特别是竞争中的不公正问题及其扩大，所以社会民主主义对于效率与公平的矛盾一直存在较为纠结的情结。因为效率与公平互为基础和保障，但公平与效率的矛盾在资本主义社会由于私有制和市场经济而不可兼得，所以社会民主主义一方面批判

[①]《社会党国际文件集》，黑龙江人民出版社1989年版，第1页。
[②] 吴雄丞等主编：《社会党和民主社会主义人权观》，四川人民出版社1993年版，第140、135页。

了资本主义为了追求效率而忽视公平的现象,认为为了追求效率而往往将效率作为掩饰社会不公正的幌子。德国社会民主党就尖锐地指出了讲求效率所带来的问题:"一是传统的效率概念几乎仅仅是以智能效率、技术技能和社会实施能力为依据的。而很少或根本没有注意到诸如想象力、独创力、社会政治责任感、合作能力、道义和社会方面的富于情感等这些对人来说是宝贵的和对社会来说是重要的能力。二是传统的效率概念几乎完全忽略了人类活动的社会联系。它推崇的是个人的效率及其衡量标准,体现了一种被推向极端的竞争原则,社会以及生活在社会中的个人对合作和互相帮助的需求却未能得到满足。三是传统的效率概念限制人的自我实现和实现生活的可能性。"[1]

但另一方面,社会民主主义又不得不承认效率是公平的基础,认为社会物质财富的积累能够为解决公平问题创造坚实的物质基础,因此社会民主主义也追求效率,特别是第三条道路认为过分充实公平而制约经济的繁荣是传统社会主义丧失吸引力的重要原因,因此他们突出强调充分有效的生产、保持经济持续稳定增长是改善公众物质和文化生活水平的必要基础。为此,西方各国社会民主党把提高劳动生产率、保持经济持续稳定发展作为对内政策的首位,瑞典前首相阿德勒提出社会党最重要的经济任务就是设法使国家的"蛋糕"做得越来越大。为了把蛋糕做大,社会民主主义调整了之前的经济发展观,如强调市场机制的主导作用,认为市场是高效率和灵活性的前提,市场的存在为竞争提供可能,而竞争是社会经济发展的动力,而且,"市场不能创造公民权利,但却有助于公民权利,甚至有助于减少不平等"[2]。但这只能是社会民主主义的权宜之计,因为市场与私有制的关联必将削弱市场对于社会发展的积极作用,最直接的后果就是在私有制的基础上,市场的竞争带来的只能是社会的分化而非平等。

由于社会民主主义无法解决资本主义私有制这一影响公正的经济

---

[1] 石云霞:《当代民主社会主义公正观和平等观评析》,《武汉大学学报》(哲学社会科学版)1998年第2期。

[2] [英]安东尼·吉登斯:《第三条道路及其批评》,孙相东译,中共中央党校出版社2002年版,第167页。

基础，而资本主义社会的效率往往会产生更为严重的不公正问题，所以社会民主主义的公正只有突出强调社会领域的公平，如缩小教育、医疗、收入等方面的差距，特别是实行福利政策意图既不触及资本主义私有制又能缓减社会的种种不公正问题。

与社会民主主义相同的是，马克思主义的公正观同样是建立在对于资本主义不公正现象批判的基础上，但与社会民主主义不同的是，马克思主义的公正观深入到了资本主义不公正的根源——私有制，其认为只有消灭私有制，建立公有制的共产主义社会才能实现真正的公正，同时马克思主义所认为的公正具有历史性、社会性、阶级性等特性。

与马克思、恩格斯所处的时代相比较，当前资本主义在生产力、生产关系、上层建筑等方面都有明显的进步和发展。如在生产力方面科技的进步为资本主义经济和社会的发展提供了强劲的动力，特别是高新技术的发展为资本主义生产力的发展提供了强劲的动力，使得西方发达资本主义国家在全世界的经济总量中所占比重高达75%以上；同时资本主义国家对社会经济生活的干预和调节能力的增强一定程度上缓解了私有制对于生产力发展的制约，使得资本主义的生产力发展还存在较大的空间和可能。在生产关系方面，资本主义的所有制结构出现多样化趋势并改变了私有制的实现形式，出现了所谓的"人民资本主义"和"股票资本主义"，并且国家加强收入分配的干预和经济的科学管理，加大了社会福利制度的改革和实施，在一定程度上缓和了资本主义的经济矛盾和阶级矛盾。在上层建筑方面，资本主义的个人主义、自由主义、经济理性主义、功利主义和实用主义等意识形态和价值观念及其现实政策与制度推动着资本主义商品经济的发展，资本主义多元民主和大众民主也在不断推进，这些都促进了资本主义的发展。

资本主义的上述发展是人类社会发展进步的表现，在一定程度上给了我们以假象：生产力的发展充实了资本主义的经济，似乎为资本主义的公正提供了物质基础；生产关系的调整在缓解劳资矛盾的同时似乎在减弱资本主义社会的不公正；而上层建筑特别是资本主义民主的发展推动着公民权利的扩大，似乎正在消弭资本主义社会不公正的鸿沟。但当我们深入到当前资本主义发展的实际中就可以发现，资本主义的发展并没有解决不公正这一问题，反而在一定程度上加剧了不公正现象，上面介绍的资本主义发达国家贫富分化的例子就是关于资本主义发展过程中的经济不公正的充分证明。

究其原因，从表面上来看生产力的发展和上层建筑的建设尽管推动了资本主义的发展，但同时也使得资本主义资本更加集中，垄断更加增强，在财富积累的同时导致贫困的积累、社会的分化。而这些源于资本主义的私有制及其之上的固有矛盾，无论资本主义如何调整和发展，只要资本主义的私有制依然存在，资本主义的基本矛盾与主要矛盾仍然无法解决，因而资本主义周期性的经济危机依然存在，资本主义的劳资冲突、社会的不公正现象依然存在并在实质上愈演愈烈，所以建立在资本主义私有制基础上的公正与平等只能是少数财产占有者的公正和平等。

至于所谓的政治公正是与经济基础紧密联系的，私有制的存在导致政治权力的公正只能是一种法律上或形式上的公正。而社会公正尽管因为福利政策带来较大的改善，但私有制决定了分配领域或社会领域的公正只能是一种暂时的表象的公正，依然解决不了真正的公正问题。同时资本主义私有制的存在也使得发达资本主义在追求自我国家利益和垄断资本主义利益的基础上加紧对于发展中国家的掠夺，国际社会的不公正将长期存在。

可见，尽管社会民主主义的公平观有一定的积极因素，但通过社会民主主义的公正观及其建立的现实基础来看，它本意并不是为了推翻资本主义制度，而是为了维护资本主义，所以只要资本主义私有制存在，社会民主主义所提倡的普遍的公正就不可能实现，而只能停留在法律或形式层面——这些进一步印证了社会民主主义的公正观是一种抽象的公正观。

三 社会民主主义的团结互助观（博爱观）分析

马克思主义的历史唯物主义观点认为，从土地公有的原始氏族社会解体以来，由于在物质资料生产过程中生产资料归属的不同而产生了社会地位和社会关系的不平等，阶级的对抗（斗争）成为阶级社会社会关系的呈现，因此理解社会关系的视角应该是从现实的物质资料生产特别是从生产资料所有制的角度出发，而非从抽象的人性的角度来进行。所以，阶级社会不存在超越阶级的社会关系，阶级社会中由于经济的对立导致了阶级的对立，对立的阶级不可能单纯地通过抽象的人性或人性的友爱来达到所谓的团结。

社会民主主义的团结互助观以人性为纽带，淡化社会关系中的利益对抗和不平等，试图建立一种超越阶级、超越现实物质基础及其利益分歧和对抗的普遍性的团结。这从表面上似乎可行，因为只有团结互助才能解决共同面临的问题，满足人们的共同需求，但只要私有制的存在，经济利益的分化、不平等势必会导致利益的对抗和冲突，团结也会由于经济基础上的矛盾直接导致团结关系的脆弱性。

从社会民主主义所处的外在环境即资本主义体系来看，其尽管在人类社会发展过程中极大地推动了社会生产力的发展，而且其当前也在不断地调整生产关系和上层建筑，因而在一定程度上缓和了资本主义社会中资产阶级和工人的矛盾，但资本主义生产资料的私有制这一基础改变不了资本主义社会的关系结构，改变不了资本主义社会剥削程度在加强的事实，资本主义社会的社会分化在加剧，工人与资本家的矛盾在加深，只不过这些矛盾和资本主义剥削比以前更加隐秘。

当然资本主义国家特别是发达资本主义国家，社会的公正平等、劳资矛盾、失业、社会保障等问题的确需要资本家和工人合作解决，社会民主主义的团结互助观也有其积极性，但资本主义社会并不是阶级消亡或阶级矛盾不存在的社会，只要私有制存在，资本主义社会的各种矛盾和冲突、资产阶级与工人等劳动者的对立甚至是资产阶级体系内的各种力量的矛盾就会存在，社会民主主义所谓的超阶级自由、民主、人权、平等等价值追求就不可能实现，同样社会民主主义对于超越阶级的团结就不会成为真实的存在，只能是一种抽象的表达。

从社会民主主义自身的角度来看，一方面，社会民主主义提倡的超越各个阶级的团结互助观导致社会民主主义阶级属性与身份特征的模糊。社会民主主义产生之初包括工人的诉求和改良小资产阶级的诉求，曾被作为工人运动的代表，但在其后的发展中，社会民主主义为了迎合现实的需要而不断地调整自身并融入资本主义体系，借鉴资本主义左翼和右翼的思想和政策，并在现实中摒弃原初的身份属性与其妥协、合作，以至于换来"左翼中的右翼、右翼中的左翼"的称号，使得其逐渐从一个带有阶级色彩的思想和力量转变为注重追求普遍利益和抽象价值的思想和力量，不仅导致身份无法定位的尴尬，同时也会使得其逐渐丧失原有的阶级基础——劳动者阶层，其追求的团结特别是劳动者对其的支持与团结也大打折扣。

另一方面，社会民主主义抽象的团结互助观尽管是作为整体意义上的社会民主主义的共同追求，但社会民主主义自身并没有达到团结互助所带来的一致发展的程度，其内部力量存在着分歧。如在社会民主主义发源地和主要力量集聚地的欧洲，"社会党就分为三派：一派是'老左翼'；他们对资本主义持批评立场，主张维护传统发展模式，优先保障公共开支，严格管理私营部门，实行国有化计划。一派是'新左翼'，该派反对个人自由主义、强调个人责任，主张尽可能发挥私营企业的创造性，削减公共开支，增加就业的灵活性；第三派提出现代社会主义理论，主张建设一个新型的福利国家。在西欧主要的社会民主党中间，也存在着分歧：英国工党最接近新自由主义，在布莱尔的带领下走的是英式的'第三条道路'；法国社会党坚持政府主导的传统经济政策和凯恩斯主义观点，维护传统的社会民主主义原则；德国社会民主党提倡新的中间路线，采取与产业界合作的政策，实施由政府、工会和企业家联盟组成的联合路线"[①]。

及至国际领域，尽管社会民主主义所提倡的团结友爱在一定程度上符合当前国际社会发展的需要，因为在国际社会发展中，众多的全球问题如生态危机、战争与冲突、贫穷与落后等需要全球各个国家通力合作，加强联系，所以社会民主主义提倡的团结互助是适应全球发展的美好理想，但各个国家特别是发达国家与发展中国家在经济发展

---

① 钟和：《世纪初社会党发展变化的主要特点》，《当代世界》2002年第4期。

程度上的差异、资本主义国家与社会主义国家在意识形态上的分歧与对立，尤其是各个国家利益的隔膜都不可能简单地通过人类理性或者抽象的人性来实现或达到社会民主主义所畅想的统一、团结、合作等全球视野的设计。并且社会民主主义所提倡并在一定程度上付诸实践的人道主义援助特别是其通过政治、经济、外交甚至是军事手段进行的国际干预反而恶化了当前的国际关系，成为社会民主主义所倡导的"人性的友爱"的讽刺——一方面社会民主主义提倡建立在人类友爱基础上的团结合作、共同发展，但另一方面在团结、互助的旗帜下展现的是发达资本主义国家忽视其他国家平等与独立的霸权主义，破坏着人类的友爱、团结、互助。

四　社会民主主义的民主观分析

社会民主主义的民主观认为民主就是所有人的自由平等，是建立一个"民有民享民治的政府"，是超越阶级的普遍性的民主，因此在逐渐融入资本主义社会后，社会民主主义一方面否认资本主义国家具有阶级性，认为资本主义由于政治的民主使得其不再是阶级国家，勃兰特就提出现在的国家是"人民权利的共同体"；另一方面否认马克思主义关于消灭资本主义私有制才能实现民主的观点，认为废除私有制会导致社会民主主义走上错误的道路。而且社会民主主义还认为其民主与资本主义民主在一定程度上是一致的，瑞典社会民主党前领袖汉森直接地指出社会主义的（作者注：民主社会主义）民主与资本主义的民主从来就不冲突，而且两种力量合并一起可以解决民生问题。所以，社会民主主义的民主追求在表达上是一种抽象的民主观，实质上是为了维护资本主义利益的民主。

（一）社会民主主义的民主内涵分析

从社会民主主义的具体内容来看，社会民主主义的民主首先强调的是思想的民主，而思想民主的主要表现就是思想的多元化。按照社会民主主义的说法就是不需要用某一种统一的世界观和方法论来指导，这一点从社会民主主义自身思想体系就可以充分证明，其采用的是实用主义的态度接受各种思想，尤其是资本主义流行的思想和宗教思想，这使得其在不断更新和调整思想体系的过程中导致思想理论的独立性和完整性欠缺，并导致身份特征的模糊。而且社会民主主义的思想民主带有抽象性和超阶级性，社会民主主义宣称代表全人类的思想，提倡思想的超阶级性，但事实上"任何一个时代的统治思想始终都不过是统治阶级的思想"[①]。不仅如此，社会民主主义尽管提倡思想多元化，但其思想民主却带有倾向性，其接受的思想主要是资本主义的思想，马克思主义的思想尽管也被其作为指导思想，但其又认为社会主义与共产主义并没有共同之处，所以马克思主义对于社会民主主义来讲只是一种权宜之用，当需要的时候就通过断章取义的方式来处理，当不需要的时候就排斥甚至是否定。

其次，社会民主主义的经济和社会民主认为通过工人参与监督和管理能够实现经济民主、通过福利政策实现社会民主，使得劳动者的经济环境和社会环境得到了极大改善，因此马克思的"剥夺剥夺者"的思想已经不再适用[②]。这种经济和社会的民主观只能是资本主义表象的民主，因为社会民主主义的经济民主没有也不可能废除私有制，其只是在分配领域和上层建筑方面对于资本主义进行了微调，以此希望达到经济的平等。但分配领域和上层建筑在一定程度上受制于所有制，私有制的存在永远不会改变生产资料的资产阶级占有，也就意味着经济民主的最终决定权还是在掌握着生产资料的资产阶级手中，工人阶级对于经济参与的民主依旧改变不了雇佣基础上的不平等地位，由此也会带来社会领域的不平等和不民主现象。

再次，社会民主主义的政治民主注重资本主义的民主形式，认为只要实行议会制、普选制、政党制则是民主的，社会党国际十八大就认为"只有人民在自由选举的基本结构中可以对不同的政治选择对象自由地进行选择，只有存在着人民根据其自由意愿通过和平手段改换政府的可能性……才有可能谈得上民主"。但马克思主义的民主观认为民主具有阶级性，在生产资料所有制上占支配地位的阶级决定着民主的形式，并享受着他们所定义的实质性的民主实质。所以，在针对

---

① 《马克思恩格斯选集》第1卷，人民出版社1995年版，第292页。
② 《当代民主社会主义部分观点摘编》，《理论动态》第942期。

资本主义的批判中，马克思、恩格斯是反对西方的多党制、议会制、三权分立的。在《法兰西内战》中，马克思就谈到西方的议会制是"每三年或六年决定一次由统治阶级中什么人在议会里当人民的假代表"①，在《家庭、私有制和国家的起源》中恩格斯指出"普选制不能而且永远不会提供更多的东西"②。马克思、恩格斯尽管是在19世纪针对资本主义的批判，但这些批判在资本主义发展的今天依然具有指导意义，从根本上来看，普选制等资本主义的民主是建立在私有制基础之上的有钱者的民主，如2012年美国的选举总花费为60亿美元，而这些巨额花费的背后有着财团的资助，以至于近90%的美国人认为政治献金资助总统选举的最终结果只会让富人更大地影响着政治③。可见，只要资本主义私有制存在，资本主义的政治民主只能是资产阶级的民主，而不是全民的民主。

另外，在政治民主中，社会民主主义主张多元民主，反对民主集中制，法国社会党人认为"尽管存在着某种过分多样化的危险，法国人还是喜欢党的多样性民主而不喜欢其他党派的铁板一块似的一致性"，瑞典社会民主党主张"放弃民主集中制这一纯粹的政治概念"因此他们的民主观把民主与集中对立起来，认为共产党的民主集中制是一党专政，主张多党制，"人民自由选举其代表，由多数派组织政府，同时尊重少数派的权利"。④ 而马克思主义认为民主是集中的前提和基础，集中是民主的保障，这是无产阶级政党与资产阶级政党的区别。

在民主与专政的关系上，社会民主主义的民主观否认民主与专政的统一，认为专政破坏了民主，因此社会民主主义在实现民主的途径上反对革命和专政，也不再突出替代和推翻资本主义民主和资本主义国家，而主张温和的方法、和平的方式来实现和维护民主。这表明社会民主主义的民主追求的是一种对现存资本主义保留并些许调整的态

---

① 《马克思恩格斯选集》第3卷，人民出版社1995年版，第57页。
② 《马克思恩格斯选集》第4卷，人民出版社1995年版，第174页。
③ 《2012年美国的人权纪录》，新华网。
④ 《当代民主社会主义部分观点摘编》，《理论动态》第941期。

度,即放弃革命和斗争,不推翻资产阶级统治,而只是通过议会政党等资本主义的制度框架融入来达到各阶级的平等和民主。而列宁认为任何形式的民主都是由社会中的生产关系决定的,马克思也认为"民主是作为类概念的国家制度",与经济基础及其决定的阶级统治相联系的,掌握着国家政权的阶级决定了民主的性质、方向和内容,在阶级社会中,民主始终是阶级的民主,并不存在超越一切阶级的一般民主,要想实现真正的民主,就必须消灭阶级及其存在的根源。在资本主义社会就是要推翻以私有制为基础的资产阶级统治,因为"资产阶级的议会是别人的机构,是资产阶级压迫无产者的工具,是敌对阶级即剥削者少数的机构"①。资本主义的政党制中广大民众不可能通过竞争来执政或参政,而"有产阶级是直接通过普选制来统治的"②。资本主义的框架下不可能真正实现广大民众的民主,因而马克思主义的民主观提倡彻底摧毁旧制度建立新制度才能实现民主,"工人革命的第一步就是使无产阶级上升为统治阶级,争得民主"③。这种观点是与社会民主主义带有改良性质的民主观相区别的。

最后,社会民主主义的民主还包括国际民主,希望在全球建立"和平与自由"的世界,为此社会民主主义提倡在全球建立民主机制、平等关系和经济新秩序,这些理想追求无疑是社会民主主义国内民主的国际表现,其实质是社会民主主义希望将发达资本主义国家的民主体系放大到国际范围,成为世界发展的模板,而按照马克思主义的观点,民主具有社会性、阶级性和具体性,各国的历史与现实状况不同,因而民主的发展路径也会有较大差异,显然社会民主主义忽视了这些。另外,资本主义为了在全球推行其民主模式,利用经济、政治、文化甚至军事手段来达到目的,威胁着世界经济政治新秩序的构建,而这又与社会民主主义提倡的普遍性的民主是相矛盾的。

(二) 社会民主主义的民主和平观分析

在民主观的基础上,社会民主主义提出了民主和平论。民主和平

---

① 《列宁选集》第3卷,人民出版社1972年版,第634页。
② 《马克思恩格斯选集》第4卷,人民出版社1995年版,第173页。
③ 《马克思恩格斯全集》第1卷,人民出版社1956年版,第272页。

论是西方理性主义和理想主义发展的产物。"人类进入到文明状态，野蛮的战争就似乎成为了邦国的常态"①，在这种情形中，人们就从理性的角度出发开始了理想的追求。1713 年，法国的圣·皮埃尔的《给欧洲以永恒和平的方案》首先提出了永久和平的概念和建立欧洲邦联政府的观点。1795 年，康德发表了《论永久和平》，他认为共和主义国家的三权分立和代议制等民主体制对内可以抑止个人的欲望和野心，对外可以有效地应对各种威胁，但非共和主义的国家无法做到，据此康德认为建立共和国可以带来世界和平，因为共和国的宪制体制、内部的监督与平衡机制可以有效地防止统治者轻易地发动战争，"国家需要公民的同意来决定是否发动战争，这就必然使它们在发动战争之前会非常犹豫"②，而专制国家则常常为了国王个人的私利如"豪华宫殿、盛宴、狩猎"等会轻易地卷入到战争之中。当然，康德也承认自由国家有时候也会有战争，但它们的战争是为了保障公民的自由与权利而进行的战争。在此基础上，康德将宪制和道德原则延伸到国际层面，认为要建立正常的国家关系就必须坚持国际法。康德的思想直接影响着其后国际关系理论中的理想主义。第一次世界大战后，西方的一些学者和政治家将理想原则和道德规范运用于国际关系之中，逐渐产生了理想主义。理想主义将国家内部的政体与其外交政策结合起来进行分析，认为独裁的政体比民主的政体更具有侵略性，这是因为独裁政体中的统治者可以按照自己的意愿而无须民意来实行对外政策，但民主政体是多数人的统治，不会出现独裁政体的那些情况，所以民主政体对于法律的尊重能够保证国际秩序的稳定。在此基础上，民主和平论逐渐形成。米切尔·多伊力在 1983 年的《康德、自由主义遗产和外交事务》中以康德的政治思想为依据认为自由民主的国家之间没有发生过战争，因为民主的政府必须要向其人民做出交代，一旦战争的代价过高，它们就会在选举中失败，而且民主政府透明的外交决策会让公众会参与辩论。而民主国家之间会用和平的方法来解决纠纷，

---

① 《理想与现实：从理想国到联合国》，《中国新闻周刊》，http://news.sina.com.cn/o/2005-09-22/10047008040s.shtml。
② 转引自朱锋、朱宰佑《"民主和平论"在西方的兴起与发展》，《欧洲》1998 年第 3 期。

并且他们彼此之间能够尊重与合作,所以民主国家之间不会有战争。

民主和平论是社会民主主义实行自我价值观和国家利益的幌子。民主和平论将世界简单地划分为民主的国家和非民主的国家,在这里民主国家的界定及其标准被预先确立,即民主国家就是西方少数国家,尤其是美国,但"美国划分民主与非民主的标准受到价值观的影响,并不客观,美国把自己的朋友看作是民主的,而把自己的敌人却看成是不民主的,这使民主和平论难以具有说服力"[①]。

而为了维护和推行民主,社会民主主义实行的是现实主义。现实主义以政治权力为核心,认为国际政治一直并将永远是以权力、均势力量和现实政治的运用为标志。传统现实主义假设国家之间的关系是敌对的,把强权界定的国家利益放在首位,并认为这是普遍适用的客观范畴;新现实主义认为国际政治体系是自助体系,国家只能依靠自己的力量来维护安全和自我利益,国际政治争夺强权的本质从古到今毫无变化。现实主义认为维护世界和平的道路有两条,一是霸权,二是均势。从现实实践来看,社会民主主义为了实现其民主和平论,不惜采用武力来进行,克林顿主义、布莱尔主义和新干涉主义就是其现实的体现(这在后面的内容中将进行介绍和分析)。

社会民主主义的"民主和平观"高举民主、人权的旗帜,侵犯别国利益,将现实主义的权力政治和理想主义的价值旗帜融合,而其价值旗帜是西方国家定义和标准化的,最终目的还是为了配合西方国家权力政治的本质——国家利益。

五 社会民主主义的人权观分析

社会民主主义人权观的理论基础是伦理主义,在伦理主义的指引下,社会民主主义"以抽象的人为中心,以自由、公正、团结为基本价值观,追求一种伦理道德的完善"[②]。"人"是社会民主主义思想理论和现实实践的出发点和落脚点,"不论我们如何解释人的尊严,它都是我们行动的出发点和目标",社会民主主义的价值观可以说都是

[①] 倪世雄:《当代国际关系理论》,复旦大学出版社 2001 年版,第 456 页。

[②] 余文烈主编:《当代国外社会主义流派》,安徽人民出版社 2000 年版,第 131 页。

对这种抽象的"人"的尊严的扩展和细化。

从理论渊源来讲，社会民主主义的人权观根源于启蒙运动时期资产阶级提出的"天赋人权"和"自然权利"，该理论认为：人天生是自由平等的，在人类最初生活的"自然状态"中，个人是自身和财产的主人，享有生命、健康、自由、财产等不可剥夺的天赋权利，人们之所以组成国家是为了保护他们的自身和财产，因而人权是人类与生俱来的并是普遍的。社会民主主义人权观的核心就是承认人权的超阶级性、普遍性，这与资产阶级人权的精神相一致的。如《人权宣言》就宣告了人权的主体是全体成员和所有公民，是不受社会阶级出身和个人身份限制的。

社会民主主义的人权观继承了启蒙运动的精神，而且社会民主主义发展到今天已经成为资本主义体系的支柱之一，所以其人权观必然带有资本主义人权观的伦理主义特性，并且其所谓的普遍性的人权观实际上维护的是特定的阶级即资产阶级的人权——这些使得社会民主主义的人权观具有局限性和错误性。

一方面，人权不是从来就有的，其内容也不是永恒不变的，人权具有历史性、社会性。人权的产生是由于阶级社会的出现导致权利和义务的分离，产生了阶级的不平等和不自由现象，也产生了对于权利的要求。而近代人权理念的提出就是资本主义在反对封建贵族特权的基础上提出来的，"社会的经济进步一旦把摆脱封建桎梏和通过消除封建不平等来确立权利平等的要求提上日程，这种要求就必定迅速地扩大其范围……这种要求就很自然地获得了普遍的、超出个别国家范围的性质，而自由和平等也很自然地被宣布为人权"[①]。可见，资本主义的人权就具有历史性、社会性。

另一方面，人权是现实生活中的人的权利，现实社会的人是处于一定阶级关系的人，因此人权必然会表现为阶级的人权。资本主义人权尽管标榜普遍性，但始终改变不了其阶级特权的本性，因为资本主义私人占有的经济关系并由此衍生的社会关系决定了资本主义社会人

[①]《马克思恩格斯选集》第3卷，人民出版社1995年版，第447页。

权是围绕资本主义私有制而运转的,马克思、恩格斯在分析资本主义社会时就谈道,"私有财产这项人权就是任意地、和别人无关地、不受社会束缚地使用和处理自己财产的权利"①,"人权本身就是特权,而私有制就是垄断",② "平等地剥削劳动力,是资本的首要的人权"③。可见,资本主义的人权只是资产阶级的人权,而不是资本主义所宣扬的普遍的人权。2014年4月16日,欧洲委员会秘书长托尔比约恩·亚格兰发表欧洲人权状况报告称"在欧洲,39国有歧视少数民族的问题,30国的监狱条件恶劣、人满为患,26国存在行贿受贿等腐败现象,20国的司法系统有问题,23国执法粗暴,23国排斥和歧视罗姆人,11国有人口买卖,8国缺少言论自由"④。美国号称是自由者的天堂,但联合国人权理事会在2015年5月的日内瓦会议上对美国人权状况进行定期审议时,有122个国家的代表针对美国的人权状况提出批评,其中最为突出的问题包括过度执法、性别歧视、宗教、种族等问题⑤。

不仅如此,为了支持其人权观,社会民主主义还提出"人权高于主权"论。这一提法的理论渊源是启蒙时期的"人民主权"论,也是"天赋人权"论和"自然权利"论在国际层面的应用。"人民主权"论认为主权应该由人民而非国家拥有,国家只是人民权利的代言人和维护者,其权力来源于人们,是人民通过社会契约的形式将自己的部分权力让渡给国家,以此形成了国家的主权,所以人民的主权高于国家的主权。在《牛津法律大辞典》中,人权的定义为"要求维护或者有时要求阐明那些应在法律上受到承认和保护的权利,以便使每个人在个性、精神、道德和其他方面的独立获得最充分和最自由的发展"。社会民主主义"人权高于主权"的思想就是从抽象的人权出发,提出了人权具有普遍的人文价值和道德标准,所以人权应该高于国家的主

---

① 《马克思恩格斯全集》第1卷,人民出版社1956年版,第438页。
② 《马克思恩格斯全集》第3卷,人民出版社1960年版,第229页。
③ 《马克思恩格斯全集》第23卷,人民出版社1972年版,第324页。
④ http://news.sohu.com/20140418/n398428670.shtml.
⑤ http://world.people.com.cn/n/2015/0512/c1002-26987718.html.

权。一旦国家主权侵犯了人权,那么国际社会任何国家、任何力量都有权进行干预,由此国际人道主义干预就顺理成章地成为必然和必须。所以,在现实实践中,欧美社会民主主义力量经常会高举"人权高于主权"的旗帜来干涉他国内政,侵犯他国的人权。以社会民主主义执政的美国为例,"截至 2015 年 12 月 6 日,美国空袭伊拉克 3965 次,空袭叙利亚 2823 次,据估算共造成两国境内 1695 至 2239 名平民死亡","2015 年 10 月 3 日,阿富汗昆都士的'无国界医生'组织医院受到美军持续近半小时的空袭,许多无法行动的病人在病床上被当场炸死,一些逃出医院的医护人员遭到空中扫射,共造成 42 人遇难,许多尸体难以辨认","2001 年'9·11'事件以来,美国在巴基斯坦和也门进行的 415 次无人机袭击中,估算造成 423 至 962 名平民死亡""英国《独立报》2015 年 6 月 24 日报道,美国先后对 3 位法国总统和其他政府高官进行了长期的电话监听"①。

揭开"人权高于主权"的面纱可见,其人权的内容和标准实则是西方发达资本主义国家所定义的,社会民主主义的"人权高于主权"论也是如此。如"克林顿从确保美国继续成为世界上最强大的维护和平与繁荣的力量出发,宣称自由、民主、人权、法治是人类共同的价值观,任何国家违背了这些原则都不能因为主权的限制和理由而免于干预,而其实这些价值观主要是以美国的价值观为主体内容的;布莱尔则赤裸裸地提出把我们的价值观传播开去,会增进我们的安全等等"。这些表明了"人权高于主权"背后的国家利益本质和霸权主义特性。

综上所述,作为发达资本主义国家的美国和西欧国家并没有在国内实现社会民主主义所提倡的全民的普遍人权,而且欧美一些国家还干预和损害其他国家、民族、群体的人权,这表明社会民主主义所追求的超越阶级的所有人的人权是抽象的,不可实现的。

---

① 《2015 年美国的人权记录》,http://news.xinhuanet.com/world/2016-04/14/c_ 1118622880_ 5. htm。

第五章
社会民主主义"普世价值"的现实体现及其分析

在基本价值观的指引下,社会民主主义形成了一系列经济、政治、社会和国际方面的思想并进行了实践,这些思想和实践既是社会民主主义"普世价值"的现实体现,同时也支撑着社会民主主义的"普世价值"。

第一节 社会民主主义"普世价值"的现实体现

一 社会民主主义"普世价值"的国内体现

(一) 经济体现

从社会民主主义发展之初到第二次世界大战期间乃至20世纪80年代,其秉承着与科学社会主义较为一致的经济政策,即生产资料的公有、计划经济(国家干预经济)、对经济的参与和监督。社会民主主义认为这些政策和措施是追求经济民主的主要形式,也是实现社会民主主义所追求的普遍性自由、团结、公正等价值的基础,但随着社会民主主义自身的发展和资本主义的发展,社会民主主义对经济政策及其实践进行了一系列调整。

1. 从公有制到混合经济的转变

公有制是马克思主义所追求的共产主义社会最根本的措施和体现之一,这主要是基于资本主义私有制导致剥削和压迫的社会现实而提出的,"劳动者在经济上受劳动资料即生活源泉的垄断者的支配,是一切形式的奴役，社会贫困、精神屈辱和政治依附的基础；因而工人阶级的经济解放是一项伟大的目标，一切政治运动都应该作为手段服从于这一目标"，①所以只有在公有制的基础上人人占有生产资料才能实现自由、公正、平等、团结、民主。社会民主主义在产生和发展之初也提倡公有制：1869年的爱森纳赫大会上德国社会民主党纲领就认为工人在经济上依赖于资本家是各种被奴役形式的根源；1875年德国的《社会民主党纲领》指出在资本主义社会，劳动资料为资本家所垄断，由此造成了工人阶级的依附，这是一切形式的贫困和奴役的根源。为此，劳动的解放就必须要把劳动资料变为社会的公共财产，在用于公共利益目的条件下对总劳动进行集体调节，并公平分配劳动的所得②；1891年德国《社会民主党党纲》认为生产资料的私有制是剥削农民、工人的手段，所以只有建立公有制，才能使得大的工业单位与不断提高的劳动生产率不再是当前各种受剥削的阶级遭受贫困与压迫的根源③，也才能使大经营与社会劳动的不断增大所产生的收益由过去的穷困和压迫的源泉变成最高福利与全面和谐的源泉。在这一时期欧洲主要社会民主主义力量秉承了公有制的追求，认为资本主义私有制导致了现实的奴役、社会的不公平、人权的缺失等问题，只有通过公有制的建立才能实现工人的权利和社会民主主义的价值追求。

1896年，第二国际伦敦代表大会上重申了社会主义政党的目标，但修正主义派否认资本主义制度通过革命斗争才能消灭，认为可以在现存国家范围内经过一个进化过程而转变为社会主义，这样社会民主党的右翼提出了生产资料的社会主义公有化，但这种公有化是在资本主义体系内，采用改良的手段来实行的，其实质上是在保存资本主义制度的前提下实行资产阶级国有化——这种公有制与马克思主义的公有制产生了很大的区别：前者是在保存资本主义私有制的基础上实行资产阶级国有化的公有，而后者是在消灭资本主义私有制基础上实行

---

① 《马克思恩格斯选集》第2卷，人民出版社1995年版，第609页。
② 《哥达纲领批判》，人民出版社1971年版，第67页。
③ [德]托马斯·迈尔：《论民主社会主义》，刘芸影等译，东方出版社1987年版，第17—18页。

人民占有生产资料的公有——这反映了社会民主主义对于公有制理解的重大转变。

英国工党在1908年提出了国有化的决议，1918年英国工党大会上通过的党章提出在生产资料公有制和在每个工业或行业实行民众参与管理与监督的基础上，确保劳动者获得劳动的全部成果和最公平的分配，大会批判了资本主义生产资料私有制和贫富分化，提出了绝不支持私有制，并要尽最大努力消灭私有制。在此思想指导下，1946年，艾德利政府将英格兰银行收归国有，并颁布了6个国有化法令，将钢铁、煤炭、通信、电力等关乎国计民生的企业收归国有，使得这一时期英国国有经济达到整个经济的20%。1974年，英国工党政府又一次实行了国有化，此次国有化涉及汽车、飞机、石油等行业。

德国社会民主党在1919年组建了以考茨基为首的"社会化委员会"，该委员会提出国有化的可能性；1921年通过的格尔利茨纲领提出把大型企业变为公共经济并进而把资本主义的全部经济改造为社会主义经济；1934年《布拉格宣言》提出要利用国家来组成社会主义的经济组织；1946年《德国社会民主党政治纲领》指出当时德国的所有制的统治关系不符合进一步发展的要求，必须发展社会化，"社会化应从天然资源和原材料工业开始，所有采掘业、冶金加工工业、大部分化学工业和合成材料生产工业、全部大型企业、各种公共事业和有发展大型企业可能的所有加工工业部门，都应当变成公有的"。①

相比而言，法国社会党的公有制思想及其政策更为激进，1905年法国社会党成立，成立之初就坚持公有制取代私有制，"夺取政权并实行生产资料和交换资料的社会化，即把资本主义社会化改造成集体主义或共产主义社会化"②；1946年《法国社会党原则声明》提出"社会党的特征在于它坚持废除资本主义所有制以解放个人"，"目的是要把自然财富，如生产资料、交换手段等收归国有，从而用消灭了

---

① [苏] H. F. 西比列夫：《社会党国际》，姜汉章等译，中国社会科学出版社1983年版，第104页。

② 《国际共产主义运动史文献史料选编》第3卷，中国人民大学出版社1985年版，第38页。

阶级的社会去代替以资本主义所有制为基础的社会"①。1973年《法国社会党党章：原则声明》重申了社会主义的目标是共同财富而非私人利润，并表明要逐渐用社会所有制代替资本主义所有制。1981年，执政的法国社会党颁布了扩大国有化法令，对5家工业集团、39家银行进行了国有化。②

尽管社会民主主义在这一时期主张公有制，并且现实的多数欧洲国家在第二次世界大战后初期实行国有化，甚至到20世纪80年代，英国、法国、意大利等国还有不少的经济产业属于国家所有制，但这并没有改变生产资料资本主义私有制的主导地位。而随着资本主义的发展和社会民主主义的逐渐融入特别是80年代西方私有化浪潮的出现，社会民主主义对于公有制的态度逐渐发生转变，不再把公有制看作是社会主义的必备条件，并提出了混合经济的提法。

由于社会民主主义的各现实力量分散在各个国家之中，各个国家的社会民主主义政党对于混合经济的提出时间是不一致的。早在20世纪30年代瑞典社会民主党就提出了混合经济，德国社会民主党也在40年代提出混合经济，英国工党则是到80年代正式提出，法国社会党是到80年代中期之后提出。而作为整体意义上的社会民主主义的国际性政党组织社会党国际也在1951年的《法兰克福宣言》中就零星提出了相关观点，社会党国际提出一方面"重要生产领域内如农业、手工业、零售业和中小型工业内私有制的存在"，另一方面"生产必须是为人民的整体利益而计划的，公有制可采取把现有私营企业国有化，建立市有或地区性企业、消费合作社或生产合作社"③，以期实现国有化的公有制与私有制共存。虽然这一时期社会党国际还是比较强调混合经济中公有制的重要性，认为公有制是合理分配财富、实现社会公平的重要手段。如1962年社会党国际奥斯陆会议就认为："国家和公有机构对经济的不断控制，无疑会减轻再次发生经济危机的危险性"，"为了使财富得到合理分配，我们要求扩大公有制"，但一些国

---

① 《各国社会党重要文件汇编》，世界知识出版社1960年版，第340页。
② 徐崇温：《民主社会主义评析》，重庆出版社2007年版，第159—163页。
③ 《社会党国际文件集》，黑龙江人民出版社1989年版，第5页。

家的社会党人并没有贯彻社会党国际这一主张,而是否定国有化。如荷兰社会党、法国社会党、德国社会党的一些成员就对国有化提出怀疑和否定,及至20世纪80年代西方掀起了私有化的浪潮,社会民主主义的混合经济思想进一步否定国有化。如英国工党在1960年肯定了混合经济是公有制的一种形式,80年代则提出"社会所有制——混合经济"的主张,并在1997年删除了党章第四条即实现生产资料公有制的提法;法国社会党在1986年开放国有资本、融入社会资本,并于80年代后期放弃了国有化是社会主义目的的思想,只是把国有化看作是调节经济、增进民主的手段;瑞典社会民主党2002年的大会通过的新纲领取消了"把对生产及其分配的决策权置于全体人民手中"的观点。在这一趋势的驱使下,1986年社会党国际在《利马委托书》中认为"民主社会主义不只是财产的社会化或政府的计划化,虽然两者都很可能是实现这一目的的手段"。1989年十八大《斯德哥尔摩原则声明》提出"尽管国有化在某些情况下也许是必要的,但它本身并不是医治社会化弊病的特效药","无论是私有制还是国有化,依靠它们本身既不能保证经济效益,也不能保证社会化公正"[①]。为此,社会民主主义包括社会党国际和"第三条道路"都主张建立新型的混合经济,而这种新的混合经济"与旧的混合经济不同的是,新的混合经济主要不是指在国有企业和私有企业之间达成平衡的关系。它指的是实现管制与解除管制、社会生活的经济方面与非经济生活方面之间的平衡"[②]。

2. 工人参与经济决策与管理

经济民主是社会民主主义的四大民主之一,工人参与经济决策与管理是社会民主主义经济民主的主要形式,也是政治民主、社会民主的有效补充。1951年,社会党国际的《法兰克福声明》提出了"对经济进行有效地民主监督"的观点,1962年奥斯陆会议上提出了"应在民主制内部建立起一种机构,使工人能在其中有效地影响工业的决策

---

① http://www.socialistinternational.org/viewArticle.cfm?ArticlePageID=984,社会党国际网站。
② 杨雪冬:《第三条道路与新的理论》,社会科学文献出版社2000年版,第63—64页。

和条件以及总的经济形势",1969年社会党国际第十一次代表大会上提出"社会党人要用经济民主和工业民主的新形式来补充政治民主,其目的在于实现社会民主",1989年《斯德哥尔摩原则声明》中提出"不仅仅是由国家在形式上和法律上加以控制,而是要由工人自己以及工人团体有效地参与经济决策","必须用一种不同的社会秩序来取代少数私有者集中控制经济权力的状况。在这种秩序中,每个人都有权作为公民、消费者或工薪劳动者来影响生产的方向和分配、生产资料的形态和劳动生活的条件。实现这个目标的方法是:吸引公民参与经济决策、保证工薪劳动者在工作场所的影响"[①]。

　　社会民主主义认为参与能够使得工人在经济发展中变被动为主动,变奴役为平等,消除资本主义社会中没有平等和自由的现象,从而实现自由、民主、平等、公正。瑞典社会民主党在其1978年的纲领中讲道"劳动者通过赢得参与决定企业事务的权利和参与企业资金建设,便为实行集体影响和集体所有制打开了大门,这样便把劳动者和生产资料联系了起来,从而焕发了人民的主动性和责任感",这样的目的是"使人们有可能左右经济和技术的发展,从而使物质财富得到均衡的分配,使劳动条件得到改善并赋予进步以更为丰富的社会意义","将为家庭、社会和劳动生活中的男女享有真正平等的地位奠定基础"。德国社会民主党在1959年的《斯德哥尔摩纲领》中认为"职工必须从一个经济的奴仆变成经济领域中的一个公民","钢铁工业和煤炭工业中实行的参与决定,标志着一个新的经济制度的开始"。社会民主主义提出工人参与经济决策与管理的原因按照《德国1975—1985年经济政治大纲》的解释就是"参与决定的要求表明人们为争取更多的自由和自我负责而努力,在那些凡是存在着人统治人的地方,被统治者应当通过参与决定,以有效的方式参与和监督这种统治",通过公民的参与使得"一度只不过是统治阶级剥削对象的无产者,现在已居于享有公认的平等权利和义务的国家公民的地位","公开和公正地最终消除相互对立的利益"。

---

① http://www.socialistinternational.org/viewArticle.cfm?ArticlePageID=984 社会党国际网站。

如何来实现工人参与经济？一些国家的社会民主主义政党在20世纪下半叶执政或参政后创建了相应模式。①

英国工党的共同协商模式。其内容核心为工人参与国民经济政策的制定和公司、企业的管理。在1918年，英国工党的《工党与新社会制度》就提出"工业的民主管理"，并将其作为将要建立的新社会的四大支柱之一。随后第二次世界大战期间劳资组成的"共同生产委员会"的合作经验为英国工党的劳资合作及工人参与经济打下了良好的基础。1974年工党政府执政后，颁布了《工会与劳工关系法》《就业保护法》《平等机会法》等法律，扩大了工人在企业中的权力，将劳资共同参与公司管理进行制度化。具体而言，英国的共同协商参与模式分为中央一级的集体谈判和公司一级的协商谈判。中央级的集体谈判主要是在全国范围内协调劳资利益，制定工资和工时的最低标准，制定解决冲突的程序；公司级的协商谈判是工人参与经济的主要形式，即由工厂工会会员定期选举出车间代表，车间代表参与公司涉及工人利益的日常活动及规定中，如工资、工时、加班、工作分配、工作方式、工作评估等。

德国社会民主党的共同决定模式。德国社会民主党在1875年的哥达纲领中就提出"由工人选出负责人监督矿山、矿井、工厂、作坊以及家庭工业的劳动"②。第二次世界大战后，西德社会民主党在1951年利用其在议会的影响使政府通过了《煤钢共决法》，规定了职工具有一种与资方的共同决定权。60年代共决制度开始向其他领域扩展。1976年，勃兰特政府颁布了《工人共同决策法》，提出在企业建立监督委员会、管理委员会和工厂委员会，通过这些机构的建立来切实加强工人的权力，保障工人的利益。具体而言，德国的共同决定模式包括工厂委员会参与共决模式和雇员代表参与监事会模式。前者适合中小型企业，企业雇员选举产生工厂委员会，工厂委员会对工作环境、人事计划、工作组织、企业管理、新技术等拥有知情权，并对工作时

---

① 徐崇温：《民主社会主义评析》，重庆出版社1995年版，第185—191页。
② 中共中央马克思恩格斯列宁斯大林著作编译局资料室编译：《研究"哥达纲领批判"参考资料》，生活·读书·新知三联书店1978年版，第80页。

间制定、劳动报酬、休假、加班、职业培训、劳动保护、福利设施等参与决定。雇员代表参与监事会模式就是企业建立监督委员会这一权力机构，其成员由劳资双方共同组成，人员各半，权力相同。监督委员会决定企业预算和决算、工资、分红、企业发展战略、任命董事会成员等。

法国社会党的雇员参与模式。法国社会党在1981年取得执政地位后推动国民议会通过了《关于劳动者在企业中的自由权利的法规》《关于建立职工代表机构的法规》《关于集体谈判和解决劳资纠纷的法规》等一系列法律，并架构了中央级、产业级和企业级三个层面的雇员参与模式。中央级的集体谈判主要是对失业保险、工作保障、职业培训、工作条件、解雇、工时等内容，产业级的集体谈判和协商主要是最低工资、工时标准、工作分类等基本标准，企业级的协商谈判主要是工作规章制度、月工资、计件工资、工时等内容。这些内容主要是通过定期谈判、对话与日常管理中让雇员了解企业事务，并参与经营决策，监督企业运行与管理、改善职工工作与生活环境等。

其他的国家如比利时在企业里设立企业委员会，瑞士建立企业管理委员会，瑞典通过了工人董事法，美国建立了职工建议制度。这些制度或机构设立的主要内容就是工人有权参与企业的管理与决策，并通过对企业的参与保障工人的相关权益。

（二）政治体现

社会民主主义最初是反对资本主义的，但在后来的发展过程中，社会民主主义逐渐转变了对资本主义的态度，由制度替代者转变为价值追求者，希望通过在资本主义体系内的变革和融入来逐渐实现社会民主主义所追求的价值观内容特别是政治的民主。由此，社会民主主义对资本主义制度及其国家逐渐认同，并融入资本主义的政治体系之中。

1. 对资本主义制度及其国家的认同与融入

在最初阶段，社会民主主义是作为资本主义的改造者而登上历史舞台的，所以当时的社会民主主义与科学社会主义具有相似的内容：工人组成政党，通过斗争夺取政权，并实行生产资料的公有制。就当时来说，主要目标就是要消灭资本主义。所以，这一时期的社会民主主义是与资本主义相对立的，但随着社会民主主义的发展，在第二国际时期，社会民主主义内部产生了左派（科学社会主义）与右派（社会民主主义）的分歧，之后，社会民主主义右派逐渐背离马克思主义，其对资本主义的态度也由最初的消灭到后来的改造直至认同和融入。

这种转变突出反映在其对资本主义国家的态度上。在形成之初，社会民主主义是反对资本主义国家的，其认为资本主义国家是对立物，是异化的力量，必须予以打碎和推翻。普鲁东就提出"政权是暴政工具的堡垒，而政党则是它的生命和思想"，为此必须"打倒政党，打倒政权"。

19世纪后期，社会民主主义逐渐接受了国家中立的观点，提出国家的性质取决于掌权者的性质，其间拉萨尔的道德国家学说是其主要思想来源。拉萨尔在19世纪60年代发表的《工人纲领》《论工人问题》等著作中谈到了其对于国家的认识，"国家是个人在一个道德整体中的统一"，"国家的宗旨就是使人的本质能够积极的发展和不断的完善"①，所以他提出工人阶级的国家要明确地把国家的道德本质作为自己的追求。但当前是资本主义统治的国家，在资本主义国家里资产阶级掌握了国家政权，并通过政权对经济和社会进行有利于资产阶级的干预。为了改变这种情况实现工人阶级的目标，工人阶级可以通过普选权来对现存国家进行影响和干预，所以拉萨尔得出了通过普选权，依靠普鲁士国家资助建立工人合作社的反动策略②。

拉萨尔之后，一些改良主义者和修正主义者又进一步提出工人阶级可以通过资产阶级的共和国来实现社会主义。伯恩斯坦在1890年提出了"把国家拿过来"的观点，认为社会党要加强对资本主义国家的影响，把资本主义的国家机器变为工人阶级解放的工具；奥尔格·福尔马尔在1892年论述"国家社会主义"时认为随着资本主义国家制

---

① 中央编译局世界所编：《拉萨尔言论》，生活·读书·新知三联书店1976年版，第70—89页。

② 殷叙彝：《西欧社会党的民主主义国家学说初探》，《西欧研究》1987年第5期。

度的逐步民主化，工人阶级主张的社会主义同国家社会主义关于领导国家的主体和思想的区别将消失；萧伯纳在1896年认为社会民主主义同国家社会主义的区分已经毫无意义；亚历山大·米勒兰在"圣芒德纲领"中认为"由国家进行干预把生产和交换手段逐步转归国家所有；通过普选权获得国家权力"①。尽管上述观点有所不同，但这些思想同拉萨尔的思想一样，都是将国家作为超越阶级的，都认为可以利用资本主义的国家通过改良的手段来实现社会主义共和国。在这些思想的影响下，社会民主主义对于资本主义国家的态度逐渐地由反对变为认同。

如果说上面仅仅是思想的变化，那么第一次世界大战的爆发则是社会民主主义将这种思想态度付诸现实实践的过程。在第一次世界大战中，绝大部分社会民主主义力量支持或参与到由本国资产阶级政府进行的战争中，改变了他们"没有祖国的家伙"的形象。战争结束后，部分国家的社会党或者参与了资本主义国家的重建工作，或者参加了资产阶级联合政府，甚至还有些政党获得了单独执政。在这一时期，社会民主主义通过一些纲领性的文件明确地承认了资产阶级共和国。如1921年的《格尔里茨纲领》中就提出"民主共和国是历史发展所赋予的不可改变的国家形式，对它的任何侵犯都将是对人民生存权利的践踏"；1925年的《海德堡纲领》认为"捍卫和发展民主共和国这一国家形式，对于工人阶级的解放斗争是绝对必要的"。在通过纲领性文件承认资本主义国家的基础上，社会民主主义也对资本主义国家的职能进行了区分，淡化国家的政治职能而突出其社会职能，如伯恩斯坦认为国家不是必然成为压迫机关，更主要的是"一种管理机关，它的社会政治性质随着它的社会内容的改变而改变"；韦伯夫妇认为现代政府不再是"专制国家"，而是为公民服务的"管家"。②

第二次世界大战后，西欧大多数国家的社会党上台执政，其他社会党即使作为在野党也是重要的反对党。因此社会党在西欧"成为了这些国家的'当权派'或'现存权力机构'的一个重要的组成部分，

---

① 殷叙彝：《西欧社会党的民主主义国家学说初探》，《西欧研究》1987年第5期。
② 同上。

同时也完全承认了这一制度的政治游戏规则"。至此"社会党与资产阶级共和国的认同过程已经完成"①。在认同和完全融入资本主义国家的基础上，社会民主主义继续淡化国家的政治职能，极力地突出国家的社会职能，围绕资本主义社会的各种社会矛盾和问题进行建设，其中最有影响力的就是建设福利国家。

在此过程中，社会民主主义消灭资本主义的初衷也在逐渐淡化，而融入资本主义的形象日益明朗。在奋斗目标上，成立之初，社会民主主义的奋斗目标是建立替代资本主义的新的社会制度，"对资本主义进行修补是不够的，必须建立一种新的经济和社会制度"，建立"先进、合理、公正的社会"替代资本主义社会②。但现在社会民主主义放弃了最初制度替代的奋斗目标，而是转向价值追求，强调社会的民主主义，并提出这种民主主义不是社会制度，而是社会运动，"是一种调节社会和使市场经济为人类服务的方式"，"是一种思想启示、一种生活方式、一种行动方法和一种始终如一的民主和社会价值的参照"③。在经济基础上，社会民主主义也放弃了最初的公有制追求，代之以资本主义的混合所有制。这些反映了社会民主主义在价值追求和理想目标上发生了根本性变化，与资本主义制度紧紧地融合一起。

总之，社会民主主义原本是作为资本主义的批判者和替代者的身份，其企图通过对资本主义的改造来实现自己的目标，但当社会民主主义深刻地影响资本主义的同时，资本主义也在塑造社会民主主义的命运，"资本主义成功地改造了民主社会主义，使它从最初的目的在于把工人阶级从资本主义剥削中解放出来的革命性政治运动，逐渐成为融合于资本主义秩序中的一支政治力量。这种融合是这样有效，以至于民主社会主义现在成为自由资本主义社会中的支柱之一"④。

---

① ［德］托马斯·迈尔：《社会民主主义的转型——走向21世纪的社会民主党》，殷叙彝译，北京大学出版社2001年版，第6—7页。
② 黄宗良等编：《冷战后的世界社会主义运动》，北京大学出版社2003年版，第248页。
③ 诺斯潘：《答法国〈社会主义杂志〉记者问》，《当代世界与政党资料》2001年第16号。
④ Robert Ladrech and Philippe Marliere, *Social Democratic Parties in EU*, 2000, p.1.

2. 融入多党政治

在对资本主义国家认同的同时，社会民主主义也极力地融入资本主义政治体系之中，特别是对其多党并存、轮流执政的政党制度的接受。社会民主主义认为一党专政破坏了国家或社会的平等准则，容易导致民主与法制的破坏，忽视了人的尊严，消灭了人的自由。"一党专政实际上是暴政的体现，是否定民主社会的精髓，即言论、宗教、批评、自愿结社和同外部世界接触的自由"[1]。为此，社会民主主义主张多党制，"民主制要求不止一个政党有存在的权利和当反对派的权利"[2]。其认为由于现实利益的分化必然导致不同的利益集团，而能够民主表达这些不同利益诉求的就是多党制，各个政党通过竞争来实现执政和反对党的角色。而且通过多党制，社会民主主义可以在竞选中"以平等条件同国内其他执政力量进行竞争，以取得多数人民的授权来实现它的基本价值和基本要求"[3]，所以多党制为各种执政力量和政治主张提供合法的同等竞争的机会，便于全体公民的政治选择，有利于民主的发挥和实现。[4]

在这些思想的指导下，第一次世界大战之后瑞典、英国、法国、德国、丹麦等国家的社会民主党或短期执政，或联合执政。第二次世界大战之后，西欧几乎所有国家社会民主党都先后执政，进入到了社会民主主义执政的黄金时代。尽管在20世纪70年代至90年代初，西欧社会民主党步入了危机时期，各国社会民主党要么在野，要么力量受到削弱，但在90年代中期之后，社会民主主义在西欧神奇复归，特别是在1998年，西欧15个国家有13个国家为社会民主党单独执政或联合执政，西欧进入到了"玫瑰时期"[5]。及至当前，社会民主主义政党在资本主义各国政治中发挥着重要作用，这些政党通过执政或参政深深地影响着资本主义的政治与资本主义体系的发展。

---

[1] 《社会党国际文件集》，黑龙江人民出版社1989年版，第145页。
[2] 同上书，第5页。
[3] [德] 托马斯·迈尔：《论民主社会主义》，刘芸影等译，东方出版社1987年版，第93页。
[4] 李宏：《另一种选择：欧洲民主社会主义研究》，法律出版社2003年版，第111页。
[5] 社会党国际的会徽是粉红色的玫瑰。

表 5-1　西方主要国家的主要政党以及第二次世界大战后社会民主主义政党的政治地位（截至 2015 年 6 月）

国家	主要政党	执政时期	执政时间	议会影响力
美国	民主党、共和党	1945—1953，杜鲁门；1961—1963，肯尼迪；1963—1969，约翰逊；1977—1981，卡特；1993—2001，克林顿；2009—，奥巴马	约 34 年	参议院：民主党 53 席（共 100 席，排第一）；众议院：民主党 199 席（共 435 席，排第二）
英国	工党、保守党、自由民主党	1945—1950—1951，艾德礼；1964—1970，威尔逊；1974—1976，威尔逊；1976—1979，卡拉汉；1997—2001—2005—2007，布莱尔；2007—2010，布朗	约 30 年	下院：工党占 232 席（共 650 席，工党席位排第二）
法国	社会党、人民运动联盟、国民阵线、欧洲环保党、新中间党、民主运动、共产党	总统： 1947—1954，奥利奥尔；1981—1995，密特朗；2012—，奥朗德 总理（部长会议主席）： 1947—1947，拉马迪埃；1956—1957，莫勒；1981—1984，莫鲁瓦；1984—1986，法比尤斯；1988—1991，罗卡尔；1991—1992，克勒松；1992—1993，贝雷戈瓦；1997—2002，诺斯潘；2012—2014，埃罗；2014—瓦尔斯	总统：25 年 总理：22 年	国民议会：议长属社会党，295 席（共 578 席，社会党排第一） 注：法国社会党1969 年改组成立。
德国	基督教民主联盟、基督教社会联盟、社会民主党、自由民主党、左翼党等	1969—1974，勃兰特；1974—1982，施密特；1998—2005，施罗德	约 20 年	社民党 192 席（共 630 席，社民党排第二）

续表

国家	主要政党	执政时期	执政时间	议会影响力
意大利	自由人民党、民主党、北方联盟、中间联盟、意大利价值党、意大利未来与自由党	1983—1987，克拉克西；1992—1993，阿马托；2006—2008，普罗迪；2013—2014，莱塔；2014—伦齐	约10年	参议院：民主党108席（共321席，民主党排第一）众议院：民主党203席（共630席，民主党排第一）
瑞典	温和联合党、人民党、中间党、基督教民主党、社会民主工党、环境党、左翼党、瑞典民主党	1945—1946，温登；1946—1969，埃兰德；1969—1976，帕尔梅；1982—1986，帕尔梅；1986—1991，卡尔松；1994—1996，卡尔松；1996—2006，佩尔松；2014—勒文	约34年	社会民主党130席（共349名议员，社民党排第一）

3. 公民社会的提倡

在认同、肯定资本主义国家，融入资本主义的民主政治体系的同时，社会民主主义认为资本主义民主政治还有待发展：一方面，资本主义传统的政治架构"由于是由远离选民的集团实行统治和受政党政治左右的，在人民知识水平和社会反映能力加强的情况下，该制度已经受到质疑"①，为此必须下放权力给地方和人民才能适应新的发展。另一方面，传统社会民主主义福利国家"无所不在"的干预抑制了公民的自主精神，而新自由主义"最小国家"理念中提倡政治回归社会的思路给社会民主主义以启发，社会民主主义吸收和借鉴了该思路，主张建立和扩大公民社会。其认为公民社会的建立能使每个人都能公正地并且最大可能地参与到社会政治生活之中，以此来建立一个人人都享有机会并积极奉献的社会。当然，公民社会的建立并不是轻视政治和国家，而是政府要适当分权、放权，更加透明、法治和高效，把

---

① 罗云力：《西方国家的一种新治理方式》，重庆出版社2003年版，第104页。

权力下放给地区、城市、社区、各种公民组织和公民个人,给社会和公民创造自我管理和自我服务以及自我发展的空间,"搭建公民社会就要对政府、市场和公民三种'资源'进行重新整合和优化配置,在强调公民作用的同时使三方力量保持均衡,形成互相合作、互相促进、互相制约和监督的机制"[①]。

4. 建立民主机制

除了对资本主义认同、融入多党政治、提倡公民社会外,社会民主主义还积极进行民主机制的改革,以期通过民主机制来实践其价值观。如布莱尔时期的英国工党在党内推行一人一票制,工党所有的重要问题都采用这种一人一票的表决方法,并大力吸收劳工以外的党员塑造全民党的形象;在党外推行地方民主,实行宪政改革,取消贵族在上院议席的世袭制,在一些地区设立地方议会实行权力下放。法国社会党从1997年起在党内实行从中央到地方的各级领导人均为全体党员直接选举,每年至少召开一次全国性的大讨论,就重大问题来征求党员的意见,便于广大党员的参与,在国内民主上建立"无可谴责的"全民民主,保证司法公正,加强工会的建设。德国社会民主党在党内建立各种分类体系,将各种利益群体纳入政党体制中,允许非党员参加组织生活,借助现代化媒体加强中央与地方、党的领导与党员、党员与公民之间的对话和沟通,在党外通过各种渠道加强与选民联系,委托民意机构调研,了解民主意愿,协调各方面利益。奥地利社会民主党在党内实行公开对话,使用多种形式征集基础组织意见,建立论坛,在国内民主中加强民主监督机制使得民众更好地监督行政机关,扩大议会民主增强议员和选民的交往,加强公民对国家事务的参与,保障公民的基本权利。瑞典社会民主党在20世纪90年代以后加强基础组织建设,组织全党范围的政策讨论和建议活动。

(三) 社会体现

一直以来,社会民主主义就注重社会领域的建设,希望通过社会问题的解决来实现社会民主主义的价值追求。《法兰克福宣言》提出:

---

① 罗云力:《西方国家的一种新治理方式》,重庆出版社2003年版,第109页。

第五章 社会民主主义"普世价值"的现实体现及其分析

"社会主义政策的当前经济目标是充分就业,增加生产,提高生活水平,实现社会保障和推行收入与财产的合理分配","民主社会主义的目的,是在实现经济与社会保障和社会日益繁荣的基础上扩大个人自由"[1]。另一方面,社会民主主义由于在经济政治上对于资本主义的依附使得其不再是资本主义的替代者,而演变成为资本主义的改革者或者说改良者。这是因为社会民主主义对于资本主义私有制的无法革除和对资本主义民主政治的融入,使得资本主义的问题无法通过变革资本主义私有制、推翻资本主义制度来予以解决,所以社会民主主义只有寄希望或者说只有侧重于社会领域的建设,以此减轻经济、政治差异,缓解各种对立与矛盾。而其突出的成果就是社会福利政策,这"是民主社会主义基本价值——自由、平等、公正和团结的具体化和制度化,是社会党国际在20世纪取得的最伟大的成就"[2]。因为福利政策是社会民主主义为了实现其价值观而极力主张的社会政策,所以在一定程度上福利政策被称之为社会民主主义的同义语。"福利国家制度不仅体现了西方社会民主党代表社会中下层的特点和传统,而且还是社会民主主义的基本价值——自由、平等、公正、团结、互助的具体化和制度化。"[3]

福利政策是在第二次世界大战后才广泛发展起来,但它并不是社会民主主义的首创,其来源于19世纪80年代以来的一些资产阶级和改良主义的思潮,特别是德国庸俗经济学新历史派的"讲坛社会主义"、英国的费边社会主义、凯恩斯的充分就业理论和英国庸俗经济学的福利经济学[4]。这些学派热衷于阶级调和与社会改良,提倡政府在社会治理中的服务功能的体现,如医疗保障、弱势群体的保障、失业救济、收入分配的相对公平等。

福利政策的实行除了社会民主主义对于上述思想的继承的原因外,

---

[1] 《社会党国际文件集》,黑龙江人民出版社1989年版,第5—6页。
[2] 龚加成:《全球化背景下的新探索》,中央编译出版社2006年版,第102页。
[3] 侯衍社:《"超越的困境":第三条道路"价值观"述评》,人民出版社2010年版,第161页。
[4] 徐崇温:《民主社会主义评析》,重庆出版社2007年版,第206—209页。

还在于资本主义发展过程中资产阶级为了缓和社会矛盾，巩固其阶级统治的需要——资本主义在其发展过程中，由于固有矛盾导致了一系列社会问题，如贫富的分化，失业的增加导致了工人阶级生活的恶化，为了缓减工人运动带来的压力，也为了保障资本主义国家生产的顺利发展，福利政策应运而生。

第二次世界大战以后，西欧的英国率先进行了福利国家制度的建设。执政的工党通过提出一系列生活改革方案，如建立国民医疗保障体系，实施教育、住房、救济等方面的改革，建立了世界上第一个"福利国家"。而后，其他国家纷纷以英国为模板逐渐建立了福利国家制度。纵观西方福利国家的发展历程，可以分为三个阶段：从第二次世界大战后到20世纪的50年代末期是其建立阶段，主要是西欧各国基本制定了社会保障的相关法律，并建立了相关的主要项目和管理机构；从20世纪60年代初到70年代初为西方福利国家的成熟时期，这一时期，各国纷纷完善法律和机构，并在现实实践中不断推行相应制度，获得了较好的社会效果；从20世纪70年代至今为调整时期，这一时期各国福利制度面临着新的危机，为了应对危机，各个国家纷纷进行了一些针对福利制度的调整和革新。

由于社会民主主义调整福利政策的原因众多，且在各个国家的诱致因素不同，在这里不一一列举，但其中经济全球化威胁着福利国家及其价值追求是主要的因素。福利国家制度是社会民主主义的基本价值观的具体化，社会民主主义一直强调和追求自由、公正、团结、民主、人权等价值，而怎样将这些抽象的价值具体化或者说通过现实来进行表现，社会民主主义在其追求社会领域平等的基础上逐渐找到了福利国家这一载体或者途径。但由于经济全球化的发展，福利国家的载体受到了冲击，而社会民主主义的价值观也受到威胁。"全球化意味着把竞争两个字写得很大，把团结互助几个字写得很小"[①]。不仅如此，全球化带来了全球的不公正，导致了种种问题。为此，社会党国际在第二十二次代表大会上就讲道："全球化进程给社会党国际的民

---

① 张世鹏：《二十世纪末西欧资本主义研究》，中国国际广播出版社2003年版。

主左翼、社会民主党和社会党带来了特殊的困难。一个多世纪以来，民主国家作为最主要的工具，一直致力于建设一个更平等、共同参与和民主的社会。这一社会民主主义目标在'二战'后西欧建立的福利国家中得到了最完美的体现。目前，全球化及其复杂的进程威胁并要摧毁已经取得的进步。"①

为了减缓和抵御全球化对于其所倡导的福利国家带来的负面影响，重塑福利国家，西方发达国家的社会民主主义政党纷纷进行了改革，其中最主要的基本点为实行积极的福利政策②——鉴于之前福利政策仅仅是保障收入的福利政策，并由此带来了诸多问题，社会民主主义提倡"无责任即无义务"为核心的积极福利政策。一方面福利政策不是完全由国家来承担，而应该由政府、社会和个人共同承担；另一方面，个人不仅仅是享受福利政策，同时也应该创造条件和贡献能力来回馈国家和社会。这是对社会民主主义传统的突出国家和集体责任的改进，社会民主主义将责任的定义延伸到个人领域，提倡个人回报社会的责任。因为传统社会主义注重个人权利的保护，但不附带任何条件和要求的个人权利极易异化为自私和贪婪，造成了福利欺诈、依赖、懒惰等问题，并将社会民主主义所追求的团结互助、公正等变异为"左派个人主义"，个人在理所当然地享受社会所赋予的好处时丝毫没有承担相应的责任和义务，所以社会民主主义在革新福利国家制度时提倡个人责任，探寻积极福利政策，强调个人应该回报社会，为社会和他人承担相应的责任和义务，即创造一个人人为社会、社会为人人的新体制。

积极福利政策强调了"四个转变"③，一是投资主体的转变。福利的投资变国家投资为社会投资，建立由政府、企业、社会团体和个人合作提供的"社会投资国家"。二是平等观念的转变。改变传统的带

---

① http://www.socialistinternational.org/viewArticle.cfm?ArticlePageID=76，社会党国际网站。
② 焦风梅：《挑战与应对：西欧社会民主主义变革论析》，中国社会出版社2009年版。
③ 侯衍社：《"超越的困境"：第三条道路"价值观"述评》，人民出版社2010年版，第176—178页。

有平均主义倾向的结果平等，提供符合风险社会的机会平等。三是风险管理方式的转变。由传统的事后关怀转变为事前预防，把风险防范于未然或化解到最低限度。四是就业观念的转变。鼓励和引导民众从福利走向工作，通过采取积极的措施来增加就业，以此摆脱民众对福利的依赖，调动民众工作的积极性和能动性，在缓解福利支出压力的同时促进社会的发展。

在现实中，社会民主主义力量在20世纪90年代后期进入"玫瑰时期"执政后也通过积极调整政策来改革和完善福利国家制度①，这些制度也构成了社会民主主义在后冷战时期的主要社会政策。

20世纪90年代中后期英国工党政府针对总人口5800万中就有100万成年劳动力从未工作的现状，提倡"从福利到工作"，先后实行了"青年新政""长期失业新政""50岁以上者新政""单亲父母新政""失业者配偶新政"等政策解决就业问题，增拨11.9亿英镑用于技术培训。并颁布《雇佣关系法》（1999年）、《雇佣法案》（2002年），通过立法，"实现雇主和工会关系的持久改变。冲突与蔑视应该为合作和伙伴关系取代"②。同时工党还提高社会保障捐税，降低保险收益，并对富人进行征收医疗费。布莱尔指出新的福利政策不仅仅是一种施舍，而更多的是一种扶持，"其遵循的基本思想是，减少传统福利救济的受益范围，将主要的救济对象集中在老人、无劳动能力者和带小孩的家庭，而以教育和培训作为一种促进就业、提高就业者收入的普遍福利形式；其基本原则是，为有能力工作的人提供工作，为无能力工作的人提供保障；其基本方式是，以社会投资国家来代替传统的福利国家，使政府由提供所有的社会保护转为提供组织和规范；其基本要求是，国家、社会机构和个人，各自承担自己的责任，协同努力，建立一个强大的公民社会"。③

---

① 林建华等：《冷战后欧盟诸国社会民主党政坛沉浮研究》，人民出版社2010年版，第86—238页。

② ［德］沃尔夫冈·麦克尔等：《社会民主党的改革能力》，童建挺译，重庆出版社2009年版，第63页。

③ 林建华等：《冷战后欧盟诸国社会民主党政坛沉浮研究》，人民出版社2010年版，第112页。

德国社会民主党在1998年执政后,施罗德政府就对福利政策进行了改革:将"同失业作斗争和强化经济"作为解决德国经济和社会问题的核心,宣布提高所得税基本减免金额借此减轻低收入群体的负担;减少社会保险开支,提高儿童补助金,开辟就业领域,使领取失业和社会救济金的人尽快就业;提出了青年培训计划,扩大投保人员范围,建立有期限的老年预备金等。2006年,贝克担任党主席后,推动了新党纲《汉堡纲领》的通过,《汉堡纲领》重申了"自由、公正、团结"的基本价值观,并在社会建设方面,提出了"防范性社会国家"的理念,即个人责任和国家保护的平衡,要求国家在保护社会成员免受贫困的同时让个人获得能自主生活的能力。并在充分就业的基础上提出了"好的工作"的提法,即不违反人的尊严的工作,报酬公正和得到社会承认的工作,作为"好的工作"的措施,社会民主党提倡建立最低工资标准,雇员辞退保护、建立劳资社会权利平等企业章程。在教育方面,纲领提出政府应该更多地投资教育事业,扩建儿童照料设施和全日制学校,减少家长负担。

法国社会党在莫鲁瓦时期增加家庭补贴,提高最低工资、最低养老金和对残疾人的补助,并缩短工时,实行带薪休假,降低退休年龄等措施。在诺斯潘时期实行积极的福利政策,将消减就业与消减福利结合起来,实行"青年就业"计划,签署"就业团结公约",制定《社会现代化法》《反就业歧视法》,为民众提供就业机会,并在财政上减轻企业税收负担;在就业方面缩短工作时间,扩大公共部门就业,改革事业保险制度,激活劳动市场;通过提高社会救济金来抑制社会排斥。诺斯潘时期"突出对人的劳动能力的培养,而不是直接对其提供经济的维持力。他鼓励人们放弃失业救济,树立甘于冒险的创业精神和工作精神,并认为政府应该积极加以引导并为人们提供就业门路,用社会投资国有企业的方式来取代福利国家,要充分就业而不是充分救济,即变'授人以鱼'为'授人以渔',努力培养和提高人们的工作能力,便依赖社会为立足社会"。[①]

[①] 林建华等:《冷战后欧盟诸国社会民主党政坛沉浮研究》,人民出版社2010年版,第147页。

奥地利社会民主党 1998 年党纲提出党的任务是使国家更好地为民众生活利益服务并提出了一系列建议和措施，如重视对公民的劳动培训，创造良好的人居环境，保障地区间的均衡发展，发展公共交通事业，保证公民特别是妇女的就业机会，加强劳动保护特别是预防性劳动保护，扩大社会保障网络，改革教育制度使公民享有均等的受教育机会。

瑞典社会民主党在 1994 年大选获胜后对过去的福利政策进行了大幅度改革，如改革深化保障津贴，下调养老金、儿童补贴、住房补贴，压缩政府预算、减少假日和病假补贴，要求失业者随时准备工作；改革深化保障的筹措模式，加大个人缴费力度，投资职工的技能培训，放宽就业规定，允许企业雇用临时工，等等。

总的来说，社会民主主义福利国家制度的内容包括：社会保险制度，如养老保险、医疗保险、失业保险、事故保险；社会补偿制度，如国家对因公致残或死亡的人给予一定的补偿；社会补助制度，国家对于各种特殊困难的人给予补助；社会救济制度，国家对依靠自己力量不足以维持必要生活水平实行的救济。福利国家制度的实行缩小了贫富差距，缓和了阶级矛盾，在一定程度上扩大和保障了公民的自由与人权，体现了社会民主主义一贯的基本价值追求。

二　社会民主主义"普世价值"的国际体现

社会民主主义不仅在国内提倡自由、公正、团结、民主、人权等价值，而且其还一直秉承国际主义理念，将基本价值上升到国际层面，追求国际性的自由、公正、团结、民主、人权。

（一）社会民主主义的国际主义[①]

社会民主主义诞生之初就标榜自身为国际性的运动，在各个社会民主主义政党的党章、纲领或文件中都直接或是间接地提倡国际主义，在社会民主主义的发展过程中，国际主义就一直是社会民主主义力量进行联合发展，实现基本价值诉求的理想旗帜。

---

① 此部分参见笔者博士学位论文和相关论文。

在第一国际和第二国际期间，为了组织与发动工人阶级运动、共同反对资本主义以夺取政权，社会民主主义高举国际主义的旗帜来实行工人的联合。但到了第一次世界大战期间，西欧社会党放弃了国际主义精神，纷纷加入到所属国家的战争中，丝毫不在乎这些国家是资产阶级统治的国家。这样，社会民主主义的国际主义被民族主义、国家主义的情绪所湮没，为此社会民主主义也与共产主义分道扬镳。到了20世纪20年代，社会民主主义进一步与共产党进行意识形态的区分和决裂，重拾国际主义的口号建立了社会民主主义中左力量联合的国际组织。第二次世界大战结束后，社会民主主义为了壮大自身力量和扩大影响，又在国际主义的旗帜下进行了区域性与全球性的联合，建立了各洲地区性的社会党组织和社会党国际。尽管社会民主主义在建立这些联合性组织时宣称是坚持国际主义原则，要实现劳动者之间的联合，但从20世纪50年代到70年代，其是以"党际主义"代替"国际主义"，因为社会民主主义对同样是劳动者利益代表的共产党采取的是抵制和限制交往的态度，其国际联合的范围狭小，只是限于社会民主主义自组织力量的联合。到了70年代后，由于种种原因导致西欧社会党走向低潮，在政治受挫的同时使得社会民主主义重新评价和定义国际主义。在1981年10月法国社会党的第六次代表大会上，法国社会党在《争取社会主义，实现变革》报告的第四部分以"实行新国际主义"为标题重点讨论了国际主义，该部分分析了实行国际主义的原因、必须避免的陷阱，并提出和论述了新国际主义。提出"新国际主义是一种反对剥削和不平等的阶级选择"，其主体"主要是欧洲的工业化国家的劳动者的团结"，其目的"是针对国际资产阶级的世界主义而创立的，首先是针对帝国主义的所作所为"，但同时"承认国家的存在，尊重和热爱祖国"，"社会党的国际主义支持第三世界的解放斗争和以此为基础的民族与社会解放的蓬勃发展，它还全力支持各国人民捍卫民族生存独立的经济和文化发展的权利"。法国社会党首次提出的新国际主义突破了之前社会党国际主义中"党际主义"的局限，自此社会民主主义也开始与共产党进行接触，其国际主义发展成了超越意识形态合作的新国际主义。

新国际主义的提出和实施为社会民主主义的复兴奠定了基础。在20世纪90年代以后，世界环境的变迁和全球问题的凸显使得社会民主主义更加高举国际主义旗帜，其不仅与左翼联合，而且还与右翼妥协，并将国际主义与其基本价值观"团结互助"相融合，极力地提倡超越民族国家界限，让渡国家主权，致力于全球社会的治理。这些思想和实践使得社会民主主义的新国际主义继续发展。在2003年社会党国际的第二十二次代表大会上，秘书长的报告以"走向新国际主义"为结束语，对新国际主义进行了重新阐释。在2012年社会党国际的二十四大上继续提倡新国际主义，大会认为新国际主义是与团结互助的价值文化紧密相连的，新国际主义能够传播民主、保证进步性的变革、强化安全、承担集体责任、解决全球社会的各种难题，是实现让所有人能够享受自由、公正和其他权利的新的全球社会的必要条件和有效途径。

无论是旧的国际主义，还是新的国际主义，社会民主主义都是将其置于合作的基础之上，这既有社会民主主义为了现实发展的需要，同时也是社会民主主义基本价值观的体现，因为团结互助是社会民主主义的三大基本价值观之一，而各个主体之间的团结互助又是实现社会民主主义其他价值观的基础。

1. 社会党之间的党际交往

社会民主党之间的党际交往是西欧社会党在战后国际联合的第一步，共同的思想基础和信念构成了它联合的基础，早在1889年的第二国际的成立就证明了"合作对社会民主党和社会党来说不是新东西"[①]。1951年的社会党国际重建证明了这一点。当然，对于战后西欧各国社会党来说，除了传统合作理念和基础外，欧洲在经济和政治发展过程中的一体化进程使它们在党际联合方面又有了新的动因，另外由于在第二次世界大战抵抗法西斯运动中的贡献而使得社会党在战后获得了国民的拥护和国内政治的认同，在战后它们大多在国内执政或参政，融入了资本主义政党政治体系之中，为了抵抗来自国内和国际

---

① 陶涛：《西欧社会党与欧洲一体化研究》，北京大学出版社2001年版，第214页。

右翼的进攻和更好地在欧洲一体化中实现政党利益,各国政党纷纷走上了联合之路,其形式从政党之间的联合一直到组成共同的组织。

第二次世界大战之后的西欧社会民主主义的党际合作始于欧洲的一体化的实体阶段。1950年,舒曼提出了著名的关于欧洲煤钢铁共同体的计划并准备在1950年到1952年的各国政府首脑会议上讨论,为了准备这次会议,社会党国际建立了一个关于欧洲联合的研究小组,以代表其6个成员国参加此次对话,这是欧洲社会党之间关于这一特别问题所作的首次合作。1952年,欧洲煤钢共同体开始活动,共同体大会内意识形态相同或者相近的党派开始联合,最终在1953年形成了三大跨国党团:社会党党团、基督教民主党团和自由党及其联盟党团,而其中欧洲共同体六个成员国的社会党在1953年6月组建了欧洲社会党联络小组和一个常设的秘书处,1957年,六国社会党召开了第一次代表大会,成立了联络局,此后联络局作为加强六国社会党党际合作的常设机构发挥着重要作用。

1967年,欧洲煤钢共同体、经济共同体和原子能共同体合并形成了一个统一的欧洲共同体,这表明随着经济、政治、社会、货币一体化的发展,一个统一的欧洲正在形成,社会党有必要建立自己的"超国家机构",1974年欧洲共同体社会党联盟成立,联盟成员包括了当时欧共体9个成员国中的10个社会党,这标志着西欧社会党之间的合作进入了一个新的阶段,西欧社会党也"通过努力,就重大问题为跨国进程指明道路"[1]。

1991年12月,欧洲共同体12国首脑在马斯特里赫特峰会上通过了《欧洲联盟条约》,该条约倡导欧洲实行联邦化,并规定"作为联盟内的一体化因素,欧洲一级的政党具有重要意义。它们有助于形成一种欧洲的意识和表达联盟公民的政治决心"[2]。可见,欧洲社会党的联合与欧洲一体化紧密相连,欧洲社会党促进了欧洲一体化的进程,而欧洲一体化反过来促成和加强了欧洲社会党之间的党际合作,在西班牙工人社会党、法国社会党的建议下,1992年11月,欧洲共同体

---

[1] 陶涛:《西欧社会党与欧洲一体化研究》,北京大学出版社2001年版,第137页。
[2] 《欧洲共同体条约集》,戴炳然译,复旦大学出版社1993年版,第435页。

社会党在海牙召开第十八次代表大会,此次代表大会正式宣布在原来联盟的基础上建立欧洲社会党,欧洲社会党在协调西欧各国社会党的欧洲政策方面发挥着重要作用,并在欧洲联盟中具有强大的影响,其也是当前西欧社会党党际合作的最高形式。

2. 社会民主主义的左翼联合

左翼联盟主要是指左翼政党(社会党、共产党、绿党、新社会运动等)在一定时期内建立的某种形式的力量联合[①],其中主要是指社会党和共产党的联合。社会党和共产党的联合最早可以追溯到20世纪30年代,由于面临法西斯的威胁,自20年代后从国际工人运动中分裂的两党在反法西斯斗争中并肩作战,组成人民阵线运动,进行了成功的合作。一直到第二次世界大战时期有些国家的两党一起参加了联合政府,如法国、意大利、奥地利、芬兰等,其时两党的联合达到了相当成熟的阶段。但第二次世界大战后,当法西斯的威胁被消除后,来自共产主义的威胁上升为西方资本主义国家的首要威胁,意识形态的差异、战后西欧政治对美国的依附性及两党在国内外政策上的分歧等原因使得从50年代开始共产党和社会党的关系重新回到20年代的敌视和对立状态。

进入到70年代后,社会党和共产党逐渐走向缓和,促成它们缓和的原因是多方面的[②]。而两党关系的缓和并不是说明两党之间分歧的消弭或融合,而是由于客观环境导致双方利益的合作,正如一位政治评论家所言,"法国社会党和共产党人之间的结合不是基于爱情的婚姻,而是基于利害关系的婚姻"[③],这可以说是整个社会党与共产党合作的写照,当然,两者的合作有共同的思想渊源和阶级基础,但更多的是基于利益关系的结果,"只要结合的双方还能从中得到好处,即使感情完全破裂,婚姻仍能维持下去"[④]。由于欧洲各个大国多为多党

---

① 陈林:《激进,温和,还是僭越?当代欧洲左翼政治现象审视》,中央编译出版社1998年版,第80页。
② 同上书,第221页。
③ 法国《世界报》1982年1月9日。
④ 陈林:《激进,温和,还是僭越?当代欧洲左翼政治现象审视》,中央编译出版社1998年版,第115页。

第五章 社会民主主义"普世价值"的现实体现及其分析

制国家,各大政党往往势均力敌,单独一个政党无法在议会或大选中获得多数而单独执政,意识形态相近或政策主张趋同的政党往往组成政党联盟来参与国家政治,因而,为了反击右翼的联合进攻,左翼政党也通过某种形式组成政党联盟。这样形成了以自由党、保守党为首的右翼集团和以社会党为首的左翼集团两极政治,这种两极政治又为两党的联合提供了契机和平台。社会党需要的是共产党及其选民的支持从而壮大自身的力量在政党政治中获胜,共产党需要的是与社会党的联合来在表达自己的政治主张。1975年5月,法国、意大利、比利时、西班牙、希腊、葡萄牙等国社会党领导人在法国会晤,共同赞成同共产党的合作。

进入80年代,社会党和共产党的合作在欧洲进入了新的阶段。在法国,1981年共产党和社会党在总统选举前夕合作,共同推荐密特朗为统一的总统候选人,结果取得了胜利,密特朗也由此成为法兰西第五共和国第一位左翼总统;在意大利,1983年6月的议会选举,由社会党、天民党、社民党、共产党和自由党组成的五党联盟获胜组成政府,社会党总书记克拉克西担任总理;在联邦德国,1986年社民党举办了"40年后的社民党和共产党人"的讨论会,对1972年颁布的限制共产党人和其他左翼进步人士活动的《反极端分子法》进行了反省。

随着社会党与共产党关系的缓和,两党的合作也逐渐突破国界的限制,在世界范围内开始频繁的接触:1973年秋,49个共产党和社会党代表参加了在莫斯科举行的世界和平大会;1978年社会党国际在赫尔辛基召开国际裁军会议时,邀请了苏共的代表参加;1983年以后,意共与联邦德国社民党、法国社民党多次会谈。

20世纪80年代末90年代初,由于苏联东欧社会主义国家的纷纷解体导致共产党社会党化,以及冷战格局崩溃后世界政治环境的变迁所导致多方面的问题,如地区冲突的增多、恐怖主义的猖獗、自由主义泛滥等等,再加上全球化冲击下所产生一系列世界性问题,如生态环保、资源匮乏等等,使得社会党和共产党的合作在实质上进一步发展,出现了以学术联合为基本形式的左翼大合作，在形式上更加丰富[①]：如 90 年代初，西班牙《体制》基金会创办"未来的社会主义"论坛；1995 年 9 月法国巴黎召开"国际马克思主义大会"；1996 年希腊《抗议》杂志社发起"全球左翼期刊及研究机构大百科"计划，等等。除了学术联系外，还出现了组织上的合作，如 2004 年 5 月欧洲 15 个左翼政党在意大利首都罗马成立了"欧洲左翼党"。

3. 社会民主主义的右翼妥协

社会民主主义在资本主义政治图谱中属于左翼的一部分，但是自第二次世界大战之后，随着社会民主主义逐渐融入资本主义体系之中，其在不断调整政策的过程中致使左翼身份越来越淡化。尤其到冷战结束后，右翼力量（新保守主义、新自由主义）发展得越来越强势，而为了适应现实的发展和自身发展的需要，社会民主主义逐渐借鉴和吸收右翼力量相关思想，在这个过程中其与右翼的区别也越来越小，甚至有很多趋同的印记，因此在发展过程中，社会民主主义被冠以"左翼中的右翼、右翼中的左翼"的称号，"第一，社会民主党已对现存国家完全认同，它与新自由主义政党在维护民族国家利益上是一致的，只有政策上的差别，没有原则上的分歧；第二，社会党已不再主张生产资料公有制，而是主张混合经济制度，在这一点上与新自由主义也没有根本性区别；第三，社会福利国家制度是自由主义政党与社会主义政党共同建立的……双方的差别主要表现在新自由主义政党认为经济衰退的主要原因之一是福利国家制度，而社会主义政党则只是主张改进这一制度"[②]。

第二次世界大战后，为了维护资产阶级利益，推进社会发展，社会民主主义与新自由主义、新保守主义相互借鉴，相互融合，如新自由主义和新保守主义逐渐放弃原来所一直坚持的市场经济放任原则，开始借鉴和实施社会民主主义的国家干预社会经济的思想，只是其国

---

① 陈林：《激进，温和，还是僭越？当代欧洲左翼政治现象审视》，中央编译出版社 1998 年版，第 161 页。

② ［德］托马斯·迈尔：《社会民主主义的转型——走向 21 世纪的社会民主党》，殷叙彝译，北京大学出版社 2001 年版，第 14—15 页。

家干预范围和程度与社会民主主义的有所不同；并且也逐渐认同和实施社会民主主义所主张的社会福利制度，以此来缓和社会矛盾和部分解决社会问题，只不过他们社会福利制度实施的程度和内容有所不同。而社会民主主义也改变原来的阶级基础设定，开始疏离工人阶级这一阶级基础，反对劳工运动和社会主义，只是其手段与右翼的略有不同。在第二次世界大战后到20世纪60年代，美国和西欧等资本主义国家纷纷实行新自由主义的政策，这些政策在美国被民主党政府所借鉴，杜鲁门、肯尼迪、约翰逊时期都借鉴和实施过新自由主义的政策，特别是克林顿执政时期，克林顿一直声明自己既不是自由派，也不是保守派，而是新的民主党人。他吸收了很多具有共和党色彩的主张，如改革低收入群体相关政策，减少合法移民所享受的社会福利内容，取消贫困家庭未成年子女资助计划，削减贫困家庭领取食品券的数量。对此，美国《时代》杂志评论克林顿为"执行温和的共和党纲领的温和派民主党总统"。

（二）社会民主主义的全球政策（外交政策）与价值追求[①]

社会民主主义的全球政策体现了社会民主主义的基本价值观，在20世纪50年代，社会民主主义紧随美国的对外政策进行反共反苏，认为共产主义导致个体的不自由、不民主；20世纪60年代针对美苏争霸的局面反对两大霸权主义，认为霸权主义是威胁世界和平的主要因素，并且影响着自由、民主、人权；20世纪70年代后在继续反对霸权主义的基础上开始改善与共产党的关系，加强与发展中国家的交往，支持建立国际新秩序，以反对不公正、不合理的旧秩序。冷战结束以后，针对全球新的形势，社会民主主义提出了全球治理思想。其中最主要的是作为整体意义上的社会党国际的全球治理思想和作为革新力量的第三条道路的全球治理思想，同时社会民主主义的主要政党美国民主党和英国工党提出了一系列外交政策——这些全球政策（外交政策）既体现了社会民主主义的基本价值诉求，也是社会民主主义基本价值诉求的推广。

---

① 此部分参见笔者博士学位论文和相关论文。

1. 社会党国际的全球治理思想与价值诉求

社会党国际通过其在冷战后期一系列国际会议表达了其全球治理的思想：1996年的第二十次代表大会上，社会党国际针对后冷战时期全球环境的变迁所带来的全球经济问题进行了讨论，并通过了《世界经济宣言》《创造和平、保卫和平宣言》《21世纪人权议程宣言》三个宣言，提出了国家之间的合作与超国家治理的思想；1999年的第二十一次代表大会上，社会党国际通过了《巴黎宣言》，宣言初步表明了社会民主主义对于全球化的分析，并提出了基本对策；2000年的《全球进步宣言》中，社会党国际进一步讨论了全球化；2003年的第二十二次代表大会上，社会党国际以"政治的回归：为了公正负责的全球治理——实现人民对全球化的治理"为主题明确提出了其全球治理思想。总的来说，社会党国际全球治理思想及其价值诉求的内容有以下几个方面。

（1）强调政治优先来实现社会民主主义的价值观念

社会党国际在二十一大的《巴黎宣言》中提出"首先重要的是政治要对全球化负责"，在二十二大的《圣保罗宣言》中又补充道"对于走向一个更加平衡的全球经济和一个更加公正的世界的障碍，主要来自政治上而不是技术上"[1]。社会党国际认为全球化的进程必须由政治来引导，这样才能创造公平的全球社会，实现社会民主主义所倡导的基本价值观，为此社会党国际主张政治优先于经济，经济运行的全球化必须伴随这一个平等的政治全球化。

为什么要强调政治优先，主要有两个方面的原因[2]：一是社会民主主义全球治理的外在环境，"全球化概念指出了一个方向，而且只有一个方向：经济活动的空间在扩大；它超越了民族国家的边界，因此重要的是政治调控的空间也在扩大"；二是在于社会民主主义本身的原因，社会民主主义追求公正、平等和团结等价值观，如果任由全球化自由发展而不进行政治治理，将会增大不公正，所以社会党国际

---

[1] http://www.socialistinternational.org/viewArticle.cfm? ArticlePageID = 76，社会党国际网站。

[2] 龚加成：《全球化背景下的新探索》，中央编译出版社2006年版，第180页。

发现在全球化中必须要依靠和运用政治的作用来制定规则,加强治理。

对于政治的作用,社会党国际认为是:"政治家的工作是促进经济活动和鼓励不同公司之间的竞争,避免在市场发展过程中的垄断倾向,从而提高消费者的地位;政治的责任是满足普遍的受教育的权利、健康的权利和老年人受到照顾的权利、儿童和年轻人得到保护的权利;保证诸如交通、能源、通信和信息等公共服务部门的正常运行;保护环境;保护世界上每一个角落里的公民的人权;创造新的国际秩序来保证和平与安全,尊重不同身份特征的多元化,在尊重普遍的人权的同时学会分享不同的价值"[①]。

社会党国际认为要实现全球的民主化治理,就必须把地区、国家和地方层面的治理与全球机构结合,充分地激发和发挥国家、地方政府和国际机构的作用与功能,通过政治改革和建设来加快全球民主治理的步伐。

(2) 通过国际合作来建立共同负责的全球经济新体系

20世纪80年代末90年代初,当两极格局结束后,原东欧社会主义模式纷纷被资本主义模式取代,而许多新成立资本主义的国家在欧美自由主义飞速发展的诱惑和资本主义本性的驱使下,不加批判地接受了自由主义的发展思路或模式。而这种发展模式建立的基础是"经济的无控"和"漠视社会心声",其以"货币和预算就是一切"为核心理念,漠视环境和民主、人权、正义,认为"全球化只是为了追求最大利润,可以在任何地方做任何事情的一种无序的进程",结果导致了前所未有的经济失衡、绝望和不公正。社会党国际在1996年二十大所作的《世界经济宣言》中也历数了自由主义发展模式所带来的恶果和经济全球化对世界经济所带来的负面作用。

如何解决全球经济问题呢?其实在十四大上,社会党国际就提出了要建立"国际经济新秩序"。及至冷战结束后,社会党国际认为建立"公平和平的世界秩序"大有可能,但新自由主义发展模式的全球应用及其后果冲击了社会民主主义建立国际经济新秩序的设想,使得

---

① http://www.socialistinternational.org/viewArticle.cfm?ArticlePageID = 76,社会党国际网站;也可参见孙君健《社会党国际的全球治理思想》,《河南社会科学》2004年第1期。

社会民主主义不得不进行理论更新和政策调整，重新认识其国际经济政策。1992年的十九大上，社会党国际极力强调了国际合作和实行区域一体化，以反对欧美的"新保护主义"。1996年的二十大上，社会党国际希望通过建立"共同负责的新体系"来解决全球化问题。1999年的二十一大上，社会党国际提出了超国家机构层面的市场调节。其后的几次大会，社会党国际也陆续提出了一些主张。综合社会党国际的历次代表大会精神，其全球经济政策的总体内容为：通过国际合作和超国家的层面来实行市场调节，构建一个共同负责的全球经济新体系。

社会党国际认为：经济全球化和对立国家集团的消失给民族国家和以国家为核心的国际秩序产生了巨大的影响，技术、资金、人才的跨国界流动使得民族国家的政治自主性范围不断缩小，单独应付经济全球化的能力在衰弱，单个国家不再能够成为市场调节者，各个民族国家正在通过地区一体化过程向超国家方向发展，鉴于此形势，在《全球化能否调节》一书中，作者古铁雷斯（曾任社会党国际经济政策、发展与环境委员会主席）主张在超国家层面上进行市场调节，建立地区性组织和集团，实行地区间合作，他认为，正在南美形成的南美共同体将是未来最好的模式，因为其是集政治、经济、社会为一体，同时又融入世界一体化网络中，通过与其他网络成员的对话可以减少两极化、贫困等全球化的不利之处。

在国际合作和超国家层面进行市场调节的设想基础上，社会党国际又提出了构建"共同负责的新体系"，通过共同负责的新体系来应对经济全球化，并在国际合作和超国家进行市场调节过程中，激发民族国家的力量，保留有效的决策权以交还给民选政府，加强政府对选民的责任。"共同负责的新体系"要求加强国际合作，全面复审布雷顿森林体制和世界贸易组织的原则和规定，其框架为：发展由扩大的七国集团或联合国经济安全委员会协调的全球复兴纲领，以促进世界发展和与贫困作斗争；在国内和世界的水平上创造就业和提高生活标准，由此增强南北之间和东西之间的凝聚力；复审国际货币基金组织和世界银行的作用，承认有必要提出不同经济体制的多样化并通过思想、政策和制度的更加多样化来解决，而不是由单一的结构调节和贸易收益的范例，或单一的管理模式来限制；改革国际货币体制，使之有利于降低汇率的易变性并促进世界经济向可持续发展的合作；以强调需要降低投机交易，并因此有利于国际货币与资本市场的稳定为尺度，增加国际金融市场的透明度与可说明性；加强多边贸易体系，使各国履行现有的世贸组织制订的条约中提出的义务，推动进一步的市场开放，并通过以对社会问题的协商和增加对贫困国家的优惠待遇来强化多边贸易体系；提高妇女权利、政治参与和机会平等；加强联合国组织中那些涉及环境的机构（例如"可持续发展委员会"和"环境工程"）以及和可持续发展相关的金融机构，等等[1]。

(3) 建立"正义与和平的世界秩序"，鼓吹"普遍人权新秩序"

随着冷战的结束，军备竞赛和核战争似乎在减弱，但地区性冲突、大规模杀伤性武器和常规武器的大量存在已然威胁着世界和平，也冲击着社会民主主义的基本价值观，为此社会民主主义在冷战之后极力提倡建立"正义与和平的世界秩序"，并鼓吹"普遍人权新秩序"。由于公正和人权的内容在前面已经介绍，在此介绍一下社会民主主义的和平观。

和平观对于社会民主主义而言是其在冷战后提出的新的基本价值观，但这并不代表社会民主主义在之前就忽视和平，因为自社会党国际成立之后它就一直高举维护世界和平的旗帜。在1951年的《法兰克福宣言》中，社会党国际就将维护世界和平作为民主社会主义的最高任务，所以社会党人要为"建立一个和平与自由的世界而努力"[2]；在1962年的《奥斯陆宣言》中，社会党国际又强调社会民主党人寻求的是持久和平[3]；在1976年的第十三次代表大会决议中，社会党国际宣

---

[1] 此部分参见笔者博士学位论文或相关论文。
[2] 社会党国际文件集编写组编：《社会党国际文件集》，黑龙江人民出版社1989年版，第8页。
[3] 同上书，第146页。

称"对于实现社会主义的总目标来说,和平是必不可少的"[①];1986年第十七次代表大会通过的《利马声明》中表示社会党国际"要为争取和平、世界经济发展和环境保护而斗争"[②];在1989年十八大《原则宣言》中指出:"和平是我们一切希望的前提条件。它是一切政治制度共同利益之所在和人类社会必需的基本价值观念。"[③] 90年代,面对苏东社会主义国家解体后世界政治环境的急剧变迁,社会党国际更是将和平确立为对外政策的首要目标。在1992年的十九大上,社会党国际反对极端民族主义、新保守主义和原教旨主义,认为这些是冲突和战争的根源;在1996年二十大上,社会党国际将和平问题列为重点议题,并专门就和平问题通过了《创造和平、保卫和平宣言》。社会党国际在宣言中"再次呼吁所有政府、社会运动和个人为建设一个正义与和平的世界秩序而努力",他们认为"正义与和平的世界秩序"应建立在民主、人权和法制的基础之上。社会党国际二十二大上通过的《圣保罗宣言》提出:"和平不仅仅意味着没有战争,而是在公平、正义和维护共同利益基础上正确处理和协调国际关系的结果。这在面临着日益增长的恐怖主义威胁的今天,特别重要。"[④] 在2008年的二十三大上,社会党国际将和平定义为指导其政治行动的根本价值观念,主张以和平的方式来解决冲突,要促进国际上的相互宽容,提倡多边主义、对话和谈判,并认为民主的政治秩序和公平的国际经济是维持和平的关键,还认为确保世界和平首先应该解决的问题是禁止大规模杀伤性武器、防止核扩散。2012年的二十四大上,社会党国际继续主张通过多边努力来建设一个可持续的、繁荣的、公平的、和平的世界。

---

① 社会党国际文件集编写组编:《社会党国际文件集》,黑龙江人民出版社1989年版,第295页。
② 同上书,第482页。
③ http://www.socialistinternational.org/viewArticle.cfm?ArticlePageID=984,社会党国际网站。
④ http://www.socialistinternational.org/viewArticle.cfm?ArticleID=186&ArticlePageID=76&ModuleID=18,社会党国际网站。

2. 吉登斯的全球治理与全球民主思想①

20世纪90年代，第三条道路依据冷战结束后全球政治经济环境的变化提出了一系列的全球政策，而作为第三条道路精神导师——吉登斯的全球治理思想无疑是第三条道路全球政策的主要内容和重要思想指导。吉登斯在《第三条道路：社会民主主义的复兴》与《第三条道路及其批评》等著作中全面地表达了其全球治理思想，其全球治理思想倡导超越民族国家，构建世界性民族，实现全球民主，这些充分体现了社会民主主义关于全球性民主的价值观念。

（1）超越民族国家，构建世界性民族

吉登斯的全球治理思想从民族国家入手，对民族国家的认同和归属进行了分析。他认为，民族国家与民族主义的认同和归属有双重性，一方面其提供了"公民的整合机制"，但另一方面，"民族主义却会十分好战，民族主义者的狂热在过去一个半世纪中已经导致了许多毁灭性的冲突"②，所以需要不断完善一种更加具有世界大同色彩的民族观，消弭大规模的民族国家之间的战争。

全球化使得公民、地区、国家等层次之间的联系越来越紧密，而各种跨国交往也使得民族国家的界限逐渐模糊化，所以"必须构建更大范围的民族认同，使个人、世界性民族和世界性国家三者有机地结合起来"，③"只有当民族认同能够宽容地对待矛盾的心理或多样化的关系的时候，它方可成为一种能够发挥良性影响的因素"，个人才能有"世界公民的整体感"，所有民族都是"混血民族"。④

"移民国家"的存在与不断发展为吉登斯所认为的"世界性民族"的构建提供了可能性：在过去，民族在很大程度上是在与其他民族的对抗中构建起来的，但现在"战争不再是外交的最后手段，外交压倒

---

① 此部分参见笔者博士学位论文。
② [英]安东尼·吉登斯：《第三条道路：社会民主主义的复兴》，郑戈译，北京大学出版社2000年版，第134页。
③ 刘仁胜：《英国工党第三条道路理论中的全球化治理理论述评》，《教学与研究》2001年第5期。
④ [英]安东尼·吉登斯：《第三条道路：社会民主主义的复兴》，郑戈译，北京大学出版社2000年版，第135页。

一切的目标已经开始阻止战争,至少在核冲突的意义上是如此"①。在各个民族相互交融和有着共同利益的驱使下,民族之间的认同越来越普遍,而民族认同的开放性使得"世界性民族"能够在当前相互承认民族特性的基础上,在合作共存的国际环境中得以建立,这也会大大地降低国家之间的大规模战争。同时,"世界性民族"意味着民主可以在全球范围内广泛地进行传播,以促进全球公民社会发展。另一方面,全球化的冲击使得各国的权力会通过民族协商的形式上移到全球的层面,所以从这种程度上来看,国家已经不再是传统的单纯的民族国家,其成为了"世界主义的民族国家"②,这形成了世界性国家的雏形。不过,吉登斯也承认"在真正的世界层面,现有的各个机构仍然是政府间的,它们的运作建立在各个国家达成协定的基础之上,它们几乎没有权力介入这些国家"③。

(2) 建立全球性民主治理机制

构建世界性民族需要一套完善的管理机制,而当前作为区域性治理的欧盟的蓬勃发展为这种世界性的治理提供了借鉴。欧盟起先是作为两极化世界的一部分而产生与存在的,但发展到当前,欧盟建立了从欧洲联盟层面到成员国家层面再到市民社会层面的自上而下的多层治理体系,并建立了欧洲议会、欧洲理事会等权力的运作机制,尽管目前欧盟的这些体系、机制还不是很完善,存在着种种问题和局限,但它们在发展欧洲社会、协调欧洲各国间关系等方面发挥着巨大且积极的作用,欧洲联盟的成立与运作既在一定程度上保证了欧盟各个国家的相对利益,同时又保证了整个欧洲的整体利益,为全球治理体系的构建起到了积极的示范效应和指导作用。

在总结欧盟这种可以称为微型的全球性治理体系的基础上,吉登斯提出了建立全球治理机制的思想。他以欧盟为模本,根据其组织原

---

① [英] 安东尼·吉登斯:《第三条道路:社会民主主义的复兴》,郑戈译,北京大学出版社2000年版,第145页。

② 裴援平等:《当代社会民主主义与"第三条道路"》,当代世界出版社2004年版,第260页。

③ [英] 安东尼·吉登斯:《第三条道路:社会民主主义的复兴》,郑戈译,北京大学出版社2000年版,第148页。

则和精神，设想了全球治理的形式结构为："一个代议机构（议会），一个行政机构（委员会），一个政府间组织（理事会）以及联盟的司法系统（法院）。"① 吉登斯认为，尽管在全球层面所设置的机构在地位与职能上与现存的此类型机构有所区别，但基本原则是相通的。他还认为可以从联合国里划分出理事会和议会，而联合国议会可以参照欧盟中议会的形式建立，议会代表来源于联合国各成员国，各成员国按照其国家人口的数量选派代表数量，至于一些很小的国家则可以专门设立校正制度；至于全球性法院，应该体现其高效率性和普遍性，其管辖权可以延伸到各个国家甚至是公民。

为了避免这种超越民族国家的议会式民主遭到来自国家层面的冷漠甚至敌视，吉登斯表示"世界性的民主不只是一种管理权逐渐向全球层次上集中的过程，它同时也意味着权力向各个地区散布的向下运动"②。这种双向性扩展是有效地进行全球治理的前提条件之一，"它们所做到的这些事情不只是发端于理想主义，而且是出自于自利的动机，今天，世界性治理结构中所蕴涵的利益与所有国家都是密切相关的"。③

（3）通过国际干预达到全球民主治理

吉登斯认识到全球治理和构建全球民主会面临着许多的问题，这些问题涉及经济、政治、文化、社会以及生态等诸多方面，其会存在于民族国家内和超越民族国家的范畴。而如何解决这些问题，吉登斯的主张的路径是国际介入和干预，如在全球经济治理中，对于那些非民主的和贫穷的国家，"国外的援助可以起到帮助的作用，特别是当能够刺激国内改革时，尤其如此"；④ 在全球生态管理中，"需要制定

---

① ［英］安东尼·吉登斯：《第三条道路：社会民主主义的复兴》，郑戈译，北京大学出版社2000年版，第152页。
② 同上书，第154页。
③ 同上。
④ ［英］安东尼·吉登斯：《第三条道路及其批评》，孙相东译，中共中央党校出版社2002年版，第134页。

各种各样的政策"对各国进行约束和管理;① 在对企业权力的管制中,对于那些如同无赖国家一样的"无赖公司","需要国内政府和国际法的特殊对待";② 在追求全球民主的过程中,"国际行为的准则和标准,尤其是在人权和人道主义的法律方面,需要加以普遍化"。③

吉登斯特别讲到国际介入与干预对于战争的控制。按照他的认识,在全球化发展的今天,各个国家之间的交往日益密切,国家之间的相互依赖在加深,这使得自然资源对于国家发展的重要性在降低,领土对于国家的国力和繁荣而言没有像以前那样的重要,所以当前的战争不再是为了资源、领土的争夺而引发的老式战争,而是变为民族国家内部各种冲突的新式战争,如腐败、犯罪、合法性危机、社会分裂、信仰认同、种族矛盾等。尽管这些冲突主要集中在民族国家内部,是局部性的,但其往往会超越国境,影响和波及全球,从而把"各种各样的跨国机构和跨国关系卷入进来——如国际电视摄制组、外国顾问、联合国工作小组和非政府组织"④。

所以,新式战争不仅危害着民族国家内部,也威胁着世界的和平与发展。比如新式战争中冲突的各派力量会利用人口的政治控制来驱逐或攻击异己,从而达到自己的目的,这使得平民是受害最深的群体,也会导致全球难民的数量增多。另外,在新式战争中,交战各方会通过抢劫、贩毒、武器交易等各种途径来获得经济来源。这些做法越来越增加民族国家内部的动荡和贫困,而且这些原本发生在民族国家内部的冲突一旦超越民族国家的界限,就会给其他国家甚至是全球带来极大的威胁。所以新式战争尽管与老式战争不同,但同样威胁着世界的和平与发展,国际社会有必要对战争进行干预。

吉登斯以科索沃战争和前南斯拉夫地区为例进行了分析,"全球化重新定义了国家主权,个人权利已成为一个日益扩大的国际法的主

---

① [英] 安东尼·吉登斯:《第三条道路及其批评》,孙相东译,中共中央党校出版社2002年版,第145页。
② 同上书,第149—150页。
③ 同上书,第164页。
④ 同上书,第157页。

题，对科索沃的干预没有经过联合国的合法授权，而对东帝汶的干预却得到了联合国的许可，这两件事提出了原则上和实践上的难题，但是不采取行动所导致的后果已通过发生在卢旺达的大屠杀可怕地展现出来"。① 而如何更好地解决这些危机，吉登斯认为首要的方案就是要预防危机的发生。新式战争中各方会运用各种方式方法来达到政治控制，这种情况下不能再妄谈重构政治的合法性或法律秩序，所以对于新式战争不能沿袭传统的思维方式来解决，"谈'侵犯主权'没有实质意义，也许这只是一种错误的思考方式"。② 并且新式战争尽管源于民族国家内部，具有地方性，但其会迅速地波及或涉及民族国家之外的团体和组织从而具有全球性，所以"根本不存在不干预，因为外部的卷入本来就是新式战争的本质特征之一"。③

吉登斯还总结到："不应把注意力集中在普遍意义的维和上，而是应集中关注世界主义原则的实行。"④ 在新式战争中不应仅仅保持中立，而应通过外界干预实现公正。"中立是指对冲突各方可能采取的任何行为不采取任何反对立场——国际红十字会这样的组织就持这种立场。公正的含义是指要在战争的任何一方或双方违反国际法规范的情况下强制实施这些规范。"⑤ 总结充分地反映了吉登斯的全球民主与全球治理是与干涉主义结合的。

（三）英美社会民主主义的外交政策与价值追求

在社会民主主义基本价值观特别是国际民主的指引下，现实各国社会民主党结合本国国家利益制定或调整政策，提出价值观与本国利益的结合，并在全球大力地推行他们所理解和定义的价值观念及其标准，其中最有代表性的就是美国民主党和英国工党的外交政策与价值追求和与之相关联的新干涉主义。

---

① ［英］安东尼·吉登斯：《第三条道路及其批评》，孙相东译，中共中央党校出版社2002年版，第158页。
② 同上书，第159页。
③ 同上。
④ 同上书，第160页。
⑤ 同上书，第161页。

1. 美国民主党的外交政策与价值追求

1992年,民主党的克林顿当选为美国总统,而当时的全球背景是美国的最大对手苏联解体,世界社会主义陷入低潮,这为美国确立全球的霸主地位提供了机会。为此,克林顿政府积极调整国际政策,谋求美国全球利益的最大化:1993年其用"扩展战略"替代了之前布什政府的"遏制战略",并提出了美国外交政策的三大支柱,即全球民主化、经济实力、军事安全。克林顿政府之所以将全球民主作为对外政策的三大支柱之一,主要源于美国在冷战结束后国内孤立主义的回升,这就需要充分的理由来支撑美国在世界上的领导作用,而这个理由就是"民主"。同时,克林顿政府将民主与美国的国家利益结合,提出"推进民主对美国的安全和繁荣是一个促进",在1994年《国家安全战略报告》中又提到"扩大民主生活和自由市场国家大家庭有利于美国所有的战略利益——从在国内促进繁荣到在国外遏制全球威胁"。而美国推进民主的主要方针是:"在总体布局上,提出以强化'民主'堡垒、消化民主成果、演化民主敌手为三大步骤,把加强西方国家的内部协调、扶植新生民主国家、打击敌视民主与市场的国家列为基本方向。"[①]

在奥巴马执政期间,美国确立了包含共同防御、全球发展和民主外交三根支柱的美国全球战略,2009年,美国国务卿希拉里提出"支持民主与促进发展是美国政府在21世纪人权议程的基石"。[②] 将人权、民主、发展作为一个联系的整体。2010年,奥巴马在《国家安全战略报告》中强调,美国要通过坚持"民主"与践行美国的价值观来为美国赢得"对抗暴政的美誉",也为其他国家的人民提供"指路之灯"[③]。奥巴马政府也特别强调坚持"普世价值":在2000年的《四年防务评估报告》中提出了"安全、繁荣、广泛尊重普世价值,以及能够促进

---

① 尚鸿:《美国克林顿政府外交政策评析》,《外交学院学报》2001年第2期。
② http://theory.people.com.cn/GB/136457/18119980.html.
③ 同上。

合作行动的国际秩序"①，并在同年的《美国国家安全战略》中提到"长期安全和繁荣有赖于对普世价值的坚持"。②

2. 英国工党的外交政策与价值追求

英国工党的外交政策尽管有国家利益的出发点，但道德立场也贯穿着工党的外交政策之中。如第二次布尔战争、参加第一次世界大战、英帝国改革和非殖民化、核武器等问题上英国工党内部都有关于道德问题的争论。1997年工党领袖布莱尔当选为英国首相。在1997年4月21日，布莱尔发表了第一次外交讲话，"英国在过去的六年中根本没有真正的外交政策……在国际事务上，英国不应该采取狭隘、胆怯和易变的立场，英国有能力在世界承担领导地位"③，为此开启了布莱尔时期积极甚至是激进的外交改革措施。

（1）以人权为核心的道德外交。布莱尔外交政策的重大调整就包括以"道德标准"为重要内容推行其价值观的外交调整。布莱尔政府的外交大臣库克在工党胜利后就讲到"在外交政策上不讲政治价值是不能接受的"，所以外交政策"必须有道德标准"。他的讲话突出了将人权问题作为制定外交政策的中心。"保护和提高人权作为我们外交政策的一个中心内容"。国防大臣罗宾逊也在9月18日提出"本届政府已经有了一个明确和不同的外交政策计划……我们认为，英国的外交政策必须建立在明确的道德原则基础上，而不是被强烈的利益所驱……当世界已经变成一个地球村的时候，我们不能无视人权痛苦和经济、社会的危险，即使我们的民族利益并不与此直接相关"。④ 1999年布莱尔在一次演讲中谈道："我们生活在孤立主义已经没有存在理

---

① The Department of Defense of US, *Quadrennial Defense Review Report*, February 2010, p. 9, http: //www.defense.gov/qdr/images/QDR_ as_ of_ 12Feb10_ 1000.pdf.（上网时间：2013年3月18日）。转引自冯峰《"普世价值"与美国全球战略》，《现代国际关系》2013年7月。

② The White House, National Security Strategy, May 2010, pp. 7, 17, http: //www.whitehouse.gov/sites/default/files/rss_viewer/na-tional_security_strategy.pdf（上网时间：2013年3月18日）转引自冯峰《"普世价值"与美国全球战略》，《现代国际关系》2013年7月。

③ 转引自刘成《欧洲社会民主主义的缘起与演进》，重庆出版社2006年版，第172页。

④ http: //www.mod.uk.

由的世界……我们现在都是国际主义者，不管我们要还是不要……如果我们想保证安全，我们就不能无视其他国家的冲突和人权暴力……我明确承认，国家利益已经融入国际合作之中。"① 在科索沃战争中，布莱尔提出"不是为了力量的均衡，而主要是防止科索沃人道主义的灾难"，库克也提到是为了"自由、公正和同情"。在阿富汗战争中，布莱尔就提出"捍卫正义"是英国参战的唯一理由，反恐战争是一个道德义务。在伊拉克战争中，布莱尔在议会上讲道："我们不能看着伊拉克人们生活在持久的恐怖之中，而我们英国人却享受着自由。我们应该去做符合良心的事情。"

（2）国际共同体理论。1999 年布莱尔在北约华盛顿首脑会议期间，发表了著名的以"国际共同体主义"为题的演说，这次演说是对库克"全球外交政策"的发挥和深化，也标志着布莱尔主义形成。国际共同体理论认为：全球化使世界发生了根本性的变化，这种变化"不仅仅是经济方面的，也是一种政治和安全现象"，因为全球经济的相互依赖导致国内市场跨越国界形成国际市场，而一国的内部事务也因为"溢出效应"而成为"国际化"的事务，影响到周边国家或者其他与之有着联系的国家，"亚洲金融危机减少了芝加哥人的就业机会，而巴尔干冲突将使德国和美国出现严重的难民问题"，因此在这样一个时代，国家是世界主义的国家和全民的国家，国家应该以更广阔的事业来追求自己的利益，"国家利益在很大程度上是由国际合作来实现的"，国家应该"通过积极参与和积极合作来满足自身利益"。②

（3）干涉主义理论。布莱尔在共同体理论的基础上提出了干涉主义的理论。布莱尔认为国际社会的国家面对威胁不再是另外的国家，而是像种族主义、核武器、恐怖主义的威胁，国家内部事务也国际化，所以各个国家及其民众应该抛弃阶级对抗的意识和冷战的思维，改变过去以不干涉内政为主旨的孤立主义，必须对这些威胁和问题进行干涉，而普遍的人权原则使得干涉行为能够为国际社会所接受，但民族国家的主权却成为这些国家侵犯人权的保护伞，所以西方发达国家有

---

① 转引自刘成《欧洲社会民主主义的缘起与演进》，重庆出版社 2006 年版，第 175 页。
② 转引自崔洪建《国际关系中的布莱尔主义》，《国际问题研究》2003 年第 3 期。

义务来捍卫人权这一人类普遍的价值观。

（4）重构全球秩序。在国际共同体主义的指导思想下，英国号召西方世界共同行动起来，以人权为原则，运用干涉手段来消除一国国内问题从而消除对其他国家造成的威胁，同时要对联合国等国际性组织的作用、运作进行反思和改革，必要时可以建立由民主国家组织的国家组织来取代联合国，进行全球秩序的重构。

3. 新干涉主义

在克林顿主义和布莱尔主义的基础上产生了第三条道路的新干涉主义。新干涉主义以维护人道主义和西方的民主、人权价值观为旗帜，主张通过武力的方式来干涉他国内政。"其以人道主义为幌子，以武力为实际手段对主权国家进行干涉"。① 按照布莱尔的话来说就是"国家主权并不及人权和防止种族灭绝重要，而我们的价值观的传播会增进我们的安全"。②

新干涉主义吸收了欧美新右派的强硬立场与"老左派"的理想主义。新右派的代表是英国的撒切尔和美国的里根，他们认为当国家利益面临威胁时，可以毫不犹豫地采取军事行动；而老左派则倡导人道主义，追求和平、反对战争。社会民主主义认为两者都具有冷战的色彩，因此在冷战结束后欧美社会民主主义政党改革了以前老左派的理想主义并吸收了右派的强硬立场，逐渐形成了社会民主主义新的外交政策即新干涉主义。

新干涉主义的提出与科索沃危机有着直接的联系，而科索沃战争也是新干涉主义的重要实践。在20世纪90年代，南斯拉夫联盟内部发生了因为民族之间的争端而爆发的军事冲突，尽管这只是南斯拉夫内部事务，但是欧美国家以防止人道主义灾难为借口对此次冲突进行了武装干涉，而这种干涉并没有得到联合国安理会的授权。在长达78天里，北约组织对南斯拉夫这个主权国家进行了狂轰滥炸，而此次战

---

① 裴援平等：《当代社会民主主义与"第三条道路"》，当代世界出版社2004年版，第265页。

② 转引自耿丽华《论"第三条道路"与新干涉主义》，《辽宁大学学报》（哲学社会科学版）2001年第9期。

争被称为"第一场'第三条道路'的战争",因为发动战争的主要是西方社会民主主义政党,其中德国社会民主党是德国战后第一个批准了德军进行海外参战的执政党,而英国工党领袖布莱尔更是坚定的鹰派。这些社会民主主义力量纷纷为自己的干涉行为寻求理由和借口,而这些理由与借口无一例外的是其价值观。"当我们说科索沃发生的事情令人发指时,那不仅是战略利益的体现,同时也是价值观的体现。"①"我们不是为土地而战,而是为价值观而战。在'新国际主义'下,残酷镇压少数民族将不再被容忍,那些需要对这些罪行负责的人不能逍遥法外。"②布莱尔认为"捍卫人类普遍的价值观"是他们的"权利",也是"义不容辞的义务",社会民主主义为了捍卫和推广所谓价值观,可以超越民族国家的主权界限——这就是新干涉主义逻辑。

第二节 社会民主主义"普世价值"现实体现的分析

社会民主主义在经济、政治、社会和国际领域的相关政策和实践贯穿和体现着社会民主主义的基本价值观及其"普世追求",由于这些体现一方面将抽象的价值观念泛化为普遍的价值追求,另一方面这些价值追求及其体现又深深地融入资本主义体系之中,服务和服从于资本主义的发展,所以其不可避免地存在着种种局限和不足。

一 社会民主主义"普世价值"的国内体现分析
（一）经济体现分析
1. 混合所有制的分析
社会民主主义混合经济思想并不是社会民主主义的发明,其早在

---

① 克林顿、布莱尔等:《把思想变为行动》,欧阳景根编《背叛的政治——第三条道路理论研究》,上海三联书店 2002 年版,第 51 页。
② 转引自裴援平等《当代社会主义与"第三条道路"》,当代世界出版社 2004 年版,第 259 页。

19世纪末就产生了。19世纪末资产阶级政治经济学中的"国家社会主义"流派提出混合经济论,1876年阿道夫·瓦格纳在《政治经济学原理》中就提出"仅仅基于一种或者仅仅基于两种组织原则的国民经济未必可能有的","整个国民经济正是以这种混合经济为基础的"。① 而资本主义经济危机的频繁发生为混合经济思想的实践提供了现实平台,使得政府干预与自由经济、国营经济与私营经济、凯恩斯主义与经济自由主义交杂在一起,共同维持着资本主义经济的发展,由此一些资本主义经济学家认为混合经济是解决资本主义问题的有效途径。

秉承着多元主义与实用主义的社会民主主义接受了这些混合经济的论调。英国的费边社在1886年的《费边社社会主义论》中就认为发达资本主义的经济是私人资本主义经济和社会化经济的混合经济;英国工党的侯·达尔顿在1935年的《英国实用社会主义》中提出资产阶级国有经济是社会主义的社会化成分,他在1953年发表的《新费边论》否认实行混合经济的英国经济是资本主义经济,并认为英国经济是资本主义成分和社会主义成分结合的混合经济——这些都构成了社会民主主义主张混合经济的思想来源。

另外,社会民主主义之所以主张公有制向混合经济的转变,还因为社会民主主义在现实实践过程中所主张的资本主义私有制基础上的公有化或国有化并没有达到预期的效果,反而还出现种种问题,也使得社会民主主义在选举政治中的失利。如英国工党在1955年和1959年选举中连连失利,德国社会民主党在20世纪50—60年代长期不能执政、党员萎缩。这些使得社会民主主义在公有制问题上逐渐退缩,对私有制也没有原来的强硬的批判态度,而是逐渐融入资本主义私有制的框架之中。如1951年荷兰社会党弗格德就认为国有化并不是什么原则问题;法国社会党人莫克认为在法国实行国有化丝毫没有改善工人的状况;德国社会民主党人艾希勒认为实行社会主义化已不能当作是解决所有社会问题的办法。② 德国社会民主党也在《哥德斯堡纲领》中提出私人所有制只要不妨碍公正的社会秩序的建立,就应该得到保护

---

① 转引自徐崇温《民主社会主义评析》,重庆出版社2007年版,第175页。
② 同上书,第165页。

和支持；英国工党在1995年修改了党章第四条，宣称其目标不再是实现公有制，而是建立为公众利益服务的经济。社会民主主义认为在资本主义社会，公有制并不是目的，而是一种对经济进行监督和防止私有企业剥削公众的手段，尽管私有制导致社会的高效率而无公平，但生产资料的社会化则会导致形式上的公平而缺乏效率，所以混合经济在一定程度上能够形成一个效率与公平并存、活力与稳定并存的社会。

当然，社会民主主义所提倡并实施的混合经济不是社会主义的公有制和资本主义的私有制的混合，而是在私有制基础上资本主义的国有与私有的混合，是资产阶级混合经济论的改良版。早在19世纪末期资产阶级政治经济学就提出混合经济，"仅仅基于一种或者仅仅基于两种组织原则的国民经济未必是可能的，更不用说使这种国民经济成为一种历史现象而存在了，这种组织原则总是混合在一起"，资本主义的经济"正是以这种混合为基础的"。[1] 在19世纪末期的费边社会主义就将混合经济作为改良主义的一部分。

在提出和实施混合经济的过程中，社会民主主义对资本主义私有制是否是导致社会弊病根源的认识和公有制地位作用的态度发生了转变，"民主社会主义合乎逻辑地得出两个结论：一是资本主义社会各种弊病的根源并不是私有制本身，而是财产权的使用不当以及由此产生的分配不公。所以，没有必要从根本上消灭资本主义私有制。二是公有制不是社会主义的前提和基本特征，它只是校正、修补资本主义私有制的一种辅助性手段"。[2]

实际上，资本主义实行包含生产资料公有化的混合经济是由于资本主义私有制发展过程中固有矛盾的运作使得资本主义不得不通过国家来承担对生产的领导，同时也是保障资产阶级消解危机、保持利润的一种手段。如英国收归国有的企业大都是极度衰落的企业，为此必须通过国有化来重构，并且付给私人企业主的国有化赎金远远大于企业实际价值。"英格兰银行实行国有化以后，原来拥有自备1450万英

---

[1] ［德］阿道夫·瓦格纳：《政治经济学原理》，转引自徐崇温《民主社会主义评析》，重庆出版社2007年版，第175页。

[2] 李宏：《另一种选择：欧洲民主社会主义研究》，法律出版社2003年版，第56页。

镑的该行股东，从国家得到了赎买证券5800余万英镑，而且这些证券保证他们获得年利率30%的收入"。① 同时资本主义混合经济的历程表明，资本主义经济仍然是以私有制为基础的，根据WTO的数据显示，在1990到2000年，OECD的24个国家的资本构成中，私人资本在各国总资本中的比重平均上升了5.3%。

私有化是基础，而国有化只是作为一种手段，一种恢复和发展经济、在有限地保障工人和社会利益的基础上促进资产阶级利益的手段。"当资本主义处在恢复工业和消除战后破坏阶段，国有化的鼓吹和实行往往流行起来；而当回复过程过去，企业利润空前迅速增长，垄断组织不再需要国有化时，私有化浪潮往往取代国有化而席卷一切"。② 建立在私有制基础上以个人主义为核心文化的资本主义市场经济在一定程度上反对国家的干预，尽管社会民主主义所提倡的国家干预有限，但在事实上国有化或者公有化的思路是与私有制基础相矛盾的，从总体和长远来讲，资本主义私有制反对国有化和公有化，只要存在资本主义私有制，民众对于生产资料占有的缺失必定导致其经济地位、社会地位和相应的权利得不到真正实现，社会民主主义所追求的社会公平、正义等价值观就不能真正实现。马克思在《共产党宣言》中就已经指出资产阶级私有制导致阶级对立，使得一些人对另一些人的进行剥削，所以要想达到自由、公正、人权，就必须消灭私有制。列宁也认为"在保存生产资料私有制的情况下，所有这些使生产更加垄断化、更加国有化的措施，必然会加重对劳动群众的剥削和压迫，造成被剥削者反抗的困难，加强反动势力和军事专制，同时，必然会使大资本家靠剥削所有其他居民阶层而得来的利润急剧增加"，③ 因此，必须消灭私有制才能改变上述状况——尽管这是列宁在20世纪上半叶针对垄断资本主义的分析，但今天依然有强烈的现实意义。

2. 工人参与经济分析

工人参与经济决策与管理是社会民主主义主张经济民主的重要内

---

① 徐崇温：《民主社会主义评析》，重庆出版社2007年版，第179页。
② 同上书，第180页。
③ 《列宁全集》第29卷，人民出版社1961年版，第441页。

容。从表面上看，工人在这些资本主义的调整中得到了权利，维护了利益，经济和政治上的地位有了较大的改善，达到了"平等"，但如果我们仔细分析社会民主主义在资本主义框架之内的这些提法、政策及其实践就会发现，工人参与经济决策和管理只是社会民主主义对于资本主义发展的一种改良，其最终获益的是资产阶级。"资本主义制度下工人参与决策与管理制度的实行，丝毫也不意味着改变资本主义制度和实行新社会制度的开始，而只是资产阶级在资本主义制度的范围内实行的一种改良罢了。"① 首先，工人参与经济决策与管理只是资本主义发展的一种调整。这种调整一方面是工人不懈斗争的结果，另一方面是资产阶级为了巩固和继续维护其统治，防止劳资冲突而做出的妥协与让步。其次，工人参与经济决策与管理在实质上促进了资本主义的发展。通过工人参与经济，赋予了工人一定的自主权，调动了他们的积极性、主动性和创造性，提高了经济效益，稳定了资本主义社会，也使得资产阶级追求利润最大化得以实现。再次，工人参与经济决策与管理只是一种形式的平等。这种形式的平等主要通过法律、政策的平等得以体现，但事实上由于资产阶级占有生产资料，再加上这些平等都有一定的条件限制，所以工人并没有获得与资本家相对等的平等权利。如联邦德国1976年法令规定党监督委员会主席选举中选票不足2/3时，由资方决定主席人选，享有双票制；监督委员会表决的最后决定权在主席手上；企业董事会的劳方经理人由资方提名；等等。"这种制度的阶级实质只能是让工人以被雇佣者的身份去参与雇主及其专家代理人剥削和压榨工人的决策和管理，而不可能具有民主社会主义所赋予这种经济民主的种种'伟大意义'。"②

可见，在资本主义私有制上进行的工人参与经济决策与管理丝毫解决不了真正的平等、公正、自由、人权、民主等问题，社会民主主义在资本主义体系的这些理论和实践是一种配合资本主义发展的改良，而"这种生产关系的基础上实行的行政上的改良……丝毫不会改变资

---

① 徐崇温：《民主社会主义评析》，重庆出版社2007年版，第196—197页。
② 同上书，第194页。

本和雇佣劳动的关系"。①

（二）政治体现分析

1. 对资本主义及国家认同的分析

社会民主主义发展之初曾接受过马克思主义的指导，从而也接受了马克思主义关于资本主义的态度及其国家观。马克思主义认为国家是阶级矛盾不可调和的产物，资本主义是一个剥削、压迫的社会，"现代国家，不管它的形式如何，本质上都是资本主义的机器，资本家的国家，理想的总资本家。它越是把更多的生产力据为己有，就越是成为真正的总资本家，越是剥削更多的公民"②，所以必须推翻资本主义，建立共产主义。社会民主主义也认为资本主义是一种异己力量，必须予以推翻，故最初阶段的社会民主主义是作为资本主义的替代者身份登上历史舞台的。但在其后的发展中，社会民主主义逐渐偏离马克思主义，接受拉萨尔的道德国家理论，继承和发展了拉萨尔带有抽象、伦理色彩的国家观，并逐渐融入资本主义体系之中，承认资本主义国家及其政治结构。

社会民主主义的这种转变从资本主义体系的角度来分析的话，一是资本主义在其发展中不断地调整自身，从而为社会民主主义的融入创造了体系环境；二是资本主义在其发展过程中逐渐建立了现代的民主政治，如政党制、议会制、选举制等，这为社会民主主义的民主提供了现实平台。

从社会民主主义来看，一方面资本主义政治体系及其所蕴含的价值体系与社会民主主义的理论体系和价值取向有一致性。资本主义的民主政治有着城邦民主的渊源，在15—16世纪资本主义萌芽特别是文艺复兴时期资本主义思想家以人文主义为指导，提出了"天赋人权""个性自由"等主张，提出了人民主权、代议制、权力分立与制衡、法治等思想，从而使得君主走向民主、神权走向人权，奠定了资本主义民主政治的理论基础，也是社会民主主义的理论来源。

---

① 《马克思恩格斯选集》第1卷，人民出版社1995年版，第302页。
② 《马克思恩格斯选集》第3卷，人民出版社1995年版，第753页。

另一方面，社会民主主义在其发展中由替代转变到逐渐融入资本主义体系，成为资本主义体系的最主要政治力量之一，由此，为了实现社会民主主义的民主，其反对通过暴力和革命的方式推翻资本主义这一外在环境及其现实的各种民主平台，而认为必须是在平等的条件下与其他党派进行竞争，以此赢得人民的支持，通过和平和改良的方式，在资本主义宪政框架体系内利用议会、普选、政党竞争等途径来实现民主。

在这些因素的作用下，社会民主主义融入资本主义政治体系，通过参政、执政、反对的身份极大地影响着资本主义的发展。如第二次世界大战后的凯恩斯主义和福利国家政策的提出在一定程度上缓解了资本主义经济危机的危害，维护了社会的公正，特别是维护了中下层民众的权益，促进了社会的发展；再如20世纪90年代第三条道路的提出和实施特别是在强调公正与效率结合的基础上较为成功地解决了新自由主义的危机，通过个人与社会关系的重新确立推动了资本主义的革新，使资本主义在不断调整中获得进一步的发展。

但社会民主主义对资本主义及国家的认同也带来了消极影响，其导致社会民主主义摒弃了左与右的界限，大胆和大幅度地淡化左翼色彩，放弃传统的价值追求，向右翼靠拢。如社会民主主义逐渐放弃或淡化社会主义目标、阶级属性，突出民主、跨阶级合作与支持，这在一定程度上使得社会民主主义具有包容性，其发展逐渐走向所谓的全民性，表面上扩大了社会基础，但社会民主主义的理论、政策和实践与中右政党靠拢，不仅使得社会民主主义身份尴尬，传统的选民无所适从，归属感降低，也使得广大选民失去了政治选择而产生政治冷漠。

2. 民主政治的分析

社会民主主义在认同和融入资本主义体系及国家的同时，充分利用现实平台来追求其民主的现实化，如积极参与到资本主义的政党政治中去，与其他资本主义政党竞争，轮流执政，并提倡公民社会的构建和民主机制的完善。这些似乎实现了社会民主主义所追求的全民的民主，但实际上资本主义的民主政治是由其经济基础决定的，资本主义的私有制这种经济上的不平等也导致了资本主义政治的不平等，其所谓的民主政治被拥有大量财富的资本家所垄断,资本主义的民主政治在一定程度上是少数人垄断的民主政治。①

首先,从政党政治来看,资本主义的政党政治是少数政党所垄断的政治。按照西方公共选择理论的提法,政治市场如同经济市场一样也存在着垄断。资本主义国家普遍实行两党制和多党制,如美国是两党制的典型,但其实美国除了民主党和共和党外还有其他的政党,而这些政党对美国政坛的影响微乎其微,甚至可以说是忽略不计,民主党和共和党垄断了美国的政治市场。如美国建国以来的总统就一直由共和党和民主党的人当选,所有州的法律主要由民主党和共和党制定和执行。其他资本主义国家尤其是发达国家的政党政治也几乎都被少数政党所把控。如英国主要由工党和保守党所垄断,法国主要由社会党、人民运动联盟、国民阵线等少数政党垄断。所以从表面上看两党制或多党制导致权力的分立与制衡,能够实现政治的民主,但这些资产阶级政党都是资产阶级利益和要求的代表者,在本质上是一致的。而且这些主要政党被少数金融寡头所控制,金融垄断寡头通过支持政党和个人来控制着国家政权,政党政治本质上是资产阶级权力的内部分配和资产阶级权利保障的途径。

其次,从公民社会来看,资本主义的公民社会独立性较差,难以表达自身权力。公民社会主要以非政府组织为主要形式,但资本主义社会的非政府组织在一定程度上受控于资本主义政府,因为非政府组织的主要经费来源于政府各种新式的捐赠、补贴与合同购买和垄断资本的基金,如美国政府社会服务方面的花费50%以上投向非政府组织;美国的兰德公司、布鲁金斯学会、国际战略研究中心、企业研究所等资金来源主要是垄断资本的基金会,这些严重影响着非政府组织的独立性。并且发达国家利用一系列严格的法律制度控制和管理着非政府组织,非政府组织的成立和运行服从政府的法律和管理,所以这些非政府组织与资本主义国家的关系是补充与合作的关系,其要服务和服从于资本主义国家的发展。如美国福特基金会曾明确表示人才培

---

① 周一鑫:《发达资本主义国家的政治垄断》,《红旗文稿》2011年12月27日。

养的宗旨是在海外直接或间接地推进美国的利益。至于在西方广泛存在的工会组织则被政府控制，成为弱势的利益群体，普遍具有政治冷漠感。如 2006 年美国只有 12% 的工人参加工会，劳工组织占全部注册利益集团的比重仅为 1%。并且"工会组织的影响力下降。据皮尤中心 2013 年 4 月 15 日发布的数据，2012 年，美国工会减少了 40 万名成员。印第安纳州和威斯康星州等削减了政府雇员组织工会的权利。工会领导者认为工会成员最大的增长潜力在私营部门。但是，根据美国劳工统计局的统计数据，私营部门只有 6.6% 的员工参加工会。2013 年 7 月 18 日，底特律市申请破产保护。这是美国历史上申请破产保护最大的城市。尽管美国州、县、市政雇员联合会、美国汽车工人联合工会、退休人员协会等工会组织都提出了反对，联邦破产法院仍然裁定该市符合美国《破产法》的规定。工会和退休员工代表认为市政府的破产申请完全没有考虑工会等组织的诉求。当地民众愤怒地走上街头进行抗议"[①]。

最后，从选举政治来看，选举是资本主义民主政治的支撑，也是社会民主主义政治民主的主要途径和基础。社会民主主义对资本主义国家的参与、政党政治、公民社会、党内外民主等最主要的民主形式是选举，以选举为途径、以选民为中心和以选票为导向的执政参政原则极大地促进了社会民主主义对资本主义政治体系的融入，同时也促进了资本主义民主政治的发展。第一，选举政治是政治制度的支撑，选举一方面是通过选举将民众纳入到程序民主之中，并实质性地推动了民众民主权力的行使和民主权利的保障；另一方面，政党通过选举动员、组织和指导了民众参与民主政治生活。第二，政党和议员通过参与国家政权的活动一定程度上传达和实现了民众的公意；再次随着合法反对原则、追惩制以及文官制的发展，民主的制度化、程序化在健全，民主的主体、渠道、范围和程度都在逐渐扩大。第三，西方政治结构突出权利的分散、制衡有效地防止了权力的异化。

但资本主义的选举政治并非是普遍性的民主权利的表达。一方面

[①] 《2013 年美国的人权记录》，http://news.sina.com.cn/c/2014-02-28/104529587958.shtml。

是随着资本主义经济剥削的加剧和普通民众政治参与效果不理想导致民众参与选举的淡化，出现政治冷漠现象。相比较20世纪中叶的参选率，各国的选民都在不同程度地减少，如法国20世纪50年代有80%的民众参加国民议会选举，但到2002年则只有60%多；德国20世纪50年代有约87%的选民参选，但到2002年只有不到80%；"2012年美国总统选举中，符合条件的选民人数比2008年增加了800万，但实际参加投票的人数反而减少了500万，投票率仅为57.5%"[1]，"'今日美国'网站2015年3月20日报道，美国2014年中期选举的投票率为20世纪40年代以来的最低。全国的平均投票率为37%，最低为印第安纳州，只有28.8%"[2]；法国2002年大选未参加第一轮投票的选民比率就高达28.6%；英国大选投票率一般有70%左右。另一方面，资本主义的选举政治突出表现为金钱政治。在发达资本主义国家的法律里面选举是每个公民拥有的权利，应该是平等的，但事实上选举权特别是被选举权的享有是以财富和金钱来衡量的。如美国1940年大选的竞选费用是3500万美元，1980年是8亿多美元，2004年是40亿美元，2012年则为近60亿美元，这些竞选费用主要来源于垄断财团的支持，当然财团的支持也得到了丰厚的回报。"据美国财经博客网披露，2007—2012年，在政治方面最为活跃的200家企业共耗费58亿美元用于联邦游说和竞选捐款，而它们从联邦政府项目和支持中获得4.4万亿美元的回报，占美国个人纳税者向联邦政府所缴税款的三分之二。这意味着，企业为影响美国政治的花费可以获取760倍的回报。美国前总统吉米·卡特就此指出，无限额的政治贿赂成为提名总统候选人或当选总统的主要影响因素，'美国的政治体系已被颠覆为向主要政治捐助者提供回报的工具'。美国总统2016年国情咨文也承认金钱对政治的影响很大，称'少数家族和幕后利益集团利用资金影响选举'。"[3]

---

[1] http://news.xinhuanet.com/politics/2013-04/21/c_115472380.htm.

[2] 《2015年美国的人权记录》，http://news.xinhuanet.com/world/2016-04/14/c_1118622880_2.htm.

[3] 同上。

所以，社会民主主义和资本主义体系内的其他力量尽管极力地宣扬选举政治及以此为支撑的资本主义民主政治的自由、公平、民主，但这些民主政治和其表达的价值追求只是从法律或形式上的所有人享有的权利出发，利用抽象性或普遍性来有意识忽视或淡化资本主义选举政治和民主政治背后的资本主义政治垄断。

（三）社会体现分析

为了追求普遍性的社会公平、自由、人权等价值，社会民主主义在无法解决资本主义私有制这一资本主义问题的根源时，只有把目光投向社会领域，实行社会改革与发展，其主要的政策是社会福利政策，并在不同时期依据现实发展进行不断地调整，但社会福利政策依然存在诸多不足，如"据美国人口普查局2013年9月17日公布的数据，2012年，美国约有4800万人仍然没有医疗保险，占总人口的15.4%。同时，享受到政府健康保险的人数比例只有小幅上涨，从32.2%增长到32.6%。与2011年相比，无论是否享受健康保险，人们在卫生保健方面的负担都在不断增加。州政府联邦拨款信息中心认为，2013年，美国政府'关门'影响到的涉及民生的项目包括：大部分K-12教育资助项目，为穷人提供的低收入家庭能源补助项目，为妇女、婴儿和儿童提供的特殊补充营养项目，失业保险项目管理基金，以及儿童营养项目和其他在10月1日以后开始的项目。为应对金融危机设立的美国联邦紧急救助项目在2013年12月28日到期，美国参议院未及时决定项目是否延续，导致约130万每周领取300美元失业救济金的失业人员生计受到严重影响"[①]。

社会福利也并没有彻底解决社会矛盾，如2006年英国爆发了全国性的大罢工，这是自1926年大罢工后规模最大的一次，而原因是布莱尔政府计划撤销"85条例"中的退休规定，提高公职人员领取养老金的资格条件。德国施罗德政府在2003年意图实施积极福利制度的改革，如医疗保险制度改革、合并失业和社会救济金、税收改革、取消补贴、改革地方财政和修订手业者规则等，但这个改革方案遭到民众

---

① 《2013年美国的人权记录》，http://news.sina.com.cn/c/2014-02-28/104529587958.shtml。

甚至社会民主党内部的强烈反对，2004年4月党内的部分激进人士和工会联合打着"为就业和社会公正而战"的横幅，组织了50万人参加的游行示威活动，最终导致党内的分裂和施罗德总理的下台。法国总理德维尔潘推行的《首次雇佣合同法》导致大学生的反对，并进行了游行。2008年全球金融危机后，资本主义国家社会问题、社会矛盾引发的工人罢工、游行事件更是不断发生。

究其原因，福利国家制度的实行和改革本身存在福利公共开支与资本主义资本增值要求的矛盾，同时由于资本主义私有制的存在，经济的不平等既决定了社会领域的不平等，也影响着以追求社会平等为核心的福利国家制度的实行。在福利国家制度存在数十年来，资本主义垄断和不平等现象并没有因为福利国家制度的实行而有所消弭，反而在一定程度还有所恶化。这在前面关于社会民主主义的经济自由和公正观的分析中就可以看出。

所以，以福利国家制度为主要内容的社会民主主义的社会改革和发展尽管在一定程度上改善了民众的生活状况，却并没有消弭生产资料私人占有基础上资本家和普通民众的鸿沟，工人被奴役的地位并没有改变，社会民主主义所谓的所有人的公平、正义、自由等价值追求并没有得到真正实现，按照马克思的说法"吃穿好一些，待遇高一些，持有财产多一些，不会消除奴隶的从属关系和对他们的剥削，同样，也不会消除雇佣工人的从属关系和对他们的剥削。由于资本积累而提高的劳动价格，实际上不过表明，雇佣工人为自己铸造的金锁链已经够长够重，容许把它略微放松一点"[①]。哈贝马斯也曾说道："福利国家虽然实现了基本的社会主义思想，但并没有消除资本主义国家的阶级结构。它还远不是一个平等的、没有阶级的社会。"[②]这些问题的原因还是在于资本主义私有制的存在导致生产关系和社会关系的不平等，只有消灭私有制，才能在根本上实现社会的公平，人们的自由全面充分的发展。

[①]《马克思恩格斯全集》第23卷，人民出版社1972年版，第678页。
[②]［德］尤尔根·哈贝马斯：《后民族结构》，曹卫东译，上海人民出版社2002年版，第63页。

二 社会民主主义"普世价值"的国际体现分析

(一) 社会民主主义的国际主义分析

国际主义是马克思主义基本原则之一，其意思是指全世界无产阶级和劳动人民实行国际团结反对民族压迫与阶级压迫。马克思、恩格斯在《共产党宣言》中首次阐述了其国际主义，号召"全世界无产者联合起来"。国际主义的提出是因为资产阶级是世界性的，而各国无产阶级为了反对共同的强大的资产阶级敌人，只有联合起来才能获得胜利，这是无产阶级解放的首要条件之一，所以国际联合是马克思主义国际主义的首要精神。马克思主义认为，联合的主体是无产阶级，但由于无产阶级分属于不同的民族国家，而这些国家主要是资产阶级进行统治，这样不可避免地产生了无产阶级的国家归属与国家性质的矛盾与冲突。基于此，马克思、恩格斯承认国际联合只能存在于国家之间，但在关于无产阶级的国际主义与爱国主义之间的关系时，他们认为应该首先定位于国际主义者，国际工人运动利益是最大的利益，在此前提下，民族利益应该服从国际利益，因此爱国主义"这个词的含义片面——或者说词义含糊"。[①] 工人阶级只有推翻资产阶级国家，"取得政治统治，上升为民族的阶级，把自身组织成为民族"[②]，才能有无产阶级的国家的爱，才能彻底地举起爱国主义旗帜。但在工人没有建立自己的国家的情况下，就必须以国际主义为旗帜进行联合，只有这样，才能战胜强大的资产阶级，取得民族国家内部的胜利和世界社会主义的共同胜利。在这个思想的指引下，在1864年建立的第一国际采用了集中制的组织原则，该原则提出各国党尽管具有自主性和独立性，但首先应该强调国际的共同利益，服从国际的指挥，执行国际的决议。在总结巴黎公社革命时，恩格斯认为"无论是法国人、德国人或英国人，都不能单独赢得消灭资本主义的光荣。如果法国——可能如此——发出信号，那末，斗争的结局将决定于受社会主义影响最深、理论最深入群众的德国；虽然如此，不管是法国还是德国，都还

---

① 《马克思恩格斯全集》第39卷，人民出版社1974年版，第86页。
② 《马克思恩格斯选集》第1卷，人民出版社1995年版，第291页。

不能保证最终的胜利，只要英国还留在资产阶级手中。无产阶级的解放只能是国际的事业"①。可见，在这一时期的国际主义思想建立的理论基础是共同胜利理论，"共产主义革命将不是仅仅一个国家的革命，而是将在一切文明国家里，至少在英国、美国、法国、德国同时发生的革命"。②但在19世纪下半叶，由于资本主义从自由竞争逐渐进入垄断阶段，其不断地调整生产关系，缓和阶级矛盾，所以马克思、恩格斯所期待的共同胜利并没有出现。针对这种变化，恩格斯所领导的第二国际不再坚持集中统一的原则，而认为国际是各个国家工人党"自愿联系"、"自由联合"的联盟性组织，成员党首先致力于各个国家内部的斗争，也不再有超越各个国家、各个民族解放事业之上的国际利益。

十月革命胜利后，列宁希望能够打破世界资本主义的链条，引发世界革命。所以，列宁组织建立了共产国际，并将国际主义贯穿于这一时期工人运动之中。列宁认为，"无产阶级的国际主义，第一，要求一个国家的无产阶级斗争的利益服从全世界范围的无产阶级斗争的利益；第二，要求正在战胜资产阶级的民族，有能力和决心去为推翻国际资本而承担最大的民族牺牲"③，按照列宁的认识，共产国际要求所谓的国家利益必须服从世界革命的利益。所以，此时列宁关于国际主义的理解如同马克思、恩格斯的早期理解一样，都是将国际主义置于"共同胜利"或"世界革命"的背景之中，希望以此来号召各个无产阶级政党建立超越民族国家的"国际苏维埃共和国"，而共产国际是其尝试。共产国际的目的在于利用一切可以利用的手段（包括武装斗争），为推翻国际资产阶级而进行斗争，为建立一个作为完全废除国家的过渡阶段的国际苏维埃共和国而进行斗争。在《加入共产国际的条件》中规定了国际的组织原则是集中制，并且各个成员党"应当更改自己的名称"（从社会民主主义的政党名称改为共产党的名称），"共产国际代表大会及其执行委员会的一切决议，所有加入共产国际

---

① 《马克思恩格斯全集》第39卷，人民出版社1974年版，第87页。
② 《马克思恩格斯选集》第1卷，人民出版社1995年版，第241页。
③ 《列宁选集》第4卷，人民出版社1972年版，第274页。

的党都必须执行"①。可以看出，共产国际在宣扬国际主义的同时割裂了国际联合与独立自主的联系，由此导致了共产国际对各成员党的革命、建设和党内事务进行干涉的事件频频发生。尽管后来列宁意识到共产国际的"俄国味道太浓"，开始反对共产国际进行国际联合过程中的过分集中，但最终"个人意志改变不了制度决定的事实"。列宁逝世后，斯大林成为共产国际和国际共产主义运动的领导者，他更加忽视国际主义的精神实质而将国际主义演变为"保卫苏联"，过分地强调苏联共产党和苏联国家的利益。斯大林在《国际形势和保卫苏联》的演说中就直接提出"绝对地、无条件地、公开地和忠实地捍卫苏联、保卫苏联"②，并将此作为判断国际主义者的标准，从而将国际主义嬗变为苏联共产党的大党主义、苏联国家的大国沙文主义。而其在冷战时期的一系列做法更是完全偏离了马克思主义倡导的国际主义原则：如划分势力范围，野蛮地干涉社会主义国家内部事务，等等。

由上面的分析可见，马克思主义国际主义观是在恩格斯晚年才得以成熟，其主要观点为：一方面是指国际联合。由于各个国家的无产阶级处于相同的经济状况、社会地位、利益诉求，有着共同的敌人，要实现共同的目标。但无产阶级在当时力量是弱小的，而强大的资产阶级为了镇压工人运动会联合在一起，所以各个国家的无产阶级应该相互支持，联合起来。另一方面，马克思主义尽管提出了共同胜利理论，但在共同胜利的基础和条件不成熟的情况下，各国无产阶级首要步骤是进行国内斗争，而且国际联合的现实载体是国家，所以必须要尊重各个国家的独立自主和民族平等，只有如此，才能实现真正的联合。即使在社会主义胜利之后建立了社会主义制度也应尊重各国的独立自主和民族平等，因为社会主义制度的现实体现是国家制度，各个社会主义国家会有具体的国情和国家利益的存在，所以社会主义国家之间的联合也必须保持独立自主。可见，马克思主义的国际主义是国际联合与独立自主的统一，苏联特别是在斯大林时期就割裂了两者的关系，歪曲了国际主义的本意。

---

① 《列宁选集》第4卷，人民出版社1972年版，第312页。
② 《斯大林全集》第10卷，人民出版社1954年版，第47页。

作为社会主义运动的重要力量，社会民主主义曾接受过马克思主义的指导，而社会民主主义的国际主义观也来源于马克思主义的国际主义观，但社会民主主义在继承马克思主义的国际主义时通过修正主义进行了改变，而且在现实发展中，社会民主主义一直采用的是实用主义的态度，根据世界形势的发展不断地调整其国际主义的内容，最终形成了社会民主主义自己的新国际主义观，而这种国际主义观与马克思主义的国际主义观有着本质的区别。

社会民主主义的新国际主义也主张国际联合，但一方面其联合的主体与马克思主义的联合主体大相径庭。马克思主义具有鲜明的阶级性和革命性，所以其国际主义中的国际联合的主体是各个国家的无产阶级与劳动人民，而社会民主主义的新国际主义的联合主体则要泛化得多：各国社会民主党、共产党、资本主义右翼甚至上升到国家。另一方面，其联合的目的也发生了变化。马克思主义的国际主义提倡全世界无产阶级联合的目的是反对一切剥削与压迫，消灭阶级统治，实现共产主义。社会民主主义尽管成立之初也曾旗帜鲜明地反对资本主义，即使其后在资本主义国家执政或参政后还曾将反对资本主义作为自己的目标。但随着社会民主主义对于资本主义融入的加深和全球社会发展所引发的各种问题，使得社会民主主义的国际主义思想中制度替代的目标在逐渐减弱，承担社会责任的成分在加强。及至当前，社会民主主义的新国际主义更是将全球治理，建立世界性政府作为目标。

马克思主义的国际联合提出要尊重各个国家的独立自主，社会民主主义在提倡新国际主义之前是坚持这一原则的。成立之初的社会党国际就宣称其只是松散的国际性组织，各成员党是独立自主的，因此社会党国际对各成员党没有强制性的约束力。这一原则到 20 世纪 80 年代的新国际主义都承认。法国社会党在提倡新国际主义时就明确地提到"我们的立场是摈弃前国家元首及其所代表的力量鼓吹的'世界主义'，根据国际主义本身的定义，承认国家的存在，尊重和热爱祖国"。但到了 20 世纪 80 年代末之后，社会民主主义的国际主义逐渐淡化独立自主的原则，提倡超越民族国家的界限追求世界主义，建立"世界性国家"，进行"全球治理"。

为了落实新国际主义的理想主义目标,在现实中,社会民主主义高举价值旗帜,运用干涉主义的手段,超越民族国家的界限,公然侵犯他国内政,而社会民主主义辩解为"我们不是为土地而战,而是为价值观而战。在新国际主义下,残酷镇压少数将不再容忍,那些需要对这些罪行负责的人不能逍遥法外"[①]。这种新的国际主义不仅没有维护民族国家的主权和独立自主,反而还在威胁和破坏他国的独立自主。

(二) 社会民主主义的全球政策与价值追求分析

社会民主主义的全球政策及其价值追求可以从两个维度来分析。一方面从思想层面或者从价值追求来看,作为整体力量的社会党国际追求的是理想主义的全球治理,社会党国际的全球治理思想致力于建立美好世界、实现人类的共同利益,"一如既往地致力于建设一个更加美好世界的伟大政治任务,并号召所有的进步力量和民主社会中的男人和女人,通过真正的全球联盟,加入到这一伟大事业中去"[②]。而在社会党国际的全球治理中凸显了社会民主主义的基本价值,"使其基本价值同全球化带来的新的挑战、任务、形式和政治工具相一致"[③]。可见,社会党国家的全球治理思想是其基本价值观念在全球化时代的现实体现,并将它们自身的价值追求上升为"普世价值",等同于人类共同追求的普遍价值——这混淆了"普世价值"与人类共同追求的价值的区别。

另一方面从现实政策或价值追求的具体操作来看,作为冷战之后革新的社会民主主义力量——第三条道路采取的是现实主义的方式提出和实施全球政策,其将英美发达国家所阐释和定义并与其国家利益相融合的价值观念在全球推广,甚至不惜通过武力的方式来侵犯别国利益,践踏人类共同追求的普遍价值。

---

① 裘援平:《当代社会民主主义与"第三条道路"》,当代世界出版社2004年版,第259页。
② http://www.socialistinternational.org/viewArticle.cfm?ArticlePageID=76,社会党国际网站。
③ 同上。

(1) 治理主体：强权国家

吉登斯是布莱尔政府的精神导师，布莱尔政府是吉登斯思想的践行者，因此，吉登斯的全球治理思想与布莱尔主义有许多相似之处：都主张建立统一的共同体，而统一的共同体实际上是按照西方模式塑造的共同体，如吉登斯所说的仿照欧盟模式构建的全球治理结构，布莱尔提倡的西方国家主导的全球新秩序，等等，为了达到建立统一共同体的目的，就必须采取干涉别的国家主权的手段，当然这种干涉力量的流向是从发达国家特别是强权国家流向不发达国家和弱小国家的，这种全球治理和外交政策的逻辑将全球管理的主体定位为强权国家。

吉登斯、布莱尔突出了强权国家在全球治理中的主导地位，克林顿主义则更为强调美国在全球社会发展中的领导地位。克里斯托弗在《美国的领导、美国的机遇》中提出美国作为与全球利益有关的大国，其对外政策首要方面就是美国必须要领导世界。克林顿政府对外政策的主要制订者伯杰在2000年发表的"全球化时代的时代政策"文章中声称"今天，不管用什么尺度来衡量，美国都是世界上无可争议的军事和经济强国，完成了自西奥多·罗斯福以来和平时期的首次全球扩张。世界依靠我们，把我们作为联盟的催化剂、和平的调节人、全球金融稳定的保证人"。[①]

(2) 治理方式：干涉控制

为了实现世界性民主，吉登斯的全球治理思想提出了国外援助和干涉内政甚至发动战争的治理途径，同样的布莱尔主义和克林顿主义也主张运用武力干涉和经济、政治控制的全球管理途径。

在科索沃战争中英国表现强硬，其坚决主张要使用武力来解决科索沃危机，"不达目的，决不罢休"，其比美国还坚决强硬的态度与之前一贯以反战著称的英国工党的态度可谓大相径庭，其表现为"目标比左翼更激进，手段比右翼更极端"，[②]"9·11"事件后，英国是唯一派遣武装部队同美国一起对阿富汗塔利班政权和本·拉登"基地"组

[①] 尚鸿：《美国克林顿政府外交政策评析》，《外交学院学报》2001年第2期。
[②] 杨志刚、魏学江：《布莱尔"第三条道路"引导下的英国外交》，《辽宁教育行政学院学报》2004年第5期。

织实施直接军事打击的国家。

美国克林顿政府则充分利用经济和军事这一软一硬的双重手段对全球进行控制：在经济上，凭借其强大的经济实力频繁向不接受美国领导的国家实施制裁，据美国国务院统计，从第一次世界大战到20世纪末，美国对外共实施115次制裁，而其中克林顿政府就针对35个国家实施了61次，占总数的一半以上，经济制裁成为美国对外政策的"首选武器"。当经济制裁不能达到目的或迅速解决问题时，美国依仗强大的军事实力对外进行威胁，据美国参谋长会议的有关资料统计，1990年到1997年，美国对外用兵42次，年均5次，比冷战时期的28次多了近一倍。克林顿政府成为美国历史上在和平时期对外使用武力最为频繁的政府[1]。

（3）治理目的：国家利益

吉登斯的全球治理思想是一种全球主义的思想，他试图通过建立世界性民族与全球性治理机制和管制全球经济来实现世界民主，达到所谓的"世界大同"。但这里的世界民主和世界大同"是要在加强垄断资产阶级国内统治的基础上，实现以发达资本主义国家为主体的资本主义对全球进行西方式的管理，在民主的外衣下实行强权政治，谋求世界霸权"。[2] 在前面的论述中，我们已经知道强权政治和霸权的最根本动因就是实现和扩展国家利益，可见，吉登斯的全球治理思想的最终落脚点又与欧美发达国家的国家利益有关。

布莱尔主义希望借助价值观的旗帜，运用共同体精神，通过干涉手段来重新建立全球政治、经济、安全秩序，这是其最初目的，而在这一目的之后，更重要的是实现英国的国家利益。布莱尔曾直接地提出"把我们的价值观传播开去，会增进我们的安全"[3]。国际共同体理论和干涉主义理论的提出让英国从孤立主义和不干涉主义的传统外交路线中解放出来，在后冷战时期经常可以看见英国在国际上活跃的身影。布莱尔政府企图通过积极的干涉来突出其大国地位，扩大英国的

---

[1] 尚鸿：《美国克林顿政府外交政策评析》，《外交学院学报》2001年第2期。
[2] 汪咏华：《论西方社会民主主义的"第三条道路"》，武汉大学硕士学位论文，2003年。
[3] 转引自刘杰《人权与国家主权》，上海人民出版社2004年版，第241页。

影响，实现英国的利益。而其所谓的新的全球秩序，其实是西方国家主导的秩序，更确切地说就是以美国为首的"中心—依附"型霸权秩序，在这种秩序中，英国深知借助美国的影响，就如同站在巨人的肩膀上，可以提高自己的身价，增强其在国际社会中的发言权，为此，英国极力主张维护美国的超强地位，在科索沃危机、北约东扩、阿富汗战争、伊拉克战争等都大力支持美国，做美国的坚定盟友。

在克林顿政府的外交政策中，安全利益、经济利益和民主价值观都是其国家利益的组成部分。克林顿从"确保美国继续成为世界上最强大的维护和平与繁荣的力量"出发，宣称自由、民主、人权、法治是人类共同的价值观，任何国家违背了这些原则都不能因为主权的限制和理由而免于干预（而这些价值观主要是以美国的价值观为主体内容的）。克里斯托弗关于在美国对外政策总结中的第四条为"必须支持民主和人权以增进我们的利益和理想"，而伯杰对克林顿政府对外政策的总结中也提到"克林顿总统的最基本成就就是他把美国从冷战时代引入全球化时代，在此过程中不仅加强了我们的实力，而且提高了我们的权威。这是我们在全球化时代推进我们利益的基础"[1]。

吉登斯倡导的全球治理主张超越民族国家，构建世界性民族，并建立全球性的治理机制来实现世界民主，而这种全球治理并非是为了达到理想主义的那种全球主义，而是想实现由美、英等发达资本主义国家来主导的全球世界，其首要的原则和根本的目的就是要实现英美等国家的国家利益，之后按照英美的发展模式来主导国际秩序，而干涉主义的手段则是其最明显的表达，可见第三条道路的全球治理和英美的全球政策并不是"为了实现什么所谓的世界大同，而是要在加强垄断资产阶级国内统治的基础上，实现以发达资本主义国家为主体的资本主义对全球进行西方式的管理，在民主的外衣下实行强权政治，谋求世界霸权，是一种为实现全球霸权主义进行辩护的理论"[2]。

首先，第三条道路的全球治理理论以西方发达资本主义国家的社会发展模式为模本，以西方意识形态的民主为主导，目的是将世界纳

---

[1] 尚鸿：《美国克林顿政府外交政策评析》，《外交学院学报》2001年第2期。
[2] 汪咏华：《论西方社会民主主义的"第三条道路"》，武汉大学硕士学位论文，2003年。

入国际垄断资本主义的发展体系和轨道中。传统的左翼政党在外交政策上倡导和平主义，主张在资本主义和社会主义之间走第三条道路，但现在社会民主主义"在高举'第三条道路'旗帜时，一方面呼吁和平，认为'战争不再是外交的手段，而外交的目的则是消除战争'，另一方面，却又鼓吹西方资本主义社会的民主制度"①，主张按照西方的各种规范、规则、体制及其定义的价值标准来建立全球治理机制，达到世界民主，其实质只能说是西方式的世界体系。

其次，为了将西方特别是英美发达资本主义国家的发展模式和价值观念强行输入到其他国家，而提出并施行以军事打击为基础的新干涉主义，这与旧的殖民式的干涉主义是一脉相承的，都具有侵略扩张的本性，第三条道路从产生之初就具有了这种本性，"人权高于主权""民主和平论""主权有限论"等一系列怪论都是为干涉他国内政，发动侵略战争做辩护，科索沃战争中社会民主党政府的强硬态度和野蛮行径淋漓尽致地表现了其依附和发展成为资本主义的霸权。

最后，第三条道路的全球治理以追求全球主义、建立世界民主为形式上的幌子，以干涉主义为实际手段，其出发点和目的只有一个，那就是为了维护发达国家的国家利益。发达国家利用资本、管理、技术上的优势，对发展中国家进行资本输出、掠夺廉价的劳动力和丰富的资源；通过建立一系列不平等的世界经济规则，建立以西方国家为主体的国际经济秩序；在国际事务上大肆炫耀武力，干涉他国内政，这些都是为了转嫁国内阶级矛盾和经济危机，谋求资产阶级的经济利益，科索沃战争和海湾战争即是为了掠夺石油和天然气，以维护发达国家的经济增长。而至于所谓的价值观，只不过是西方发达国家带有本国特色的资本主义价值观，或者更确切地说就是资本主义统治集团的价值观，而其也是资产阶级国家利益的重要组成部分。

可见，第三条道路的全球治理和外交政策以及在这些思想和政策指导下的种种现实行为具有霸权色彩，英美等第三条道路的现实力量为了维护本国利益，而打着"普世价值"的旗帜，侵犯其他国家的利

---

① 隋秀英：《吉登斯社会发展理论研究》，辽宁师范大学出版社2008年版，第238页。

益,将权力政治的现实和"普世价值"的理想紧紧缠绕在一起,运用理想主义的价值旗帜作为幌子和工具,实质上追逐着现实主义的国家利益和权利政治。这些思想和政策已经与资本主义右翼新保守主义的外交政策没有多大区别,其也与社会党国际的全球治理思想中的善治追求构成了悖论。

由此,在社会民主主义的全球政策与价值追求中我们会看到诸多问题。首先,社会党国际的全球治理思想中所提倡的价值追求以全人类为出发点,提倡超越国家、民族的普遍的价值,但由于各个国家、民族对于民主、人权、自由等价值观念有着自己的理解和判断,所以社会民主主义将自身的价值观念泛化为全球的价值观念的做法抹杀了价值观的现实性。

其次,社会党国际的全球治理是以追求人类社会共同价值观念和全球公共利益为目标的善治追求,但其现实力量各国社会党组织特别是西欧社会党对本国国家利益却过分强调和维护,所以社会民主主义一方面提倡全球性的自由、民主、人权、公正等,但另一方面却利用西方发达国家的实力与优势,强行向其他国家输出本国的经济、政治和文化,实现对其他国家的经济剥削、政治与军事控制、文化的殖民,从而威胁、破坏了别国的利益,践踏了别国的自由、民主、人权。

最后,社会民主主义全球治理的宏观背景是资本主义,资本主义的发展为全球治理提供了物质、政治和文化方面的基础,并通过这些输入主导着全球治理,另外,全球治理在一定程度上又是针对资本主义的治理,是对国际垄断资本主义和与之相关联的新自由主义、新保守主义实施全球统治的反思与批判,可见全球治理的对象与资本主义息息相关,资本主义成为当前全球治理的障碍。所以全球治理所要治理的内容或其要完成的任务包括反对资本主义——资本主义的发展不可避免地造成了霸权主义的统治,而霸权主义与强权政治的存在威胁着国际社会新的经济与政治秩序的构建,全球治理要想达到善治的目标,真正达到其所追求的维护人类社会的共同价值观和共同利益,就必须反对资本主义,所以社会民主主义尽管没有明确提出反对资本主义,但反对霸权统治,维护世界和平、追求人类社会的自由、平等、公正、人权等价值观念是社会党国际全球治理思想的主旨。而现实中，社会民主主义是资本主义体系的主要支柱，其对资本主义的肯定与融入使得它不可能真正地反对资本主义，而只是在空泛地提出一些理想设计（社会党国际的全球治理就是如此），或者干脆就依附于资本主义，实行资本主义本性的全球治理（第三条道路的全球治理就具有这种性质）。所以，这些形成了社会民主主义全球治理及其价值追求无法解决的困境。

第六章
社会民主主义"普世价值"的特性与实质分析

社会民主主义的"普世价值"体现了其价值追求的伦理性、抽象性，而这种价值追求及其特性又是与社会民主主义和资本主义的深厚关系息息相关的。社会民主主义在其发展过程中由最初资本主义的反对者、替代者逐渐认同、肯定并融入资本主义体系之中，成为资本主义体系的重要支柱，而且其思想渊源主要是资本主义的思想，并且在现实中社会民主主义基本价值观的实践是在资本主义体系中的实践，其直接或间接地与资本主义发生着联系，所以分析社会民主主义的"普世价值"的特性与实质时要将其纳入到资本主义体系的范畴之中进行分析。

第一节 社会民主主义"普世价值"的特性

资本主义价值观的理论渊源可以追溯到欧洲的"理性主义"传统，但其直接来源是文艺复兴运动、启蒙运动等思想解放运动。14世纪源于意大利的文艺复兴是新兴的资产阶级反对封建主义和神学统治而掀起的文化革新运动，其在"复兴古典文化"的旗帜下，大力宣扬"人文主义"精神，提倡自由平等与人道，这为资本主义文化的产生和17世纪的革命打下了思想基础。16—17世纪，新兴的资产阶级为了进一步反对封建专制主义，促进资本主义的发展，纷纷利用自然法理论掀起波澜壮阔的启蒙思想运动。如斯宾诺莎以"人"为出发点，认为人人都有生存权利，按自己的意愿寻求自己的利益；伏尔泰倡导天赋人权，提出人天生自由平等，任何人都应该拥有生存和幸福的权利；卢梭提倡人民主权的观点，认为人民应该享有一切权利，政府和官吏由人民进行委任和撤换；洛克反对王权神授，主张立法、行政、外交三权分立，拥护代议制政府，提倡自由和宽容。启蒙运动批判封建君权和神权，主张从君主到民主，从神权到人权，以追求社会成员的自由、平等、人权和民主，这些思想理念为欧美资产阶级革命起到了引导和推动的作用。

在其后一次又一次的资产阶级革命中，资本主义价值观得到了全面阐释，美国的《独立宣言》、法国的《人权宣言》等较为完整地表述了资本主义的核心价值观：人生来是自由的，权利是平等的；国家的主权在于人民，私有财产神圣不可侵犯；并在政治上提出"自由、平等、民主、博爱"等口号①。美国《独立宣言》中讲道"我们认为下面这些真理是不言而喻的：造物者创造了平等的个人，并赋予他们若干不可剥夺的权利，其中包括生命权、自由权和追求幸福的权利。为了保障这些权利，人们才在他们之间建立政府，而政府之正当权力，则来自被统治者的同意"。法国《人权宣言》中讲道"在权利方面，人们天生就是自由、平等的。在公共利益的基础上会产生社会的差别；所有政治联合的目的是保护人们自然和不可剥夺的权利。这些权利是自由、财产、安全和反抗压迫；所有主权国家的根源存在于国民。任何团体或个人都不得行使非直接来自于国民授予的权力；自由自主从事一切不损害任何人的行为所组成。因此，除了保证其他社会成员能享受同样的权利之外，每个人自然权利的行使并无限制。自然权利的范围仅只由法律所决定"。

总体而言，资本主义的价值观是一种抽象的价值观，其以天赋人权或与生俱来的人性为基础，追求具有伦理色彩的自由、平等、民主等价值理念。社会民主主义是资本主义的主要力量，其价值观在来源、特征、内容上具有浓厚的资本主义特性。

首先，在思想来源方面，社会民主主义价值观的来源主要是启蒙

---

① 黄士安、戴木才：《如何科学对待资本主义核心价值观》，《光明日报》2012年2月18日。

运动。而启蒙运动是资产阶级反对封建社会的运动,在启蒙运动中,资本主义的人本主义思想进一步发展并得以全面阐释,因而启蒙运动在一定程度上是资本主义文化或价值观的展现和实践。社会民主主义最初扮演着资本主义的批判者、反对者、替代者的角色,但随着其自身和资本主义的发展,社会民主主义逐渐融入资本主义体系之中,其思想打上了深深的资本主义的烙印,而社会民主主义追求的社会主义理想或价值也呈现了资本主义的改良色彩,"社会民主党人在自己的纲领中,把社会主义的基本价值归结为法国资产阶级革命时代提出的自由、平等、博爱的理想上面"[①]。

其次,在特征方面,社会民主主义的价值观具有与资本主义价值观相一致的特征,即建立在共同的人性论基础之上的抽象性特征。共同的人性论脱离了作为现实的人的历史条件与社会关系,将人看作是非历史和非现实的。社会民主主义不仅在立论基础上将人定义为脱离历史、现实的抽象的人,而且还将抽象的人作为评判历史与现实的尺度和实现抽象目标的手段。社会民主主义就是以抽象的人为出发点,追求人的自由、公正、团结等价值目标,并提出通过人道的手段来实现这些人道的目标,"只有愈来愈多的人具有社会觉悟并且随时准备分担责任,在一个工业社会中,自由和民主才是可以想象","社会民主主义道路的开拓只能以良心为基础,以改良为手段"[②]。

最后,在内容方面,社会民主主义的基本价值观与资本主义基本价值观在总体上是一致的。资本主义追求的价值观内容同样也是社会民主主义价值观的诉求,尽管在资本主义内部对于这些价值观的内容理解有所差异,但从整体上来讲,从人本主义出发通过伦理主义来阐述这些价值观的内容是资本主义主要力量的共同之处。同时,社会民主主义像资本主义其他力量一样,不仅提出这些价值,而且还希望这些价值能够普世化,成为全球的价值模本,并极力将其现实化。

[①] 徐崇温:《民主社会主义评析》,重庆出版集团2007年版,第266页。
[②] 转引自余文烈主编《当代国外社会主义流派》,安徽人民出版社2000年版,第132页。

第二节　社会民主主义"普世价值"的实质

社会民主主义从人性、人类社会的共同需要出发提倡"普世价值",从表面上看体现了人类社会的共同价值诉求,但实际上是将资本主义价值观进行全球推广,其目的是维护资本主义的国家利益和社会民主主义的自身利益。

一　人类社会的共同利益与价值：社会民主主义"普世价值"的表象

社会民主主义价值观及其普世性的提出与推行,紧紧地围绕着人类社会的共同价值追求和利益诉求,这成为社会民主主义普世价值的直观表象。社会党国际十八大通过的《原则声明》就表明了其目的是"协调民主社会主义运动争取社会公正、人类尊严和民主的全球性斗争"。

冷战结束以后,全球社会的发展变得越来越复杂,经济上全球化的迅猛推进,政治上的多极政治林立及其冲突,思想上的多元化发展,这样的全球背景导致"高级政治"(传统国家安全问题)与"低级政治"(贫困、社会发展)相互牵连、互相影响,并产生了涉及各个国家的具有多样性和严重性的全球问题,如资源问题、环境问题、国际犯罪问题、人口问题等,这些问题不仅影响着民族国家,而且超越了民族国家的界限,关乎整个人类社会的生存与发展。而针对这些问题,单个国家或组织是无能为力的,只能依靠世界各国人民的共同努力才能解决。

对于社会民主主义而言,这些全球问题既影响到社会民主主义在各国的现实发展,也冲击着他们全球自由、公正、团结、民主、人权等价值理念,另外,社会民主主义一直自诩为国际性运动,力图主导全球社会的发展,因此对于这些问题的解决社会民主主义觉得责无旁贷,故而社会党国际在后冷战时期的历次代表大会上一直在传达着这样的信息:建立全球新秩序,维护人类社会的共同利益,实现人类社会的共同价值诉求。为此,社会党国际在全球经济层面反对新自由主义,在政治层面反对霸权主义、强权政治和极端主义,在社会层面提倡环境保护、可持续发展,在文化层面主张多元文化、包容文化的发展。

在1992年的十九大上,社会党国际通过了《世界经济——争取可持续发展的全球伙伴关系》《少数人的权利与人权》《环境与可持续发展——行动的优先选择》等文件,在这些文件中,社会党国际批评了极端主义和新保守主义对于世界发展的负面作用,提倡建立一个"全球安全、责任分担、国际合作"的全球新秩序;在1996年的二十大上通过了《世界经济宣言》《创造和平、保卫和平宣言》《21世纪人权议程宣言》等宣言。宣言批评了新自由主义所造成全球发展的失衡、绝望和不公平,提倡通过团结互助建立一个共同负责的全球经济新体系。同时宣言也在分析威胁世界和平与人权因素的基础上提倡建立"正义与和平的政治新秩序"和人权新秩序;在1999年的二十一大上通过了《巴黎宣言》,该宣言着重分析了经济全球化并提出了相关的应对措施,希望通过这些分析及其措施来消除经济全球化的负面影响,推进其正面影响对于人类社会发展的作用。

在2003年的二十二大上,社会党国际通过了《圣保罗宣言》,在该宣言中"号召所有的社会、政治进步人士和组织在全球团结的旗帜下,共同为建立一个在和平、安全、可持续发展、社会公正、民主、尊重人权和两性平等的基础上的多边主义的新的世界秩序而努力奋斗"。这些号召表达了社会民主主义对于人类利益的关注和共同价值的追求。此次大会的主题是研究和提出全球治理,其全球治理思想明确表达了对于全人类的共同利益的维护和追求,"为了我们集体的利益,必须加强多边机制并使之现代化","治理全球化,使全球化能够为所有人提供机会,使世界市场为所有人服务"[①]。在这份宣言中,社会党国际在政治、经济和社会等各个方面都涉及了人类的共同利益和价值追求。在政治方面,社会党国际提倡"保障和维护和平、促进安

---

① http://www.socialistinternational.org/viewArticle.cfm? ArticlePageID = 76,社会党国际网站。

全和保护对基本人权的尊重","和平不仅仅意味着没有战争,而且意味着在公平、正义和维护共同利益基础上正确处理和协调国家关系的结果";在经济方面,社会党国际提出"建立一个更加公平和公正的全球经济",这些内容包括"取消最贫穷国家的债务,负责的政府应该几乎不附带任何条件;发达国家单方面地开放其市场,从最贫穷国家进口产品;在联合国体制内部建立一个反对饥饿委员会和基金;欧洲、美国和日本应该彻底地改变农业保补贴政策,彻底结束这种令人无法接受的市场不公正;取缔境外避税场所;大规模增加公共发展援助;消除非洲南撒哈拉沙漠地区的困境"[①];在社会方面,社会党国际认为全球社会应该实行可持续的发展,为此必须建立新的全球纲领,而全球纲领的制定和实施则需要发达国家和发展中国家来共同完成。

在2008年的二十三大上,社会党国际继续关注"全球问题",如全球气候、和平、粮食危机等,此次大会通过了5个决议以及《秘书长工作报告》,这5个决议分别是:《解决冲突,消除不稳定,为世界和平而努力》《立即行动应对气候变化,建立一个可持续的世界社会》《全球粮食危机:社会民主党人的看法》《为全球经济发展开辟新道路,实现增长与机遇的共享》和《制定以人为本、富有人情味的移民新议程》。决议涉及全球的和平、气候、世界经济与移民等问题,而这些又都是与全球人类利益息息相关的问题。对于全球和平问题,社会党国际将冲突作为威胁世界和平的最主要因素,其反对大国对于世界格局的把控,提出应该尊重联合国的主导地位,并且各个国家要团结合作、责任分担以此来实现世界和平;在气候问题上,社会党国际呼吁承担"共同但有区别的责任",通过全球各个国家的团结合作来共同应对气候问题;在世界经济发展与移民问题上,社会党国际均提出通过多方合作来共同解决问题。

在2012年的二十四大上,社会党国际通过了《为争取权利与自由而斗争:发展代议制民主和世界范围内的新型民主》《推动经济增长、扩大就业、加强社会保障:社会民主党对金融危机的反应》《通向和

[①] http://www.socialistinternational.org/viewArticle.cfm?ArticlePageID=76,社会党国际网站。

平、可持续发展和合作的共同道路：基于安全的多边主义的需要》等决议。在《为争取权利与自由而斗争：发展代议制民主和世界范围内的新型民主》中，社会党国际强调致力于世界民主事业的发展，为不同种族、性别、国家、民族的人们争取平等的权利；在《通向和平、可持续发展和合作的共同道路：基于安全的多边主义的需要》中，社会党国际倡导通过多边共同努力来建立和平的、可持续的世界，认为只有通过人与人、国家与国家之间的合作，才能妥善地解决全球问题，也才能实现人类社会的共同利益和价值诉求。

社会民主主义的现实力量——各国社会民主党也在其全球政策和外交政策中表达着类似的追求，如美国民主党、英国工党就一直宣称要维护世界的民主、人权与和平，要加强国家间合作以解决人类面临的共同问题。

二 国家利益与自身利益：社会民主主义"普世价值"的实质

"普世价值"论者尽管从人类与生俱来的权利出发，追求普遍的永恒的价值——这似乎与人类共同追求的价值相同，但这只是在价值追求的名称表达上相同，而两者的内涵是不一样的。因为每个国家、民族都有对于自由、平等、民主、人权的追求，这是公共的表达，但每个国家、民族对于自由、平等、民主、人权等价值内涵的理解是不一样的，而"普世价值"的主要提倡者是西方发达资本主义国家，其内涵是由西方发达国家所定义和标准化的，所以不能将西方发达资本主义国家所提倡的"普世价值"的内涵等同于各个国家、民族所追求的价值内涵。

在现实实践中，西方发达资本主义国家提倡"普世价值"的实质之一是为了维护发达资本主义国家的利益。在这一点上，作为"普世价值"主要推崇者的新自由主义的危害有目共睹，华盛顿共识就是很好的例证。西方国家在全球范围推行"经济自由化、私有化、市场化、全球一体化"导致拉美经济危机、俄罗斯经济危机，而这些新自由主义模式的推销最终目的是维护发达资本主义国家的利益。"新自由主义以自由的名义反对任何对市场的有计划的控制和干预，其目的就是为了保护资本主义既得利益者,特别是要维护垄断资产阶级和金融寡头的利益"。[1]而新自由主义者打着自由、民主、人权旗号进行的对外侵略所引起的海湾战争、阿富汗战争、伊拉克战争等无不是为了推销西方的价值观念并维护自己的国家利益,或者说得更具体些就是本国垄断资产阶级的利益。

西欧发达国家的社会民主主义政党也是"普世价值"的主要宣扬者,他们所主张的"普世价值"的内容其实是西欧资本主义的价值理念,而其最终目的就是为了实现西欧国家的国家利益(这一点在前面论述第三条道路的全球治理时就已经明确地分析过)。究其原因,主要是因为资本主义国家是社会民主主义的存在基础和实现自我利益的现实平台,社会民主主义的利益与资本主义国家的利益纠缠在一起。"一旦社会党加入到了资本主义国家政府中,就不得不承担责任,以国家和民族利益的代表自居,作为阶级政党的国际责任终于被民族主义情绪所取代。"[2]

从国家的地位和作用来看,尽管当前经济全球化将各个民族国家紧密联系在一起,但国家依然是国际社会的基本单位,是国内各种资源的主导者和主要分配者,是社会生活的管理者和社会秩序的维护者。从国际层面来看,国家是国际关系中行为能力最强的行为主体,是国际责任和义务的承担者。可见,现代国际社会依然是由国家主导的国际体系,而作为国家需要的国家利益构成了国际关系的原点,这是因为国家利益是国家制定对外政策的基本出发点,是衡量一国对外行为合理性的标尺,是调整国家对外行为的根本着眼点。

所以,为了维护资本主义的国家利益或者说是资产阶级的利益,社会民主主义在国内不断地调整政策以融入资本主义体系之中。如在阶级基础上,从最初作为基层民众的政党到现在为了选票政治而发展成为"全民党",甚至为了维护资产阶级利益而借鉴新自由主义和保守主义政策而调整原来有利于普通民众的政策;在经济上,淡化公有

---

[1] 罗文东:《新自由主义剖析:实质和影响》,《新自由主义评析》,社会科学文献出版社2004年版,第66页。

[2] 陶涛:《西欧社会党与欧洲一体化研究》,北京大学出版社2001年版,第9页。

制，采取以私有制为基础的混合经济；在政治上，积极参与到资本主义的政党政治和选举政治之中，走温和的改良道路——这些做法都是为了融入、巩固和维护资本主义体系。

在民族国家范围内极力地加强和维护国家利益的同时，发达资本主义国家的社会民主主义对其他的国家（尤其是弱小的国家）采取干涉主义的态度，实施侵犯主权的行为，直接地威胁甚至是破坏着其他国家的利益。而这些行为又与这些国家社会民主主义的价值追求相呼应。这些国家的社会民主主义追求自由、公正、团结、民主、人权等价值理念，而这些价值理念是由他们进行定义阐释的，具有抽象的普遍性，按照他们的解释就是指超越民族国家界限、每个国家应该普遍遵循的价值理念，所以对"侵犯人权"的、非民主的国家，他们有权超越这些国家的主权限制而直接实施人道主义干涉。以至于社会党国际也直接提出"今天，不管何时何地出现了忽视人们利益的不公正和不公平现象时，我们社会党和国际都会比以前更加积极地关注和介入"。而发达资本主义国家社会民主主义"关注"和"介入"的主要方式就是国际干预，"克林顿主义""布莱尔主义"就是其中典型的理论。克林顿主义赤裸裸地表示，"今后全球范围的涉及民主、人权、人道主义等问题的危机和恐怖主义活动，美国和北约将采取科索沃方式进行军事干涉"。[1] 从中可以看出，作为社会民主主义主要力量的英美社会民主主义政党并没有按照作为社会民主主义整体力量的社会党国际的要求来追求人类的共同利益和价值诉求，如公正和平的世界新秩序，普遍性的人权、全球的民主等，反而是在损害别国利益、威胁人类共同价值追求的基础上实现本国和自身的利益。这样，国家利益的维护与扩张形成了社会民主主义推行"普世价值"并导致霸权的原动力。

可见，尽管社会民主主义自诩为国际性运动，并一直在表示他们追求的是人类共同利益和基本价值，但社会民主主义的各个现实力量却深深地融入其所在的民族国家的利益之中，而为了维护和实现国家

---

[1] 裘援平：《当代社会民主主义与"第三条道路"》，当代世界出版社2004年版，第267页。

利益，发达资本主义国家的社会民主主义力量在国际上实行的是现实主义的权力政治，第三条道路的霸权就是权力政治发展到强权的表现。本来权力政治是当今国际社会的常态，国与国之间在国家利益的维护与博弈过程中，通常会采用这种方式，但克林顿主义和布莱尔主义却是权力政治的极致表现，并由此形成了社会民主主义的霸权主义和强权政治。这表面上看是社会民主主义的矛盾之处，因为社会党国际一直在反对霸权主义、强权政治，倡导国际的自由、民主、人权等价值，但英美社会民主主义却发展成为霸权主义、强权政治，威胁着社会党国际倡导的价值观念，由此形成了整体社会民主主义与主体社会民主主义的矛盾。但如果我们深入分析，就会发现，作为整体社会民主主义的价值追求其实是由作为主体社会民主主义所定义、主张和实施的，只不过前者是理想主义的表达，后者是现实主义的表达，但不管是哪种表达，最终都会落脚到所在国家的国家利益上。

当然，社会民主主义"普世价值"的推广也有出于自身利益诉求的需要。尽管社会民主主义是资本主义的主要力量，但除了社会民主主义，资本主义的另外两大力量——新自由主义和新保守主义也在资本主义的发展中占据着重要地位，发挥着重要作用，并且对作为左翼的社会民主主义产生冲击和打压。特别是苏联解体后，社会民主主义在失去了同是左翼的共产党的掩护后直接面对右翼的挑战，而右翼力量却迅速发展壮大并对左翼进行激烈的进攻：从20世纪90年代到21世纪初这短短的十多年中，西欧的政坛有三次极右风潮，而右翼力量的壮大及其影响的扩大带来了世界政治的集体右转，由此，社会民主主义的发展陷入低谷，"社会民主主义过时论"一直萦绕在社会党人的头上。社会党人自己都认为"社会民主主义作为能够争得多数的大的政党结构的终结已经开始，而且完全不取决于各个国家的社会民主党以什么方式在战略上和纲领上对危机做出反应"。[①] 为了应对来自资本主义右翼的挑战，社会民主主义一方面不得不迎合现实，借鉴和吸收右翼的思想理论，调整和充实价值观念与各项政策，另一方面更加

---

① ［德］托马斯·迈尔：《社会民主主义的转型：走向21世纪的社会民主党》，殷叙彝译，北京大学出版社2001年版，第49页。

加强对自身价值观的推行。所以社会民主主义在全球极力地推行其"普世价值"或价值观念，除了国家利益的体现，还有自身利益的诉求。社会民主主义希望在全球发展中能够发挥主导作用，扩大社会民主主义的影响和实现社会民主主义的自身利益。在社会党国际十九大的决议中就明确表示"加强联合国和其他关键性国际性和区域性组织，为一个新的全球安全和管理提供基础，这需要有远见的和有效率的政治领导。社会党国际具有悠久的国际合作和团结的传统，有义务投身到争取一个更加安全和民主的世界的最前线"；而曾作为社会党国际主席的古特雷斯讲道："国际是世界上唯一的一个能够对治理全球化作出决定性贡献的国际政治组织，也是唯一一个能够促进全球团结的政治组织"，在社会党国际二十二大上也明确地提到："我们强调世界已经改变，需要以不同的方式加以组织，在这个报告所提及的时期，我已经看到社会党国际能帮助指引这条道路"，"随着我们组织的壮大，我们已经通过各种任务、会议、倡议和其他的活动扩大了我们的影响，加强了不断增多的成员之间的互动和合作并有了新的方式"，"我们应该加强我们自己的力量，以使我们在各个政党和运动以及在我们致力于公正、有效、透明的全球治理和由人民主导的全球化的框架中发挥更大的作用"，"我们所拥护的价值观将成为新的全球大厦中的支架"①。所以通过社会党国际的一系列表达可以发现，社会民主主义的"普世价值"不仅仅是为了谋求全球公共利益，其还掺杂着自组织的私利。

尽管社会民主主义"普世价值"的提出有着自身利益的考虑，但社会民主主义发展的基础和生存的外在生态是资本主义国家，只有在资本主义国家利益实现的基础上才能实现社会民主主义的利益及其价值观。

从社会民主主义发展的指导思想来看，其就是先通过竞选上台执政，实现政治民主，然后利用掌握的权力建设福利国家，实现经济民主，最后在争取实现政治民主和经济民主的基础上，致力于建立和平、

---

① www.socialistinternational.org，社会党国际网站。

民主、公正的世界政治经济新秩序，实现世界民主。① 而无论是政治民主，还是经济民主和世界民主，实现这些民主的现实平台是社会民主主义所处的各个国家。但从20世纪80年代末以来，社会民主主义为了实现经济民主（还包括社会民主）而建立的福利国家制度受到了全球化的巨大冲击，其政治民主的现实依托与载体——资本主义国家政权也受到全球化的影响和来自右翼的进攻，其世界民主更是由于霸权主义、地区冲突、极端主义等威胁而变得非常渺茫，所以必须加强国家这一现实平台或载体。

从社会民主主义的现实发展来看，社会民主主义在各个国家的发展直至执政则是其在国际上扩大影响、壮大自身力量的基础。20世纪90年代初期，社会民主主义由于受到苏联解体以及右翼的进攻而导致其在各个国家的发展受到极大的削弱，尤其是在其原本力量强大的西欧更是陷入发展的低谷，到20世纪90年代中期，德国社会民主党的党员不足80万名（鼎盛时期有100万名党员），法国社会党党员不足8万名（原来是20多万名），瑞典社会民主党党员仅26万名（原来是110多万名），等等。因此在20世纪90年代中期以后，西欧社会党组织纷纷采取实用主义进行改革和调整，通过社会民主主义的努力，到1998年下半年其终于迎来了发展高峰，在欧盟15国中有13国（除了西班牙和爱尔兰）由社会民主党进行执政或参政，在欧洲的版图出现了耀眼的粉红色（社会党国际的会徽是粉红色玫瑰）。社会民主主义在欧洲的神奇回归极大地带动了社会民主主义在全球的发展和影响，以社会党国际的成员发展为例，1992年十九大有72个成员党，1996年的二十大有52个成员党，截至2015年其成员更是扩大到140个政党（包括成员党、咨询党、观察党）。

由此可见，社会民主主义为了发展自身，既需要价值观的引导、凝聚和推广，同时也需要凭借资本主义国家这一现实平台，而无论是社会民主主义的价值追求还是其现实的依托都与资本主义价值观和国家体系紧密关联在一起。所以社会民主主义提倡并极力在全球推行的

---

① 姜琳：《从社会党国际22大看其新世纪的战略调整》，《当代世界与社会主义》2004年第3期。

"普世价值"既是为了维护和实现社会民主主义的自身利益,也是为了维护和实现资本主义国家的利益特别是发达资本主义国家的国家利益,而这两种利益又往往交织在一起,在"普世价值"旗帜的引导和掩饰下通过社会民主主义的现实实践得以实现。

结　论
"普世价值"并不普世

"普世价值"是西方文化的产物与表达，但其以抽象性、普遍性的追求泛化为全人类共同追求的价值，掩饰了西方发达资本主义国家价值诉求的根本目的，所以我们应该正确认识"普世价值"及其危害。

一　"普世价值"：资本主义抽象的价值论

"普世价值"的主要提倡者是自由主义和社会民主主义。无论是自由主义，还是社会民主主义，他们"普世价值"建立的基础都是抽象人性论。古典自由主义者如洛克、孟德斯鸠、卢梭等尽管其理论各有特点，但都是以天赋权利或自然权利学说为理论基础的。新自由主义也秉承了这一传统，如格林认为人是道德的存在物，人追求共同的善，国家的目的就是为了帮助人们实现共同的善；罗尔斯从抽象的人性出发认为"正义是社会制度首要价值"。社会民主主义的价值观也具有抽象性，因为"从直接性上看，民主社会主义价值观的主要思想来源是新康德主义伦理学；而从间接性上和思想前提看，其价值观的主要思想则是资产阶级的天赋人权论"[①]。无论是直接来源的新康德主义还是间接来源的天赋人权论都是具有抽象色彩的论调。如新康德主义的伦理学将道德原则作为社会发展的真正原则，其核心理念就是将"人"作为目的，从抽象的人出发，追求个人在道德上的自我完善；而资产阶级的天赋人权思想认为人天生就应该是自由平等的，个人是

[①] 吴忠：《民主社会主义价值观析评》，《安徽大学学报》（哲学社会科学版）1992年第1期。

自身和财产的主人，拥有自身生命和财产的不可剥夺的天赋权利，而人们组成国家的目的就是为了保护人的自身和财产，所以人权是人类与生俱来的权利。社会民主主义的思想体系秉承了上述思想的抽象性特征，作为其主要价值观的人权的理论基础就是"天赋人权"和"自然权利"，其人权观的核心内容就是提倡人权具有普遍性、超阶级性。社会民主主义将人权定义为抽象的普遍的全民的权利，这又是与资产阶级的人权精神相一致的：资产阶级在反对封建主义的过程中，为了取得革命的胜利，更是为了实现自身利益，而通过自我定义但却标榜为全民共同利益的自由、民主、人权、平等等价值口号来动员和联合其他阶级群体，以抽象性的价值概念来掩盖实质性的特殊利益。如《人权宣言》就将人权的主体宽泛为全体的社会成员，通过夸大的超阶级性和普遍性来淡化和掩饰人权的阶级性。与资产阶级思想一样，社会民主主义的人权观通过"人人都有"的普遍人权来否认人权的阶级性，至于如何来实现这些抽象的全民人权，社会民主主义的实现路径并不是通过制度替代、消灭阶级的方式来进行，而是力图通过现实制度的改良和淡化阶级对立的方式来完成，所以对于其生存和发展的母体——资本主义，社会民主主义的态度是进行经济、政治和社会领域的调整，而回避或不触及资本主义的私有制，并将资本主义的私有制看作是实现社会民主主义自由、民主、人权等价值观的可靠保障，所以资本主义的私有制不用废除①。

二 "普世价值"：提倡者内部的分歧

社会民主主义和自由主义的"普世价值"有共同之处：历史渊源都是启蒙思想，都建立在抽象人性的基础之上，都是为了维护欧美资本主义国家的利益。并且社会民主主义的一些理论观点和政策主张也明显的与自由主义趋同，以至于产生了这样的认识："社会民主主义向右转，实质是倒向新自由主义，就是以英国学者吉登斯、英国工党布莱尔、德国社会民主党施罗德所倡导，以欧洲国家多数社会民主党

---

① 此部分参见笔者博士学位论文和笔者相关文章。

所接受的'第三条道路'为标志,以新自由主义鼓吹的盎格鲁—撒克逊模式为选择,社会民主主义受新自由主义的影响越来越突出。"①"人们长期以来谈论社会民主党与新保守主义政党的趋同发展趋势。吉登斯说是超越左与右,我看应该说是社会民主党再次被右翼自由主义所征服、驯化,以至同化。20世纪80年代以来,西欧社会的政治文化不断向右转,首先是共产党的社会民主党化,其实就是共产党接受左翼新自由主义的观点,被新自由主义所征服、驯化以至同化。然后是社会民主党再一次的新自由主义化,放弃左翼新自由主义,接受右翼新自由主义,逐步被右翼新自由主义所征服、驯化以至同化"②。

以上反映了社会民主主义与新自由主义的趋近,但却忽视了社会民主主义本身的特性,况且社会民主主义作为资本主义一支独立的有着巨大影响的力量,其在发展过程中极力地标榜自我身份特性,显示自身与激进右翼和极端左翼的区别,而基本价值观侧重点和内涵解读就是其独有的身份证明。社会党国际在谈到社会民主主义与自由主义、保守主义、共产主义在价值追求上的不同时,专门以自由观来分析他们的不同,其认为:自由主义和保守主义强调个人自由,淡化或牺牲公正和团结;而共产党则牺牲自由来实现平等和团结。与资本主义其他力量一样,社会民主主义追求自由,但其自由并不是独立的价值,它只是与平等、互助结合才能产生现实的意义,这与新自由主义过分强调个人自由是有所区别的。"在一切自由主义那里,个人自由都是至高无上的,具有高于社会价值的优先性"③,新自由主义的自由突出个体的自由,反对平等的自由,反对各种强制干预的自由。德国的一位社会民主主义者认为自由主义的错误在于其认为在不平等和人们互相斗争的社会中,不必建立包括整个社会的人类友爱的相助,也可以实现并且保护自由与公正。社会党国际也讲到左翼和右翼的本质区别是关于自由和平等之间关系上的分歧。右翼认为自由是个体获取的自

---

① "四个一批"理论人才考察团:《对社会民主主义的基本看法及启示》,《党建》2006年第2期。
② 张世鹏:《进入21世纪的西欧政治思潮》,《欧洲》2001年第1期。
③ 程新英:《评新自由主义的自我价值辩护》,《高校理论战线》2006年第12期。

由，必须保证其获取的独立性。而左翼则认为自由必须是为代表绝大多数人的利益而奋斗，尤其是为那些生下来就缺少机会的人。所以民主右翼主张自由同特权所有者以及国家的联系，而民主左翼则主张自由同分配的公正和国际主义的联系。"左和右之间的选择在全球层面上依然是有效的。社会民主主义原则——可持续发展、人权和全面民主——反对新自由主义市场意识形态、新保守主义纲领和单边主义道路。左的原则必须迎合发展中国家的利益，而右的原则符合发达国家的利益"。①

可见，尽管新自由主义和社会民主主义都提出了"普世价值"，并且在两者所提倡的"普世价值"中都强调自由、民主，但无论是从这些价值观念的侧重点，还是从这些价值观念的内涵认知上，两者的"普世价值"都有较大的区别。

从哲学基础上来看，社会民主主义和自由主义的哲学基础都是个人主义，但将两者进行比较来看，社会民主主义强调的是理性的个人主义，而自由主义的个人自由是建立在排斥理性的自由的基础上，自由主义认为人的理性是值得怀疑的东西，因此理性安排的社会制度不如自由主义基础上的自发秩序完善，所以自由主义的个人主义突出强调了个人自由，但忽视或淡化了个人与社会的关系以及社会对于个人的意义，哈耶克就提出"社会作为一个实体，并不存在；社会由千百万个个人所组成"。② 自由主义的个人主义强调的是个人的自由，个人的参与或个人的行动，侧重点是个人的发展；而社会民主主义把自由与理性结合，认为人的理性是长期认识和实践过程中不断试错、再认识和总结而提炼出来的带有本质属性的认识，人类社会发展中的社会及其社会制度是在人的理性不断试错与矫正中逐步建立与完善的，因此，社会民主主义认为自发的社会现象不一定优于人的理性安排，所以其在个人主义的观点上不仅强调个人的自由、个人的发展，同时还

---

① http://www.socialistinternational.org/viewArticle.cfm? ArticlePageID = 76，社会党国际网站。

② [英] 哈耶克：《通往奴役之路》，王朋毅等译，中国社会科学出版社 1997 年版，第 28 页。

强调个人的社会性，社会中的个人、社会与个人应该协调发展，认为个人的自由与社会的自由与发展是一致、统一的，个人的自由和发展只有融入社会的自由和发展中，才能赋予真正自由的意义。

从价值追求的侧重点及其内涵来看，新自由主义的思想基础是自由，自由观在新自由主义的价值体系中处于原初的位置，其他的价值观都是在自由这一基本价值基础上才得以展开的，必须服务和服从于自由，当其他价值与自由相冲突或相异时，必须让位于自由，或在自由范畴的基础上来进行解释和表达。而社会民主主义的自由观则有所不同，尽管其也强调自由，但其理解的自由是与平等、公正、团结等紧密结合的自由。社会民主主义认为自由主义的自由不一定产生公正、平等和民主等价值，因为自由主义"自发秩序"的自由其实在一定程度上利用先天优势的自由如出身、天赋、环境阻碍和侵害了出身、天赋、环境不好的人的自由，所以自由主义的自由在一定程度上与公正、平等和民主是对立的。为此，社会民主主义不仅强调自由，而且还强调自由与其他价值的不可分割性，认为如果不能保证公正、平等和民主，那么自由终究只是一部分人的自由，而不是全体的自由。所以，在社会民主主义的价值观里，自由并不是独立的价值，它只是与平等、互助结合才能产生现实的意义。

当然，社会民主主义"普世价值"的基础并不是自由，而是民主。民主在社会民主主义的思想体系里是核心原则和首要问题。社会民主主义认为民主不仅仅是理想或现实的政治体制，更是"令人神往和无所不包的生活方式"①，由此，社会民主主义提出了经济民主、政治民主、社会民主和国际民主。

而且，为了以示自己与新自由主义的不同，社会民主主义还特别强调了"团结"的重要性，"团结，充分表达了我们的身份特征，总是指引我们制定公平分配财富，医疗和关心老年人的政策，它还指引我们为两性平等而努力，为反对各种形式的建立在出生、信仰以及其他方面的歧视而斗争"。② 托马斯·迈尔也讲道："社会民主主义争取

---

① 余文烈主编：《当代国外社会主义流派》，安徽人民出版社 2000 年版，第 135 页。
② *Socialist Affairs*, Issue 3-4, Volume 48, p. 61.

一个新的和更美好的社会的理想与为了实现这些理想而组织起来的实际的工人运动认为自己是对这一矛盾的历史回答。因此，社会民主主义的推动力的目标就是要为一个自由和平等的人民的社会创造经济的、社会的和政治的前提。与自由主义的个人主义自由放任主张相反，社会民主主义宣称，只有当人民的行动通过团结互助而联合起来时，只有当生产和分配不是听任客观力量的自由活动的支配而是以基本价值的尺度、以对社会负责的方式组织起来的时候，才有可能做到所有的人都享有的自由和平等。没有团结互助和负责任的组织，自由就其信念本身来说必然会成为有权者的特权，它对社会的多数人来说是达不到的。"①

新自由主义尽管也追求民主，但新自由主义对于民主的认知是"更多地关注促进个人自由，而不是保障公共正义，增进利益而不是发现善，将人们安全地隔离开来，而不是使他们富有成效地聚合在一起。其结果是，自由主义民主可以强有力地抵制针对个人的任何侵犯——对个人的隐私、财产、利益和权力的侵犯——但是，它却无法有效地抵御针对共同体、正义、公民性以及社会的侵犯"，② 新自由主义的民主从根本上来说还是服从和服务于个人自由，而不是社会民主主义的民主所关注的公共责任、社会权利、集体利益。

新自由主义也讲求平等，但其对平等的理解与社会民主主义的理解不同，其平等是建立在自由基础上的平等，主要强调的是机会的平等、法律的平等、政治的平等。而社会民主主义的平等观认为"平等是一切人类都具有同等的价值的表现，是人的个性自由发展的先决条件。基本的经济、社会与文化平等为人的多样性与社会进步所必不可少"③，所以社会民主主义的平等与自由同等重要，不仅仅是上述平等，同时还应该是在经济、社会上的平等以及在社会发展中的起点平

---

① ［德］托马斯·迈尔：《社会民主主义的转型——走向21世纪的社会民主党》，殷叙彝译，北京大学出版社2001年版，第10页。
② ［美］本杰明·巴伯：《强势民主》，彭斌、吴润洲译，吉林人民出版社2006年版，第5页。
③ 中联部编译小组：《社会党国际重要文件选编》，当代世界出版社2005年版，第6页。

等与结果平等。

所以,从价值追求上来看,自由主义侧重于自由,排斥平等、公正和民主等价值观。"说它排斥平等,是因为它片面地强调个人的发展,其结果是人与人之间的差距不断加大,最终导致社会两极分化;说它排斥公正,是因为它主张国家中立,无视社会中大量存在的先天的不平等,反对国家政策向需要社会帮助的人的倾斜;说它排斥民主,是因为自由主义希望把个人的利益倾向作为是倾向,而民主恰恰是社会各种不同利益倾向综合的结果,而不仅仅是以一个人的利益倾向为倾向"。①

在价值追求的侧重点以及价值内涵的理解上的分歧导致了新自由主义与社会民主主义在现实政策上的不同②,如在市场与政府的关系问题上,社会民主主义坚持国家的积极干预,而新自由主义坚持自由市场至上,反对为了社会公正而干预市场;在平等问题上,社会民主主义强调社会平等的优先性,甚至主张结果上的平等,而新自由主义主张机会的平等,反对结果的平等;在国际问题上,社会民主主义主张国际主义,倡导国际合作,而新自由主义则从权力政治的现实出发,强调权力和军事实力,主张由超级大国主导的全球一体化。

可见,尽管社会民主主义和新自由主义的"普世价值"在历史前提、理论基础和最终目的上存在趋同甚至是一致的地方,但同时两者的"普世价值"却又存在不相一致的地方,特别是两者在"普世价值"的侧重点和内涵认知上存在着较大的区别,两者对于自由、民主的理解的分歧和区别充分证明了"普世价值"本身在资本主义框架内部就不能普世,更何况在全球进行普世。当然,这种分歧和区别既有思想渊源、身份标识的传统原因,也有对于现实实践进行认知的不同反映的原因。所以在资本主义体系内部,"普世价值"并不普世,更不用说在全球的"普世"。

---

① http://club.kdnet.net/dispbbs.asp?boardid=1&id=905907.
② 侯衍社:《"超越"的困境——第三条道路价值观述评》,人民出版社2010年版,第67页。

社会民主主义、新自由主义纲领与政策的对比表[①]

	社会民主主义	新自由主义
基本价值观	突出民主，主张价值观的一致性、统一性	突出自由，其他价值观服务和服从于自由价值
国家观	主张凯恩斯主义，强调国家的调控作用	主张市场至上原则，反对国家干预
经济政策	全面接受市场经济的同时，主张政治高于经济，民主高于市场提倡混合经济	主张不受任何限制的自由市场，反对任何形式的干预。主张私有制
社会政策	积极维护福利国家制度，主张社会公正	反对福利国家制度，认为福利制度是社会发展的主要障碍
国际政策	维护世界和平与安全，主张共同安全与共同利益，主张全球治理，反对单边主义和霸权主义	谋求大国主导的绝对安全，主张先发制人原则提倡单边主义

三 "普世价值"：并非人类的共同价值

"普世价值"是西方资本主义文明的产物，但西方资本主义国家在其发展过程中，逐渐地将其价值追求泛化和混淆为人类共同追求的价值。事实上，两者在提出主体、价值内涵上有较大区别，而这些区别反映了"普世价值"并非人类的共同价值，"普世价值"并非普世。

"普世价值"和共同追求的价值表面上看都是基于人性和共同需要而提出的价值。两者都具有伦理色彩，是对共同需要的价值的一种抽象追求，但在实质上存在着较大差异。"普世价值"的提出者主要是西方欧美发达国家，其利用"普世价值"来达到欧美价值的普世化，而人类共同追求的价值则是全球人类共同追求的价值理念，所以两者的提出主体是不一样的。

"普世价值"与人类共同追求的价值都涉及了民主、自由、平等、公正、博爱等方面，但"普世价值"的相关理念所蕴含的内涵是由西方欧美发达国家所进行定义和标准化的，其有较强的内涵指向性，即

[①] 龚加成：《全球化背景下的新探索》，中央编译出版社2006年版，第198页。

是什么样的民主、自由、平等、公正、博爱——但即使如此，欧美发达国家对于这些价值的内涵也有较大分歧，如自由主义、社会民主主义对于自由、民主的理解就不同。而人类共同追求的价值只是一种主体的表达，至于民主、自由、平等、公正、博爱等价值的内涵在不同时期、不同群体其赋予的内涵是不一样的，可以说人类共同追求的价值只是一种公共的表达，其对于价值的内涵理解各种各样。所以两者在内涵上相差甚远。

并且，"普世价值"的推行极大地威胁着人类社会共同追求的价值。欧美发达国家凭借"普世价值"的旗帜极力地推行他们所设定的价值内容，甚至在和平方式无法达到目的的情况下，不惜动用武力来达到目的，这无疑是在一个方面提出"普世价值"，另一个方面又在毁坏其他国家的民主、自由、平等、人权，其与人类社会共同追求的价值是相矛盾的。

余 论
中国社会主义的发展需要马克思主义价值观的引导

改革开放以来,随着社会的急剧转型和思想的多元化发展,使得来自于西方的价值理念深深地影响着中国的发展,"普世价值"之辩就表明了这一点。尽管"普世价值"的争论在当前似乎已经定性,但在学术界、民众中间,"普世价值"及其相关的价值观认知扭曲和混淆依然存在。另外,中国是社会主义国家,社会主义的特性以及价值观的实践性决定了中国社会主义的发展需要正确的价值观的引导。

1. 价值观是社会发展的精神内核

在人类社会发展过程中,物质建设是现实基础,而文化建设则是思想动力,尤其是随着社会的发展,作为软实力的文化已经成为现代化建设的重要内容和国家综合国力的体现,文化发挥着越来越重要的作用。而在文化体系中,最高层次和最核心的内容是价值观。文化为价值观提供基础和前提,文化的表现形式和内容是在价值观引导下的展现,而一定的文化又会凝聚成为一定的价值观,价值观直接影响着文化的性质、发展方向、具体内容和社会影响以及现实建设,如果说文化是社会发展的灵魂,那么价值观则是文化的内核。

价值观不仅是文化的内核,引导着文化的发展,而且其直接或间接地影响着社会现实的发展。对于个人而言,价值观渗透于个人意识之中,深刻地影响着个人的动机、需要和意愿,帮助个人做出价值判断,形成价值取向和价值目标,并影响和规范个体的现实行为;对于社会而言,价值观是社会发展的内在动力,其能够对未来社会的发展提供设计和导向功能,指引、规划和转化为现实的一系列社会制度与体制，同时能够凝聚、整合和调节个体的价值观，使得个体的价值观与社会价值观相协调或一致。

纵观人类历史的发展，价值观既是历史现实的产物，同时也反作用于人类历史和现实，影响着人类历史的发展。西方社会发展过程中古希腊的幸福主义为核心的价值观、中世纪以上帝为轴心的价值观都深深影响着当时社会的发展，及至近代资本主义的空前发展，尽管有商品经济的物质支撑，但文化的作用同样不容忽视，资本主义文艺复兴运动的"个人主义"旗帜及"民主、自由、博爱"的宣言对资本主义的发展提供了文化支撑，通过这些价值观的指引，资本主义建立了现代的经济、政治体制和社会机制并指引着资本主义现实的空前发展。而在中国历史发展过程中，西周的天命、礼等价值观支撑着中国古代社会的宗法制度与宗法观念，也奠定了中国古代专制社会的文化基础；自汉武帝之后，以仁爱、诚信、天人合一为核心价值观的儒家思想影响着中国封建社会的发展，不仅形成了封建社会的主流文化，同时也引导和规范着中国封建社会千年的历史；近代中国社会不仅是战争与革命的现实动荡时期，同时也是各种文化及其价值观激烈碰撞的思想动荡时期。在这一时期，儒家价值观、资本主义价值观、马克思主义价值观共同存在并激烈交锋，当然最终马克思主义及其价值观引领中国革命取得了成功。新中国成立之后，我们确立马克思主义的指导思想，并以马克思主义价值观引导、整合、凝聚与规范着各种价值观、文化和现实建设，推动着中国社会的发展。

2. 马克思主义价值观在当代中国遭受的冲击

马克思主义是中国特色社会主义的指导思想，马克思主义价值观是中国特色社会主义必须坚持的价值观。但当前中国正处于经济全球化、政治复杂化、思想多元化的世情和在社会主义初级阶段进行改革开放的国情。其间，经济建设中市场经济的确立与发展、所有制与分配制度的变革；政治建设中民主建设特别是基层民主的推进；社会建设中社会领域的快速发展、社会权利的扩大。这些导致了现实利益格局的深刻调整、社会结构的深刻变动，并直接影响着文化的发展。与此同时，西方文化的影响、中国传统文化的复原使得中国思想文化的交融与争锋日益频繁，思想认识更加独立和多元，网络文化、草根文化、世俗文化等各种亚文化层出不穷，文化发展表面上呈现出多元化的繁荣局面，但实际上文化的深度和品位在失去，文化的价值和意义在淡化和忽视，文化破碎、文化张扬、文化复古、文化拿来主义等问题不断浮现。

物质利益和文化发展的多元及其问题带来了价值观的多样化和差异性，同时也影响着人们对于自由、公正、平等、民主等价值的认知和判断，并导致价值观选择的困惑与迷茫、价值观树立的偏差甚至是错误，而作为我们主流价值观的马克思主义价值观则更是受到极大的冲击。

而对马克思主义价值观冲击最大的是西方价值观。西方价值观不仅影响着西方社会的发展，同时也被世界其他国家所学习和借鉴、效仿，并且西方发达国家通过文化的霸权主义强化了其价值观的全球普世化推广。对于中国而言，中国现代化进程中经济、政治、文化、社会方面的变革与发展成为西方价值观进入和影响中国社会的现实依托，深深地影响着中国民众的价值认知、判断与选择、确立，如市场经济变革导致的唯物质主义、功利主义等思想；民主政治推进而衍生的自由主义、多元主义等倾向。而思想领域的开放更为西方价值观的进入提供了宽松便利的文化环境。西方价值观不仅影响着中国人的思维观念，同时也影响着人们的现实行为，个人化、功利化、物质化、自由化、多元化等思想带来一系列的社会问题，如注重物质利益而忽视精神需要，注重个人利益而忽视共同利益，注重经济效率而忽视社会公平，等等。

3. 马克思主义价值观的当代中国认知

马克思主义价值观在当前受到西方文化、中国传统文化的冲击，不仅影响着人们对价值观的认知、判断、选择和确立，同时也影响着中国社会的发展，所以必须要对马克思主义价值观及其中国功能进行正确的认知。

（1）中国的社会性质和发展程度需要马克思主义价值观

中国是社会主义国家，从社会主义的本意来看，"社会主义"一词源于古代拉丁文 Socialis 原意为"同伴""善于社交"等，社会主义一开始就是作为一种与个人主义价值观相对应的价值追求而产生的。从 16 世纪初的空想社会主义思想家提出的社会主义思想到 19 世纪 20—30 年代正式作为社会思潮、制度、运动都蕴含了与建立在私有制基础上以"个人主义"为基础的剥削社会而不同的社会主义的价值追求，即公平、平等、整体等内容，但这一时期的社会主义是普遍意义上的社会主义即凡是反对资本主义、追求理想社会的都可以称之为或自称为社会主义，以至于马克思曾有意识地将社会主义与共产主义区分，以便表明社会主义与共产主义在阶级主体、思想内涵、价值追求上的不同，但不可否认的是，正是从社会主义的本质内涵出发，在借鉴和发展空想社会主义思想家的社会主义思想和批判资本主义特别是其价值观念的基础上，马克思、恩格斯在历史唯物主义范畴中逐渐建立了科学社会主义的价值观念：其从人类历史发展的逻辑演变、社会主义的本质规定、人类的共同理想等方面出发，针对阶级社会特别是资本主义社会的弊端，提出了"代替那存在着阶级和阶级对立的资产阶级旧社会的，将是这样一个联合体，在那里，每个人的自由发展是一切人自由发展的条件"[①] 的观点，这一历史唯物主义的逻辑归结不仅是马克思主义对人类社会发展最终状态的概括，同时也是对未来社会价值诉求的核心观念，是科学社会主义的终极价值和核心价值。这一价值表述从个人能力、个人需求、人的自由个性、人与社会等方面的自由全面充分发展来展开，在此基础上衍生了科学社会主义的价值追求，如自由、平等、民主、公正等。在这些价值追求的指导下才具体化为各种制度设计。尽管这些价值观念与资本主义的价值观念有着词汇表达上的相同，产生了共同追求甚至是普世化的错觉，但作为这些词汇的内涵却是建立在历史唯物主义基础之上，使得它们具有历史性、社会性、具体性、阶级性、相对性的特征，由此这些价值追求与建立在唯心主义基础上具有抽象性的资本主义的价值追求便有了决然不同的内涵和意义。

---

① 《马克思恩格斯选集》第 1 卷，人民出版社 1995 年版，第 294 页。

作为以马克思主义为指导的中国社会主义从革命之初就将共产主义作为理想追求，寻求中华民族的伟大复兴，并在新中国成立后按照科学社会主义思想特别是社会主义的价值追求逐渐建立了社会主义制度，如公有制、民主体制、马克思主义的意识形态等。在改革开放后又发展了马克思主义，结合中国现实提出了一系列中国特色社会主义理论，并在这些理论指导下进行中国特色社会主义建设，这些理论和建设包含和体现着马克思主义关于自由、平等、民主、公正等价值诉求，也是我们树立正确的价值观的基础。

从发展程度来看，中国是发展中国家，处于社会主义初级阶段，尽管中国经济总量世界第二、发展速度年均世界第一，创造了令世人瞩目的成就，但这并不能完全表明中国的发展程度，而GDP的世界80多名、1.26亿的贫困人口才是中国发展的现实。当前，中国的社会发展程度远远没有达到马克思主义所讲到生产力高度发达的程度，从历史的角度来看一方面源于中国社会主义是建立在封建主义基础之上，没有经历资本主义充分发展的阶段，而资本主义是人类社会生产力空前发展的阶段，马克思曾指出"资产阶级在它的不到一百年的阶级统治中所创造的生产力比过去一切时代所创造的全部生产力还要多，还要大"；另一方面中国社会主义是在近代一百多年战争与革命的过程中建立起来的，历史的原因导致中国的贫穷与落后，而中国又是世界人口最多的国家，自然资源和社会资源极其贫乏。这些因素影响着中国社会主义的基础，也影响着中国社会的发展，导致中国生产力发展程度的低下和不平衡，马克思主义价值观所追求的自由、民主、平等等所需的现实基础远远缺乏。而要发展生产力促进中国社会的发展，实践马克思主义的价值观，就必须要改革当前的经济基础和上层建筑，这不可避免地会导致一系列的问题，如先富与共富的矛盾、效率与公平的矛盾，民主体制的不完善、法治建设的不健全等，这些社会问题的客观存在是发展程度相对较低的社会主义初级阶段的必然产物，但这也更要求我们要用马克思主义的价值观来认识、解决这些问题及其带来的思想困惑。

（2）中国特色社会主义的建设需要马克思主义

在新民主主义革命时期，我们就将马克思主义作为我们的指导思想，并赢得了革命的胜利。在社会主义建设时期，马克思主义依然是我们的指导思想，其价值观对于中国特色社会主义建设有着巨大的理论功能和现实功能。

作为理论功能而言，马克思主义价值观是中国特色社会主义理论的理论基础、精神内核和逻辑归结，其指引着中国特色社会主义文化的发展，能够帮助我们形成有利于社会主义现代化建设的共同理想、精神动力和道德规范，将个人利益、民族利益和国家利益有机地融入，共同致力于中国梦的建设之中。而且当前我们正在进行中国特色社会主义核心价值观的培育和践行，马克思主义价值观又是核心价值观的理论基础和指导思想。

作为现实功能来讲，马克思主义价值观指导着现实中国特色社会主义实践。首先，马克思主义价值观具有甄别作用。当前中国社会由于社会发展的多样性和开放性导致价值观的多元化，西方价值观、中国传统价值观和马克思主义价值观并存，在众多价值观的选择中，坚持马克思主义理论和方法，以马克思主义价值观作为指导和评判标准是我们判断、选择和确立正确价值观的有力武器，通过马克思主义价值观来甄别各种价值观的正确与否，同时也能够有效抵御错误思潮、错误价值观的侵蚀。

其次，马克思主义价值观具有整合作用。价值观的多元化是社会发展多样化的思想表现，是一种社会的进步，但价值观的多元化极易带来价值观的无序与失范，影响着社会的稳定，所以在价值观多样发展中还需要主导价值观的引导和规范，而马克思主义的科学性和中国的社会性质、发展程度决定了我们应该坚持马克思主义的价值观，并通过马克思主义价值观引导、凝聚、整合和调节中国社会发展过程中的各种价值诉求，指导民众借鉴和吸收其他价值观中的合理部分，自觉抵制其他价值观的错误部分，同时将个人价值观与社会价值观、国家价值观有机结合，形成凝聚力和向心力，形成有利于中国特色社会主义发展的共同理想、信念和信仰。

最后，马克思主义价值观还具有规范作用。马克思主义是我们社会主义建设的指导思想，其指引、规划并规范着中国社会的总体发展，以及在国家与社会发展过程中通过价值观本身及其指导下的法律、道德、制度等规范着社会成员的各种行为。

参考文献

中文著作

1. 《马克思恩格斯选集》1—4卷，人民出版社1995年版。
2. 《马克思恩格斯全集》1—46卷，人民出版社。
3. 《列宁选集》第2卷，人民出版社1972年版。
4. 《列宁全集》第36卷，人民出版社1985年版。
5. [苏] H. 西比列夫：《社会党国际》，中国社会科学出版社1983年版。
6. [英] 戴维·米勒主编：《布莱克维尔政治学百科全书》，中国政法大学出版社1992年版。
7. [德] 托马斯·迈尔：《论民主社会主义》，东方出版社1987年版。
8. [德] 托马斯·迈尔：《社会民主主义导论》，中央编译出版社1996年版。
9. [德] 托马斯·迈尔：《社会民主主义的转型》，北京大学出版社2001年版。
10. [德] 托马斯·迈尔：《民主社会主义的三十六个论点》，东方出版社1987年版。
11. [英] 安东尼·吉登斯：《左派瘫痪之后》，杨雪冬编《"第三条道路"与新的理论》，社会科学文献出版社2000年版。
12. [英] 安东尼·吉登斯：《第三条道路：社会民主主义的复兴》，北京大学出版社2000年版。
13. [英] 安东尼·吉登斯：《第三条道路及其批评》，中共中央党校出版社2002年版。
14. [美] 克林顿：《希望与历史之间——迎接21世纪对美国的挑战》，海南出版社1997年版。

15. [英]托尼·布莱尔:《新英国——我对一个年轻国家的展望》,世界知识出版社1998年版。

16. [美]丹尼·罗德瑞克:《全球化走得太远了吗》,北京出版社2000年版。

17. [美]莱斯特·瑟罗:《资本主义的未来》,中国社会科学出版社1998年版。

18. [德]沃尔夫冈·麦克尔等:《社会民主党的改革能力》,重庆出版社2009年版。

19. [英]哈耶克:《通往奴役之路》,中国社会科学出版社1997年版。

20. [英]哈耶克:《自由秩序原理》(上),生活·读书·新知三联书店1997年版。

21. [英]哈耶克:《法律、立法与自由》第2、3卷,中国大百科全书出版社2000年版。

22. [英]安东尼·阿巴拉斯特:《西方自由主义的兴衰》,吉林人民出版社2004年版。

23. [德]勃兰特:《社会民主与未来》,重庆出版社1990年版。

24. [美]本杰明·巴伯:《强势民主》,吉林人民出版社2006年版。

25. [美]威廉·亨利:《为精英主义辩护》,胡利平译,译林出版社2000年版。

26. 陈章龙、周莉:《价值观研究》,南京师范大学出版社2004年版。

27. 袁贵仁:《价值观的理论与实践》,北京师范大学出版社2006年版。

28. 万俊人:《寻求普世伦理》,北京大学出版社2009年版。

29. 汪亭友:《普世价值评析》,社会科学文献出版社2012年版。

30. 马俊峰:《马克思主义价值理论研究》,北京师范大学出版社2012年版。

31. 罗国杰:《马克思主义价值观研究》,人民出版社2013年版。

32. 栾亚丽:《马克思经典政治价值思想辑录》,经济科学出版社2015年版。

33. 孔汉思:《全球伦理——世界宗教议会宣言》,成都人民出版社

1997 年版。

34. 中央编译局编：《国际共运史研究》1990 年第 2 期。

35. 社会党国际文件集编写组编：《社会党国际文件集》，黑龙江人民出版社 1989 年版。

36. 胡瑾、闵宝利编：《国际共产主义运动历史长编》第 2 卷，吉林人民出版社 1987 年版。

37. 中共中央党校科学社会主义教研室国外社会主义问题教学组编：《社会党重要文件选编》，中共中央党校出版社 1985 年版。

38. 李宏：《另一种选择：欧洲社会民主主义研究》，法律出版社 2003 年版。

39. 徐觉哉：《社会主义流派史》，上海人民出版社 1999 年版。

40. 余文烈主编：《当代国外社会主义流派》，安徽人民出版社 2000 年版。

41. 中国人民大学科学社会主义系编：《国际共产主义运动史文献史料选编》，中国人民大学出版社 1985 年版。

42. 中国人民大学科学社会主义系编：《当代世界社会主义文献选编》，中国人民大学出版社 1990 年版。

43. 张世鹏：《二十世纪末西欧资本主义研究》，中国国际广播出版社 2003 年版。

44. 李兴耕：《当代西欧社会党的理论和实践》，黑龙江人民出版社 1988 年版。

45. 中央编译局世界社会主义研究所编：《当代国外社会主义：理论与模式》，中央编译出版社 1998 年版。

46. 黄素庵：《重评当代资本主义经济》，世界知识出版社 1993 年版。

47. 刘玉安：《从民主社会主义到社会民主主义》，人民出版社 2010 年版。

48. 李永清：《当代民主社会主义》，中国广播电视出版社 1991 年版。

49. 裘援平等：《当代社会民主主义与"第三条道路"》，当代世界出版社 2004 年版。

50. 徐崇温：《民主社会主义评析》，重庆出版社 1995 年、2007 年版。

51. 李兴耕编：《当代西欧社会党的理论与实践》，黑龙江人民出版社1988年版。
52. 陈林、林德山主编：《第三条道路——世纪之交的西方政治变革》，当代世界出版社2000年版。
53. 张契尼：《当代西欧社会民主党》，东方出版社1987年版。
54. 杨雪冬：《第三条道路与新的理论》，社会科学文献出版社2000年版。
55. 欧阳井根选编：《背叛的政治——第三条道路理论研究》，上海三联书店2002年版。
56. 罗云力：《西方国家的一种新治理方式》，重庆出版社2003年版。
57. 龚加成：《全球化背景下的新探索》，中央编译出版社2006年版。
58. 侯衍社：《"超越的困境"：第三条道路"价值观"述评》，人民出版社2010年版。
59. 张世鹏：《二十世纪末西欧资本主义研究》，中国国际广播出版社2003年版。
60. 焦风梅：《挑战与应对：西欧社会民主主义变革论析》，中国社会出版社2009年版。
61. 林建华等：《冷战后欧盟诸国社会民主党政坛沉浮研究》，人民出版社2010年版。
62. 陶涛：《西欧社会党与欧洲一体化研究》，北京大学出版社2001年版。
63. 《欧洲共同体条约集》，戴炳然译，复旦大学出版社1993年版。
64. 陈林：《激进，温和，还是僭越？当代欧洲左翼政治现象审视》，中央编译出版社1998年版。
65. 刘成：《欧洲社会民主主义的缘起与演进》，重庆出版社2006年版。
66. 郑伟：《全球化与"第三条道路"》，湖南人民出版社2003年版。
67. 靳辉明：《靳辉明文集》，上海辞书出版社2005年版。
68. 靳辉明主编：《当代资本主义与世界社会主义》，（上卷），海南出版社2004年版。

69. 高清海：《人的"类生命"与"类哲学"——走向未来的当代哲学精神》，吉林人民出版社 1998 年版。
70. 高海清：《高海清哲学文存》第 2 卷，吉林人民出版社 1997 年版。
71. 赵常林：《理性与现实——〈德意志意识形态〉评述》，人民出版社 1996 年版。
72. 黄宗良等编：《冷战后的世界社会主义运动》，北京大学出版社 2003 年版。
73. 吴雄丞等主编：《社会党和民主社会主义人权观》，四川人民出版社 1993 年版。
74. 刘杰：《人权与国家主权》，上海人民出版社 2004 年版。
75. 秦亚青：《霸权体系与国际冲突》，上海人民出版社 1999 年版。
76. 倪世雄：《当代国际关系理论》，复旦大学出版社 2001 年版。

中文论文

1. 丁文：《关于价值观的马克思主义探讨》，《社会科学战线》1984 年第 2 期。
2. 张曙光：《马克思的哲学价值观与劳动价值论探略》，《哲学研究》1993 年第 1 期。
3. 李淑梅：《马克思主义以实践为基础的自由观》，《江汉论坛》1993 年第 5 期。
4. 于晓凤：《马克思主义哲学的自由观浅析》，《教学与研究》2004 年第 12 期。
5. 周仲秋：《马克思恩格斯平等思想研究》，《政治学研究》2004 年第 1 期。
6. 王国宏：《马克思民主思想及其当代价值》，《中共福建省委党校学报》2006 年第 5 期。
7. 崔洪建：《"第三条道路"初析》，《国际问题研究》1999 年第 2 期。
8. 李青：《第三条道路：历史、现状及发展前景》，《科学社会主义》1999 年第 4 期。
9. 李忠人：《论当代欧美的"第三条道路"思潮》，《科学社会主义》

2004 年第 5 期。

10. 杨雪冬：《吉登斯论第三条道路》，《国外理论动态》1999 年第 2 期。

11. 王坚红：《托马斯·迈尔谈"第三条道路"》，《当代世界与社会主义》2000 年第 1 期。

12. 钟和：《世纪初社会党发展变化的主要特点》，《当代世界》2002 年第 4 期。

13. 殷叙彝：《西欧社会党的民主主义国家学说初探》，《西欧研究》1987 年第 5 期。

14. 姜琳：《从社会党国际 22 大看其新世纪的战略调整》，《当代世界与社会主义》2004 年第 3 期。

15. 黄士安、戴木才：《如何科学对待资本主义核心价值观》，《光明日报》2012 年 2 月 18 日。

16. 吴忠：《民主社会主义价值观评析》，《安徽大学学报》（哲学社会科学版）1992 年第 1 期。

17. 郑忆石：《论民主社会主义基本价值观的产生和发展》，《湖南师范大学社会科学学报》1992 年第 3 期。

18. 孙君健：《冷战后社会党国际基本价值观演变述评》，《北京工业大学学报》（社会科学版）2005 年第 2 期。

19. 林怀艺：《试析战后社会党基本价值的确立及其发展》，《南京航天航空大学学报》（社会科学版）2006 年第 3 期。

20. 张有军：《西欧社会民主党基本价值观评析》，《聊城大学学报》2013 年第 2 期。

21. 周余云：《社会党的基本价值论》，《当代世界》2014 年第 6 期。

22. 石云霞：《当代民主社会主义公正观和平等观评析》，《武汉大学学报》（哲学社会科学版）1998 年第 2 期。

23. 禄德安：《欧洲社会党公正思想与政策实践：发展演变与启示》，《学术论坛》2007 年第 9 期。

24. 林德山：《欧洲社会民主党的平等观念及其变化》，《科学社会主义》2013 年第 3 期。

25. 薛新国：《欧洲社会党的公正理论及其启示》，《科学社会主义》2014年第2期。

26. 邹升平：《瑞典社会民主党的民主观辨析》，《社会主义研究》2012年第4期。

27. 农华西：《试析社会党国际人权观的演变》，《当代世界社会主义问题》2000年第4期。

28. 朱锋、朱宰佑：《"民主和平论"在西方的兴起与发展》，《欧洲》1998年第3期。

29. 甄言：《关于普世价值的几个认识问题》，《北京日报》2008年6月16日。

30. 侯惠勤：《"普世价值"的理论误区和实践陷阱》，《马克思主义研究》2008年第9期。

31. 教育部邓小平理论与"三个代表"重要思想研究中心：《关于"普世价值"的若干问题》，《求是》2008年第22期。

32. 冯虞章：《怎样认识所谓"普世价值"》，《马克思主义研究》2008年第7期。

33. 汪亭友：《"普世价值"问题研究八人谈》，《思想理论教育导刊》2008年第11期。

34. 郝立新：《认识"普世价值"问题应注意区分几个层面》，《政治学研究》2008年第6期。

35. 李慎明：《关于民主与普世民主的相关思考》，《马克思主义研究》2009年第6期。

36. 邱少明：《马克思主义：普世价值本质的透视镜》，《探索》2009年第3期。

37. 王福革：《普世价值批判》，《内蒙古民族大学学报》（社会科学版）2009年第6期。

38. 周新城：《关于"普世价值"问题需要搞清楚的几个观点》，《思想理论教育导刊》2009年第2期。

39. 陈先达：《论普世价值与价值共识》，《哲学研究》2009年第2期。

40. 汪信砚：《普世价值 价值认同 价值共识》，《学术研究》2009年第 11 期。

41. 徐崇温：《"自由、平等、人权是人类共同的普世价值"辨析》，《学习论坛》2010 年第 4 期。

42. 崔华前：《剖析"普世价值观"的马克思主义科学方法》，《马克思主义研究》2011 年第 2 期。

43. 谢晓光：《美国为什么热衷于推广"普世价值"》，《红旗文稿》2013 年第 15 期。

44. 王玉周：《西方"普世价值"不是灵丹妙药》，《党建》2013 年第 3 期。

45. 魏靖宇：《浅谈普世伦理与普世价值》，《人民论坛》2013 年第 2 期。

46. 张溁麟、康凤云：《"普世价值"研究述评——基于近五年来国内学者的研究成果》，《汕头大学学报》2013 年第 2 期。

47. 冯峰：《"普世价值"与美国全球战略》，《现代国际关系》2013 年第 7 期。

48. 张维为：《从国际政治实践看"普世价值"的多重困境》，《求是》2013 年第 20 期。

49. 沈井伟：《拒斥西方"普世价值"珍视人类价值共识》，《社科纵横》2013 年 12 月。

50. 沈思：《"普世价值"的源起、演变和思考》，《红旗文稿》2014 年第 8 期。

51. 胡为雄：《马克思主义的价值观及其"普世价值"研究与论争的回顾》，《湖北社会科学》2014 年第 10 期。

52. 包霄林：《社会主义核心价值观与西方"普世价值"比较研究》，《科学社会主义》2015 年第 2 期。

53. 余斌：《社会主义核心价值观与资产阶级普世价值的比较》，《中共杭州市委党校学报》2015 年第 2 期。

54. 尚鸿：《美国克林顿政府外交政策评析》，《外交学院学报》2001 年第 2 期。

55. 金君晖：《克林顿政府的外交政策思想初析》，《国际问题研究》

1994 年第 2 期。

56. 崔洪建：《国际关系中的布莱尔主义》，《国际问题研究》2003 年第 3 期。

57. 杨志刚、魏学江：《布莱尔"第三条道路"引导下的英国外交》，《辽宁教育行政学院学报》2004 年第 5 期。

58. 程新英：《评新自由主义的自我价值辩护》，《高校理论战线》2006 年第 12 期。

59. 张世鹏：《社会民主主义与自由主义的相互渗透》，《欧洲研究》2006 年第 2 期。

60. 《德国著名政治学教授迈尔谈新保守主义和社会民主主义及其他政治派别的关系》，《国外理论动态》1994 年 9 月 20 日。

61. 中国社会科学院"新自由主义研究"文组：《新自由主义研究》，《马克思主义研究》2003 年第 6 期。

62. 李其庆：《新自由主义本质辨析》，《经济学家》2004 年第 5 期。

63. 程新英：《评新自由主义的自我价值辩护》，《高校理论战线》2006 年第 12 期。

64. 肖滨：《新自由主义的自由观剖析》，《中山大学学报》（社会科学版）1991 年第 4 期。

65. 随新民：《新保守主义思潮对冷战后美国外交政策的影响》，《九江师专学报》2000 年第 3 期。

66. 王传剑：《新保守主义与冷战后美国对外战略》，《山东大学学报》（哲学社会科学版）2005 年第 3 期。

67. 王公龙：《现实主义与保守主义》，《世界经济与政治》2004 年第 12 期。

68. 周一鑫：《发达资本主义国家的政治垄断》，《红旗文稿》2011 年 12 月 27 日。

69. 张世鹏：《进入 21 世纪的西欧政治思潮》，《欧洲》2001 年第 1 期。

70. 孙辉：《全球化与西欧福利国家制度的困境》，《教学与研究》2002 年第 7 期。

中文学位论文

1. 汪咏华:《论西方社会民主主义的"第三条道路"》,武汉大学博士学位论文,2003年。
2. 李娟:《民主社会主义理论与实践模式研究》,吉林大学博士学位论文,2013年。
3. 余孝鹏:《马克思主义与西方"普世价值"的关系探析》,内蒙古大学博士学位论文,2013年。
4. 赵金子:《英国工党的民主社会主义理论与实践探索研究》,吉林大学博士学位论文,2014年。

外文资料

1. Samuel Bowles & HerbertGintis, *Schooling in Capitalist America*, New York: Basic Books, Inc., 1976.
2. Bruce Frohnen, *Virtue and the Promise of Conservatism*, Lawrence, Kan: The University Press of Kansas, 1993.
3. Joshua Muravchik, *Exporting Democracy: Fulfilling America's Destiny*, Washington D. C., The AEL Press, 1991.
4. Anthony ablaster. *The Rise and Decline of Western Liberalism*. Oxford: Basil Blackwell Ltd., 1987.
5. L. S. Finkelstein, What is Global Governance, *Global Governance*, Vol. 1, 1995.
6. Emst B. Hass, "International Integration: The European and the Universal Process", *International Organization*, Autumn, 1996.
7. Robert Ladrech, Philippe Marliere, Social Democratic Parties in EU, 2000.
8. Simon Hix, Urs Lesse, *A History of the Party of European Socialists*, Published by The Party of ES, Belgium, 2002.
9. Thomson, Stuart, *The Social Democratic Dilemma: Ideology, Governance and Globalization*, Houndmills, Basingstoke, Hmpshire: Macmil-

lan Press, 2000.
10. Ladrech, Robert, *Social Democratic Parties in the European Union*: *History, Organization, Policies.* Houndmills, Basingstoke, U. K.: Macmillan; New York: St. . Martin's Press, 1999.
11. E. H. Carr: *The Twenty Years' Crisis, 1919 - 1939: An Introduction to the Study of International Relations*, Palgrave, 2001.

网站

1. www. socialistinternational. org，社会党国际网站。
2. www. wsws. org，世界社会主义网站。
3. www. eurosocialists. org/，欧洲社会党网站。
4. www. swp. org. uk，英国社会工人党网站。
5. www. krics. sdu. edu. cn，山东大学当代世界社会主义研究所网站。

后　　记

　　2007年，我在博士学位论文的基础上出版了第一部专著《社会民主主义的全球治理研究》，2009年，我申请了国家社科基金并获批"马克思主义的价值观与社会民主主义的'普世价值'评析"的青年项目，其中几经周折并最终于2016年结项，这本书就是我的结项成果之一，也可以说是我对社会民主主义研究的成果之一。

　　回首这十年，可谓感慨颇多。2007年，刚进入大学工作的我踌躇满志，一直希望将对社会民主主义的研究作为自己科研的主要方向并付诸实践，但在后来科研过程中，我深深地感受到一手资料的缺乏、同行交流的缺乏和外语水平的缺乏，这些因素使得我不得不求助于国内研究社会民主主义的专家学者们的研究成果，在此，要感谢相关的专家学者。而且所幸的是，进入大学工作后，杨鲜兰教授、徐方平教授、汤德森书记、刘文祥教授等领导给我非常大的支持与帮助，他们不仅在工作、科研中对我提点、引导，而且还极力地为我营造宽松的工作环境和便利的工作条件以帮助我一步步成长，在此深深地表示感谢！

　　在本人国家社科基金项目进行的同时，我还参与了郭大俊教授的国家社科项目《马克思主义的实践观与科学社会主义》（后来该项目的成果入选了国家哲学社会科学成果文库）。该项目的进行使我受益匪浅，不仅让我自觉地较为系统地学习了马克思、恩格斯的相关思想特别是其实践观与科学社会主义思想的发展历程，充实了马克思主义的基本理论知识；同时在此基础上，让我逐渐掌握了马克思主义的科学方法，而这些知识与方法的学习与储备极大地支持着我本人的项目，所以在此要谢谢郭老师为我提供的科研机会和对我日常科研中的指导。

　　同时，还要感谢中国社会科学出版社的孔继萍老师，我的第一部专著也是在孔老师的指导下出版的。在这两部专著出版过程中，孔老师均提出了很多较为中肯的建议和意见，不仅保证了专著的质量，同时也让我在学术上受益匪浅。

最后，本书的出版得到了湖北大学马克思主义学院学术著作出版基金的资助，在此表示由衷的感谢！

涂用凯

2016 年 8 月于武汉琴园